Pascal Frey

Literatur

Deutsch am Gymnasium 3

6. überarbeitete Auflage 2020
ISBN 978-3-280-04188-8

MIX
Papier aus verantwortungsvollen Quellen
FSC® C004229
www.fsc.org

Druck:
Druckerei Uhl GmbH, Radolfzell

Verlag Fuchs, ein Imprint von Orell Füssli Verlag, www.ofv.ch

Die Deutsche Nationalbibliothek verzeichnet diese Publikation in der Deutschen Nationalbibliografie; detaillierte bibliografische Daten sind im Internet unter www.dnb.de abrufbar.

Inklusive E-Book
Den Freischalt-Code finden Sie auf der Innenseite des Buchumschlags.

Weitere Werkteile von «Deutsch am Gymnasium»:

Orell Füssli Verlag Lernmedien
lernmedien@ofv.ch
www.ofv.ch/lernmedien

Vorwort

Der vorliegende Band «Literatur» des Lehrwerks «Deutsch am Gymnasium» ist eine Einführung in die Kunstfertigkeit literarischer Werke. Wenn Sie den Inhalt eines Romans oder eines Gedichts kennenlernen wollen, brauchen Sie dieses Lehrbuch nicht. Wenn Sie aber verstehen wollen, was ein literarisches Werk zu einem Kunstwerk macht, wenn Sie begreifen wollen, was literarisches Schreiben auszeichnet, dann dient Ihnen dieses Buch.

Der vorliegende Band führt über die Analyse in das Verständnis der Literatur ein. Eine Einführung in die Strukturen und Formen literarischen Schreibens, die über die eigene Schreiberfahrung führt, finden Sie in «Wege zur Literatur». Deutsch am Gymnasium 4.

Literarische Werke übertragen nicht einfach einen Inhalt. Denn es ist ihre besondere Art und Weise, eine Geschichte zu erzählen oder einen Umstand zu schildern, der Literatur zu Literatur macht. Inhalt und Form gehören zusammen, und wenn sich die beiden überhaupt trennen lassen, dann ist es fast immer die Form, die den Inhalt bestimmt, nicht umgekehrt.

Der Band eignet sich gleichermassen als Selbstlernbuch wie als Begleitbuch zum Unterricht. Seine Darstellungsweise und das Stichwortverzeichnis machen ihn zu einem praktischen Nachschlagewerk.

Der Anhang ist der Serviceteil von «Literatur». Er ergänzt den Anhang von «Sprache und Kommunikation». Deutsch am Gymnasium 1. Dort finden Sie Hinweise und Anleitungen zur Maturarbeit, zu Layout und Textgestaltung und zu einer Vielzahl von rhetorischen Figuren. Hier finden Sie Informationen zur Präsentation literarischer Werke, zur mündlichen Maturprüfung und eine Vielzahl von literarischen Figuren.

Mein Dank gebührt allen Schülerinnen und Schülern, Kolleginnen und Kollegen, dem Verlag und allen anderen, die mich tatkräftig unterstützt haben. Ein besonderer Dank geht an Aleris Graf für die Illustrationen und Renato Regli für die Fotografien.

Olten, April 2020 Pascal Frey

Einführung

■ Inhalt und Zielgruppe

«Deutsch am Gymnasium» ist ein Lehrmittel für das Fach Deutsch an Schweizer Mittelschulen. Es kann auch in den Lehrgängen von Berufsmaturität und Fachmittelschule verwendet werden. Das Lehrmittel ist für Schülerinnen und Schüler bestimmt.
Das Lehrwerk «Deutsch am Gymnasium» besteht aus vier Teilen: «Sprache und Kommunikation»; «Einfach schreiben»; «Literatur» und «Wege zur Literatur».
Sämtliche Seiten, alle Anleitungen, Checklisten und Beispiele dieses Lehrmittels wurden in der Praxis des gymnasialen Deutschunterrichts erprobt. Das trifft insbesondere auf die Formulierungen zu; die Sprache ist einfach und verständlich. Der Autor bemüht sich um geschlechterneutrale Formulierungen, aus Gründen der leichten Lesbarkeit wurde jedoch auf Doppelformen verzichtet.

■ Aufbau

Im vorliegenden dritten Band vermittelt das Kapitel 1 die Grundlagen im Umgang mit Literatur. Vorzugsweise wird es zuerst durchgenommen. Die Kapitel 2 bis 4 können in beliebiger Reihenfolge erarbeitet werden. Das Kapitel 5 befasst sich mit dem Interpretieren. Vor seiner Erarbeitung sollte mindestens eines der Kapitel 2 bis 4 behandelt worden sein. Wichtige Sachverhalte oder Begriffe werden mittels Querverweis erschlossen. Das Glossar erklärt grundlegende Begriffe der Literatur, die in den Kapiteln vorausgesetzt werden. Begriffe, die in den Kapiteln definiert werden, erscheinen nicht im Glossar. Sie können über das Stichwortverzeichnis gefunden werden. Dieses zeigt sämtliche eingeführte Begriffe.

■ Änderungen gegenüber der 5. Auflage 2017

Die vorliegende 6. Auflage von «Literatur» wurde überarbeitet und neu gesetzt. Die Seitenzahlen weichen von den vorherigen Auflagen ab. Sämtliche Querverweise und Register wurden überprüft und angepasst. Es wurden folgende Themen integriert: Qualitätskriterien der Literatur (unter: «Qualitative Ordnung»), «Fernsehserie», «Comic», die schriftliche Texterörterung, ein neues Kapitel «Slam-Poetry». Ausserdem wurden die Seiten zu Spannung und Spielfilm erweitert. An zahlreichen Stellen wurden kleinere Änderungen vorgenommen. Das Unterkapitel Buchmarkt hingegen entfällt.

■ E-Book

Das E-Book enthält den gesamten Buchinhalt, angereichert mit interaktiven Funktionen (z. B. Notizen verfassen). Inhaltsverzeichnis, Seitenverweise und Internetadressen sind verlinkt. (Ihren Freischalt-Code finden Sie auf der Innenseite des Buchumschlags.)

reader.ofv.ch

■ Rückmeldungen

Jede Rückmeldung zu diesem Lehrmittel ist sehr willkommen. Bitte senden Sie Ihre Mitteilung an lernmedien@ofv.ch unter Angabe des Buchtitels.

lernmedien@ofv.ch

April 2020

Claudine Buchmüller
Orell Füssli Verlag Lernmedien

Inhaltsverzeichnis

1 Grundlagen

Schlüsselbegriffe

- Literatur
- Poesie und Poetik
- Fiktion
- Mimesis
- Fiktionalitätsvertrag
- Motiv
- Gattungen

Der Begriff «Literatur»

Der Begriff «Literatur» stammt vom lateinischen Wort «littera» ab (Buchstabe). Literatur ist streng genommen also alles, was geschrieben steht. Im Laufe der abendländischen Kulturgeschichte hat sich allerdings ein Gebrauch des Begriffs durchgesetzt, der Literatur von solchen Texten abgrenzt, die der Sachinformation allein dienen.

Literatur bedeutet für mich:

Noemi
Die Veranschaulichung der menschlichen Seele.

Luca
Aufgeschriebene Lebensgeschichten.

Mirjam
Eine in Worte gefasste Welt mit ihren wundervollen Gedanken und teilweise absurden Geschichten.

Sabrina
Eine niemals vollständige und deshalb immer anregende Auseinandersetzung mit allem.

Literatur lese ich:

Bettina
Sie ist eine schöne Möglichkeit, sich mit der Sicht anderer Leute zu befassen.

Oliver
Ich kann vom Alltag abschalten und mich in eine andere Welt versetzen.

Daniela
Abenteuer und andere Menschen interessieren mich.

Marco
Sie handelt vom Leben und sie gehört zum Leben.

Sachtext – Literatur

Literatur unterscheidet sich von Sachtexten:

Sachtexte (Gebrauchstexte)	Literatur
Sachtexte sind Texte, die über einen Inhalt informieren.	Literarische Werke wollen in erster Linie erzählen und darstellen.
• Wissenschaftliche Bücher (sogenannte «Fachliteratur») • Lehrmittel • Fachbücher • Anleitungen (Kochbücher usw.) • Reiseführer usw.	• Gedichte • Romane • Erzählungen • Theaterstücke • Hörspiele • Film-Drehbücher usw.

- Informationen zum Umgang mit Sachtexten finden sich in «Sprache und Kommunikation». Deutsch am Gymnasium 1.
- Informationen zu allen Sachtextsorten finden sich in «Einfach schreiben». Deutsch am Gymnasium 2.
- Informationen zu literarischen Texten finden sich im vorliegenden Lehrbuch.
- Anleitungen zu eigenen literarischen Schreibversuchen finden sich in «Wege zur Literatur». Deutsch am Gymnasium 4.

Gemeinsamkeiten literarischer Texte

Alle literarischen Texte teilen folgende Gemeinsamkeiten:

Literarische Texte sind geschrieben. Sie bestehen aus abgeschlossenen, zusammenhängenden schriftlichen Äusserungen.

Literarische Texte sind künstlerisch gestaltet. Ihr Charakter besteht aus der bewussten Formung der Sprache.

Literarische Texte sind fiktional. Sie bilden nicht die reale Welt ab, sondern spielen in einer vom Autor gebildeten Welt. Während es in Sachtexten unerlässlich ist, dass das Beschriebene wahr ist, d. h. mit der Wirklichkeit übereinstimmt, geht man bei literarischen Texten zumeist davon aus, dass die dargestellten Figuren, Situationen und Geschehnisse erfunden sind. Dies schliesst allerdings nicht aus, dass fiktionale Texte auch Wirklichkeitsaussagen enthalten (siehe S. 12 f.).

Literarische Texte sind polyvalent (vieldeutig). In Sachtexten ist Vieldeutigkeit ein Mangel. Für literarische Texte gilt indessen, dass sie immer wieder neu verstanden werden können.
Aus Theodor Fontanes Roman «Effi Briest» zum Beispiel kann man etwas über die Verheiratungsbräuche, Essgewohnheiten, Verwaltungsangelegenheiten usw. im späten 19. Jahrhundert erfahren und erhält einen Einblick in den Umgang mit Ehre und Duellen damals. Der Roman macht aber auch auf die Schwächen der Figuren aufmerksam. Ausserdem lässt er die Leser mitfühlen mit dem Geschick von Effi und dem Hadern ihres Ehemannes. Nicht jeder Leser achtet auf jedes Detail gleich, jeder zieht aus demselben Roman etwas anderes.

Literarische Werke sind bewusst und künstlerisch gestaltet. Dadurch unterscheiden sie sich von Sachtexten.

Literatur, Poesie und Poetik

In der Alltagssprache werden Begriffe «Literatur», «Buch», «Text» und «Poesie» oft gleichbedeutend gebraucht. Sie bezeichnen aber unterschiedliche Sachverhalte.

Dichtung/Literatur/Poesie/Poetik

«Dichtung» ist der deutsche Begriff für den griechischen Ausdruck «Poesie». Die beiden Wörter sind Synonyme. Beide sind Oberbegriffe für die gesamte Literatur. Dementsprechend ist «Dichter» der deutsche und «Poet» der griechische Ausdruck für jemanden, der literarische Werke verfasst. Die Theorie der Literatur bezeichnet man als «Poetik».

Poetik ist die Anleitung zum literarischen Schreiben, Poesie das Resultat des literarischen Schreibens.

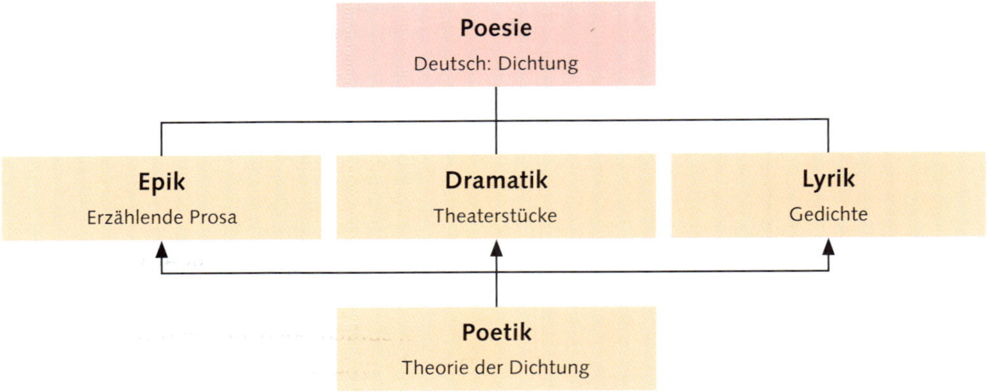

Buch – Text – Werk

- «Buch» bezeichnet das gedruckte Produkt, die Ware, also das, was den Text bzw. das Werk enthält.
- Die Texte in der Literatur bezeichnet man in der Regel als «Werke». Unter einem Text versteht man eine zusammenhängende schriftliche Äusserung (siehe in «Sprache und Kommunikation». Deutsch am Gymnasium 1, S. 128 f.).
- Der Begriff «Werk» betont im Gegensatz zu «Text» den Charakter des bewussten und ästhetisch geschaffenen Kunstwerks.

Buch	**Text**	**Werk**
Das auf Papier gedruckte Werk	Zusammenhängende Sätze	Bewusst gestaltetes Kunstwerk

Deswegen vermeidet man zu sagen: «Im Buch ‹Der goldene Topf› erzählt E. T. A. Hoffmann den Werdegang eines Dichters.» Literarische Texte nennt man allgemein «Werk» oder – noch besser – bei ihrer Gattung (z. B. Roman, Komödie, Ode).

Falsch	Im Buch «Der goldene Topf» erzählt der Autor Hoffmann vom …
Richtig	Im Werk «Der goldene Topf» erzählt … Noch besser: Im Märchen «Der goldene Topf» erzählt …

Inhalt und Form

Ob ein Text zur Literatur gehört oder nicht, lässt sich nicht so einfach entscheiden. Ein Blick auf den Inhalt allein reicht nicht aus. Sachbücher zum Thema «Liebe» gehören nicht zur Literatur. Andererseits würde niemand bestreiten, dass die Liebe eines der Hauptthemen der Weltliteratur ist, zum Beispiel in Shakespeares Tragödie «Romeo und Julia» oder in den Gedichten Goethes.

Unterschied: Inhalt – Form

Man kann nicht aufgrund des Inhalts entscheiden, ob es sich bei einem Buch um ein Sachbuch oder um ein literarisches Werk handelt. Das lässt sich einzig und allein aufgrund der Form entscheiden.

Inhalt	Form
Ein Junge sieht auf der Wiese eine schöne Rose, die er pflückt, obwohl sie es nicht will.	Sah ein Knab' ein Röslein steh'n, Röslein auf der Heiden, War so jung und war so schön, Lief er schnell es nah zu seh'n, Sah's mit vielen Freuden. Röslein, Röslein, Röslein rot, Röslein auf der Heiden. Knabe sprach: «Ich breche dich, Röslein auf der Heiden.» Röslein sprach: «Ich steche dich, Dass du ewig denkst an mich, Und ich will's nicht leiden.» Röslein, Röslein, Röslein rot, Röslein auf der Heiden. Johann Wolfgang Goethe, Heidenröslein

Literarisches Verstehen

Die Inhaltsangabe ist genauer und kürzer als das Gedicht. Daraus könnte man ableiten, dass es sich nicht lohnt, das Gedicht zu lesen. Mit der Inhaltsangabe kennt man zwar den Inhalt, hat allerdings das literarische Werk trotzdem nicht verstanden.

Ein literarisches Werk wie das Gedicht Goethes lässt sich gar nicht rein inhaltlich verstehen und der Inhalt nicht losgelöst von der Bauweise des Gedichtes. Literarisches Verstehen bezieht sich immer zuerst auf die Form.

Es ist viel ergiebiger zu erfahren, *warum* die literarische Sprache manchmal verfremdet und schwer zugänglich ist, als festzustellen, das «Buch sei schwer verständlich». Man darf nämlich davon ausgehen, dass der Autor die Komplizierung der Form nicht um ihrer selbst willen betreibt. Er will die oft flüchtige und oberflächliche Wahrnehmung der Leser unterlaufen, um den Lesevorgang bewusster zu machen.

- Ein literarisches Werk kann nicht wie ein Sachtext verstanden werden.
- Ob ein Text Literatur ist, hängt in erster Linie von formalen und nur in sehr beschränktem Masse von inhaltlichen Aspekten ab.
- Literatur erzählt nicht einfach einen Gehalt, sondern sie erzeugt diesen Gehalt durch die bewusste ästhetische Konstruktion.

Wirklichkeit und Fiktion

Literatur unterscheidet sich von nicht literarischen Texten einerseits durch die Form, andererseits auch durch ihre Fiktionalität.

Fiktion

Der Begriff «Fiktion» leitet sich ab vom lateinischen Wort «fingere» und bedeutet erdichten, vortäuschen, bilden. Bereits die Antike hat unterschieden zwischen:

Fakt	Fiktion
Der Wissenschaftler beschreibt, was passiert ist.	Der Poet erzählt davon, was passieren kann.
Ein Historiker stellt einen Zusammenhang zwischen seinem Text und einer historischen Realität her.	Die Handlungsweise der Figuren in einem literarischen Text ergibt sich nur aus dem Textinnern, d. h. aus dem Handlungsgang, der Figurenkonstellation und dem Figurencharakter. Literarische Werke nehmen also keinen direkten Bezug auf Elemente, die ausserhalb des Textes liegen.

Die Grenze zwischen Wissenschaft und Literatur ist nicht die zwischen «wahr» und «erfunden». Der Unterschied liegt zwischen direktem Bezug zur Wirklichkeit und der Erzeugung einer Wirklichkeit. Obwohl Literatur immer eine Wirklichkeit darstellt, d. h. von Personen, Handlungen, Ereignissen, historischen Zeiten und realen Orten erzählt, stehen dahinter nicht reale Begebenheiten. Die literarische Wirklichkeit existiert also nur innerhalb des literarischen Werkes.

Wissenschaft bezieht sich auf die Wirklichkeit. Literatur erschafft eine eigene Wirklichkeit, die Fiktion.

Fiktion	Die Wirklichkeit in der Literatur
fiktional	Auf einer Fiktion beruhend «Die Handlung ist fiktional.»
fiktiv	Angenommen, vorgestellt «An einer fiktiven Gerichtsverhandlung»

Dichtung und Wahrheit: Mimesis

Wie alle Künste nimmt auch die Literatur Bezug auf die reale Lebenswelt. Die Literatur bildet sie ab, reflektiert sie, verändert sie. Dieses Phänomen bezeichnet man mit dem griechischen Begriff «Mimesis», Nachahmung.
Jedes literarische Werk beruht auf Elementen der realen Lebenswelt seines Autors und vermischt sie mit fiktiven Elementen. Es entsteht ein Verhältnis von Dichtung und Wahrheit. Der Begriff «Mimesis» bezeichnet dieses Verhältnis. Will man den Grad der Mimesis bestimmen, muss man fragen: «Wie wird die Wirklichkeit in der Literatur abgebildet?»

Realismus in der Literatur

Mimesis bezeichnet das Abbildungsverhältnis der Literatur zur Wirklichkeit. Wie genau, d.h. wie «realistisch» bildet das Werk die Wirklichkeit ab? Der Schriftsteller Theodor Fontane (1819–1898) beschreibt dies so:

> Das Leben ist doch immer nur der Marmorsteinbruch, der den Stoff zu unendlichen Bildwerken in sich trägt. [...] Der Block an sich, nur herausgerissen aus einem grössern Ganzen, ist noch kein Kunstwerk.
>
> Theodor Fontane, Unsere lyrische und epische Poesie seit 1848, 1853

Die Wirklichkeit – das menschliche Leben – für sich ist noch kein Kunstwerk. Erst durch das Einwirken des Künstlers wird sie dazu. Der Schriftsteller agiert also wie der Bildhauer, der die vorhandene Wirklichkeit zu einem Kunstwerk formt. Aus dem rohen Marmorblock wird eine Tischplatte oder eine Skulptur. Sie bleibt jedoch Marmor – und damit Realität. Je näher der Künstler an der Wirklichkeit bleibt, desto grösser ist der Realismus in der Literatur.

Der Autor nimmt die Wirklichkeit wahr. In seinem Werk stellt er sie dar. Die Darstellung im Werk ähnelt der Wirklichkeit, weist also Mimesis auf.

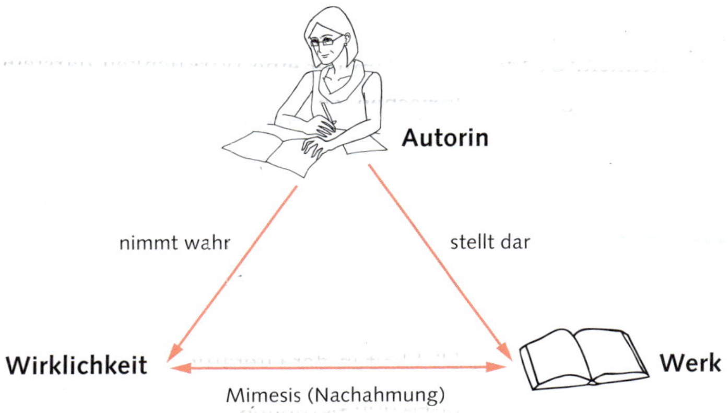

Der Fiktionalitätsvertrag

Darf man erwarten, dass eine literarische Geschichte immer restlos und vollständig mit der realen Welt übereinstimmt? Das wäre langweilig. Es würde eine Menge spannender Geschichten unmöglich machen, man denke zum Beispiel an «Pippi Langstrumpf».

Sobald man ein literarisches Werk zu lesen beginnt, geht man einen «Fiktionalitätsvertrag» ein. Er bindet den Autor und den Leser. Man geht ihn automatisch und ungefragt ein. Beide tun so, als entspräche die fiktionale Geschichte der Wahrheit. Der Fiktionalitätsvertrag besteht aus gegenseitigem stillschweigendem Versprechen:

Der **Leser** verspricht,	die vom Autor entworfene fiktionale Welt wie eine reale Welt zu akzeptieren.
Der **Autor** verspricht,	im Rahmen der von ihm entworfenen fiktionalen Welt wahrscheinlich und glaubwürdig zu bleiben. Wenn die fiktionale Welt von der uns bekannten Wirklichkeit abweicht, macht er plausibel, warum.

Themen und Motive in der Literatur

Jedes literarische Werk hat eine Verbindung zur Wirklichkeit (Realität). Es befasst sich auf irgendeine Art mit einem Sachverhalt, mit Personen, Problemen und Fragen der Wirklichkeit.
Jedes Werk hat ein «Thema». Thema meint die Hauptaussage des Werkes. Innerhalb verschiedener literarischer Werke können gewisse Elemente eine besondere Rolle spielen oder mehrfach vorkommen. Solche Elemente nennt man «Motive».

Thema – Motiv

Thema

«Thema» meint das grosse Ganze des literarischen Werkes.
Nach dem Thema kann man fragen: «Worum geht es?», «Was ist die Aussage?».

Thema meint die Hauptsache, den Hauptgedanken eines literarischen Werks. Themen verweisen auf die Wirklichkeit.

Motiv

In der Literatur versteht man unter «Motiv» ein thematisches Element, das innerhalb eines Werkes wiederholt wird oder das in verschiedenen Werken in je unterschiedlicher Verwendung vorkommt.
Nach dem Motiv kann man fragen: «Welche Elemente der Handlung sind wesentlich oder wiederkehrend?»

Motive sind inhaltliche Elemente, die in verschiedenen literarischen Werken immer wieder vorkommen. Motive sind Teil der Fiktion.

Am Beispiel von Schillers Tragödie «Die Räuber» sieht das so aus:

- Thema ist die Frage: «Wie weit darf man die individuelle Freiheit ausleben?»
- Ein tragendes Motiv ist der Bruderzwist, also das Motiv der verfeindeten Brüder, das aus der Bibel (Kain und Abel) bekannt ist.

Leitmotiv

Einzelne Handlungsteile können miteinander verknüpft werden durch die Wiederholung bestimmter Motive. Ist es das Hauptmotiv, in dem wesentliche Handlungsteile und Aussagen gespiegelt sind, spricht man von Leitmotiv.
Leitmotive können sein:

- Wiederkehrende Handlungselemente
- Wiederkehrende Aussagen (z. B. Sprüche des Protagonisten)
- Wiederholt verwendete sprachliche Bilder (Metaphern)
- Symbole, d. h. Requisiten, die an bedeutsamer Stelle auftauchen (z. B. das Jagdgewehr, das zu Beginn über dem Kamin hängt und sich am Ende als Tatwaffe herausstellt)

Kategorien der textimmanenten Motivik

Situationsmotiv Typische menschliche Situationen und Zustände (z. B. Mann zwischen zwei Frauen oder bevorstehender schwerer Entscheid)

Typenmotiv Typische menschliche Charaktertypen (z. B. der Einzelgänger oder die Traumwandlerin)

Sachmotiv Mit einer Bedeutung aufgeladene Sache, auf die im Verlauf einer Handlung mehrfach angespielt wird (z. B. das kalte Herz, ein Herz aus Stein haben). Sachmotive und Symbole lassen sich nicht genau voneinander trennen.

Raummotiv Räume, die bestimmte Assoziationen auslösen (z. B. das Fenster, als Grenze zwischen innen und aussen, zwischen Einengung und Freiheit, zwischen Aussenwelt und Seele)

Naturmotiv Orte oder Witterungen, die bestimmte Stimmungen hervorrufen (z. B. Nebel, Dämmerung, Vollmond)

Handlungsmotiv Beweggrund, der eine Handlung auslöst und antreibt (z. B. der Wettlauf mit der Zeit oder die Aufklärung eines Verbrechens)

Blindes Motiv – fruchtbares Motiv Misslingt die Setzung eines Motivs, behindert es den Fluss der Handlung oder gerät es mit einem anderen in Widerspruch, nennt man dies ein blindes Motiv. Ein blindes Motiv ist also ein «ablenkendes, für den Handlungsablauf irrelevantes Motiv» (Wilpert, S. 526).
Nie als Motiv gelten Personenbeziehungen, zum Beispiel «Faust und Gretchen». Hier muss man sich fragen, worum es in dieser Beziehung geht, nämlich um «Verführung». Das Motiv «Verführung» wiederum zeigt sich auch im Verhältnis Mephisto–Faust und anderswo. Es ist also ein «fruchtbares» Motiv.

Textübergreifende (intertextuelle) Motivik

Viele literarische Motive haben in der Weltliteratur eine lange Tradition. Sie kommen also in vielen literarischen Werken in ähnlicher Bedeutung vor. Häufig aktiviert ein Motiv Erinnerungen an ein anderes Werk (z. B. verweist das Motiv der verfeindeten Brüder auf Kain und Abel). Werke, in denen dasselbe Motiv vorkommt, bilden untereinander einen sogenannten Motivkreis.

Motiv	Vorkommen in der Literatur (Motivkreis)
Die feindlichen Brüder	• Genesis 4,1–16 • Shakespeare, «König Lear» • Schiller, «Die Räuber» • Steinbeck, «Jenseits von Eden» usw.
Doppelgänger	• Shakespeare, «Was ihr wollt» • Hoffmann, «Die Elixiere des Teufels» • Dostojewski, «Der Doppelgänger» • Stevenson, «Dr. Jekyll und Mr. Hyde» usw.

Inhaltliche und symbolische Motive

Man unterscheidet zwischen inhaltlichen und symbolischen Motiven.

Inhaltliche Motive	Sie sind Personen oder Gegenstände, die in unterschiedlichen Werken wiederkehren, wie die verfeindeten Brüder oder ein Dreiecksverhältnis, wie der Liebestrank oder ein Ort. Oft sind Motive benannt nach dem ersten oder wichtigsten Werk, in dem das Motiv vorgekommen ist. Man spricht zum Beispiel nicht vom Motiv der liebenden Kinder verfeindeter Familien, sondern vom Romeo-und-Julia-Motiv.
Symbolische Motive	Sie erhalten ihre Bedeutung aus der Stimmung, die sie ausdrücken. Der Wald kann Motiv sein mit einer symbolischen Bedeutung als Rückzugsort. Die Grossstadt ist in vielen Werken ein Motiv mit der symbolischen Bedeutung «Anonymität» oder «pulsierendes Leben».

Beispiele für inhaltliche Motive
In der Weltliteratur häufig wiederkehrende inhaltliche Motive sind: Dreiecksverhältnis (Mann zwischen zwei Frauen oder umgekehrt), verfeindete Brüder, Doppelgänger, ein unerkannt Heimkehrender, Liebestrank usw.

Beispiele für symbolische Motive und Motivkreis
Motive können symbolische Bedeutung haben, sobald sie auf einen bestimmten Sachverhalt verweisen oder eine bestimmte Stimmung erzeugen. In diesem Fall spricht man von einem Motivkreis. In der Weltliteratur häufig wiederkehrende symbolische Motive sind:

Motiv	Symbolische Bedeutung (Motivkreis)
Wald	Ort des Rückzugs, der Abgrenzung von anderen Menschen
Meer	Gewalt der vom Menschen unbeeinflussbaren Natur; Assoziationsraum für Sehnsucht, Freiheit und Ungebundenheit
Nebel	Ungewissheit, unerkannte Bedrohung, Angst
Farben, z. B. grün	Hoffnung; Natürlichkeit; Frische
Mitternacht	Stille; Scheidepunkt zwischen Rückblick und Zukunft

Motiv und Stoff

Als «Stoff» bezeichnet man
- eine erfundene oder wahre Geschichte, die in verschiedenen literarischen Werken behandelt wird, oder
- ein Thema, das in verschiedenen Werken behandelt wird.

Viele Motive verweisen auf einen bestimmten Stoff. Die Motive «Unerlaubte Liebe», «Verfeindete Familien» und «Liebestod» bilden zusammen den Romeo-und-Julia-Stoff.

Weitere Beispiele:
- Das Typenmotiv «böse Stiefmutter» hat seinen festen Platz im Märchen.
- Das Situationsmotiv «Mann zwischen zwei Frauen» gehört zum Stoff Liebe, genauso wie die Motive Eifersucht oder Ehebruch.

Ordnungen der Literatur

Literatur lässt sich nach unterschiedlichen Aspekten ordnen. Alle Ordnungssysteme haben eine lange Tradition. Sie schliessen einander nicht aus.

Zeitliche Ordnung: Epochen

Die Einteilung in Epochen ist ein grundlegendes Gliederungsprinzip der Literaturgeschichte. «Epoche» meint nicht in erster Linie die Zeiteinheit, sondern ein unverwechselbares Profil, das sich aus der bevorzugten Themenwahl und dem vorherrschenden Schreibstil einer Zeit zusammensetzt.

Die Abbildung zeigt eine verbreitete Einteilung der deutschen Literaturgeschichte.

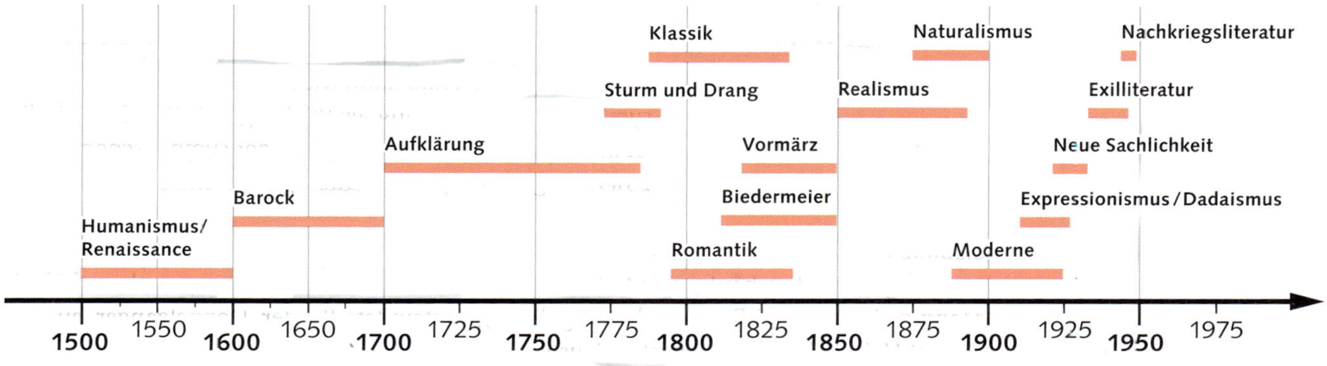

Ein Überblick über die einzelnen Epochen der deutschen Literatur befindet sich in «Wege zur Literatur». Deutsch am Gymnasium 4, S. 110–122.

Inhaltliche Ordnung: Genres

Der Begriff «Literarisches Genre» bestimmt Literatur inhaltlich. Ähnlich wie auch bei den Filmen unterteilen Genres die Vielzahl der Werke nach inhaltlichen Aspekten. Genrebezeichnungen wie Kriminalroman oder Fantasy signalisieren dem Publikum, auf welche thematische Ausrichtung es sich einzustellen hat. Genres lassen sich selten exakt abgrenzen, denn Werke innerhalb eines Genres können auch Merkmale anderer Genres aufweisen: Ein Kriminalroman in einer Science-Fiction-Welt ist durchaus denkbar.

Nur wenige Genrebezeichnungen sind allgemein gebräuchlich. Beispiele dafür sind: Abenteuerroman, Bildungsroman, Fantasy, Heimatroman, Horror- oder Schauerroman, Krimi, Science-Fiction, Thriller. Eine geläufige Genrebezeichnung ist auch «Jugendbuch».

Auswahl aus der Vielzahl: Kanon

Als Kanon bezeichnet man eine Zusammenstellung von Werken der Literatur, die als lesenswert und bedeutsam erachtet werden. Es gibt sehr viele literarische Werke aus vielen Jahrhunderten, aber jeder Mensch hat nur eine begrenzte Lesezeit zur Verfügung. Daraus entsteht der Wunsch nach Übersicht und Empfehlungen. Ausserdem ermöglicht ein Kanon die Diskussion der Lektüre, wenn viele Menschen dieselben Werke lesen. Interessant ist der Kanon, weil er sich im Laufe der Zeit wandelt. Gehören Gedichte von Goethe seit ihrer Entstehung zum Kanon, hat man Werke anderer Autoren heute weitgehend vergessen, d. h. sie tauchen nicht mehr im Buchhandel oder in Schulbüchern auf und sind höchstens Literaturwissenschaftlern bekannt.

Empirischer und normativer Kanon

Nicht immer ist deutlich, ob ein jeweiliger Kanon häufig gelesene Werke einer Zeit auflistet (empirischer Kanon) oder ob er eine Liste von Werken vorschreiben will (normativer Kanon).

Empirischer Kanon	Normativer Kanon
Liste von häufig gelesenen oder gekauften Werken	Liste von Werken, die zur Lektüre empfohlen oder vorgeschrieben werden

Wertungsfragen von Kanons

Sowohl empirische wie normative Kanons müssen zusammengestellt werden. Die Auswahl der Werke ist dabei nicht von Anfang an gegeben. Deshalb sind Kanons immer sehr umstritten, selbst wenn der Auswahl wissenschaftliche Kriterien zugrunde liegen.
Umstritten ist, wer das Recht hat, die Werke auszuwählen, und welche Kriterien dafür gelten (sollten).
Ein Kanon entsteht grundsätzlich nicht dadurch, dass sich Texte aufgrund zeitloser literarischer Eigenschaften oder Qualitäten durchsetzen, sondern er ist vielmehr das Resultat eines Auswahlprozesses, der geschichtlich und kulturell beeinflusst ist und dem sowohl literarische wie auch ausserliterarische (z. B. soziale oder politische) Faktoren zugrunde liegen.
Die Zusammenstellung eines solchen Kanons ist zeit-, orts- und bildungsabhängig. Ein englischer Kanon enthält viel mehr englischsprachige Werke als ein deutscher; ein von professionellen Literaturhistorikern verfasster Kanon enthält ganz andere Werke als ein solcher, der von Kriminalliteratur-Kritikern zusammengestellt wurde.
Die Verbindlichkeit eines Kanons ist höchst relativ. Die Festlegung eines Kanons erfolgt immer innerhalb einer bestimmten Trägergruppe. Der Kanon stiftet dabei Identität durch die für die Gruppe konstitutiven Werte und Normen.
Umstritten ist ein Kanon nicht zuletzt auch, weil er durch die Zusammenstellung von Werken ästhetische und moralische Normen etabliert.

Ein Kanon ist eine vorläufige Liste von lesenswerter Literatur. Er gibt keine Auskunft über die Qualität der empfohlenen Werke.

Geografische Ordnung

Man unterscheidet Literatur auch nach Sprachräumen. Die französische Literatur ist demnach die Literatur, die auf Französisch geschrieben wird. Die deutschsprachige Literatur der Schweiz gehört also ebenso zur deutschen Literatur wie die Literatur aus Österreich.

Formale Ordnung: Gattungen

Literatur tritt in drei möglichen Gattungen in Erscheinung. Die Gattungen unterscheiden sich formal untereinander. Das vorliegende Lehrmittel macht mit sämtlichen literarischen Gattungen bekannt.

Dichtung/Poesie

Epik	Dramatik	Lyrik
Prosa	Prosa oder Vers	Gebundene Sprache
erzählend	darstellend	schildernd
• Roman • Erzählung • usw.	• Tragödie • Komödie • usw.	• Sonett • Ballade • usw.
• Wie beginnt der Erzähler? Was erzählt er? Was lässt er weg? • Welche Entwicklungen durchlaufen die Figuren? • Wie geht der Erzähler mit der Zeit um? Springt die Handlung? Wird chronologisch erzählt? • Wie baut der Autor Spannung auf? usw.	• Wie verteilt der Autor die Handlungsschritte auf die Szenen? Was zeigt er? Was nicht? Wie hoch ist das Handlungstempo? • Handeln Charaktere oder Typen? • In welcher Stilhöhe lässt der Autor die Figuren sprechen? • Welche Funktionen nehmen Dialog und Monolog ein? usw.	• Welche Bauelemente (Strophe, Versmass, Reim usw.) setzt der Autor ein? • Welche sprachlichen Bilder, Motive und Klangelemente zeichnen das Gedicht aus? • Wo steht das lyrische Ich? Wie schildert es seine Gedanken, Stimmungen, Erinnerungen? Zu wem spricht es? • Wie entsteht der Klang des Gedichts? usw.

Qualitative Ordnung

Was gute Literatur ist, lässt sich nur schwer definieren. Dafür gibt es ganz unterschiedliche Gründe.

- Oft gelten nur anspruchsvolle, einzigartige und herausragende Werke als «gut», meist also die sogenannten Klassiker.
- Wenn Literatur als Archiv des kollektiven Wissens und allgemeinmenschlicher Erfahrungen gilt, ist «gut» das, was über die Generationen und Landesgrenzen hinaus gültig ist.
- Für viele Menschen ist Literatur wie der Spielfilm oder die Musik ein Medium der Unterhaltung; in dem Sinne gilt alles als «gut», was vielen Leuten gefällt.
- Jede Zeit hat eigene Vorlieben und Lieblinge, die in anderen Zeiten wenig gelten oder ganz vergessen sind. Die Definition von «gut» unterliegt auch immer historischen Entwicklungen.

«Hohe» und «niedere» Literatur

Dennoch unterscheidet man häufig zwischen sogenannt guter «hoher» Literatur und Belletristik. Letztere bezeichnet Werke, die vornehmlich der Unterhaltung dienen. Als Drittes nennt man die sogenannte Trivialliteratur, wie man sie vorwiegend in preisgünstigen Heftromanen in Serienform findet.

Literatur («Hohe» Literatur)	Belletristik («Schöne» Literatur)	Trivialliteratur (sog. Groschenromane)
Originelle resp. überzeitlich gültige Werke	Unterhaltung, insbesondere aus den Genres Krimi, Liebesroman, Fantasy	Seichte, seriell erzeugte Unterhaltung in der Regel in Form von Heftserien
Anspruchsvolle Sprache	Zugängliche Sprache	Klischierte Sprache (Kitsch oder Schwulst)

Diese Abgrenzungen sind fliessend resp. Geschmackssache. Der deutsche Literaturkritiker Marcel Reich-Ranicki meinte: «Literatur muss Spass machen. Sie soll den Menschen Freude, Vergnügen und sogar Glück bereiten.» (Spiegel 25/2001) Gute Literatur ist demnach Literatur, die auf intelligente Weise unterhält.

Mögliche Kriterien guter Literatur

Geht man von der Annahme aus, ein gutes literarisches Werk soll über ein gewisses Mass an Originalität in Gehalt und Sprachverwendung verfügen, lassen sich ein paar mögliche Kriterien formulieren. Gute literarische Texte sind demnach

- Texte, die sprachlich glaubwürdig, d. h. eigenständig und nicht unter Verwendung von abgedroschenen Formeln geschrieben sind;
- Texte, die bewusst auf alle Arten von Klischees, formelhaft stilisierte Orte, vorgeprägte Sprachbilder und breitgetretene Handlungsmuster verzichten (vgl. Andreotti, 2009, S. 406–410);
- Texte, die polyvalent (siehe S. 9), vielschichtig und mehrdeutig sind, also Texte, in denen nicht alles gesagt wird, was es zu sagen gäbe, die die Leserin einladen, selber mitzudenken;
- Texte, die nicht plump die Lesererwartungen erfüllen, sondern Gewohnheiten und Erwartungen unterlaufen.

> Gute Texte sind Texte, die nach den vielfältigen Möglichkeiten der Literatur bewusst gestaltet, originell und in einem gewissen Sinne einzigartig sind.

Die Kapitel 2 bis 4 machen mit den vielfältigen ästhetischen Mitteln der literarischen Kunst bekannt.

2 Erzählende Prosa

Schlüsselbegriffe

- Prosa (Fliesstext)
- Fiktiver Erzähler
- Erzählperspektive
- Innensicht
- Beschreibung/Charakterisierung
- Erzählerkommentar
- Zeitdeckung, Zeitraffung, Zeitdehnung
- Chronologie
- Vorausdeutung/Rückblende

Übersicht

Das Erzählen

- **Alltägliches Erzählen**
- **Literarisches Erzählen**
  - Position
  - Aussensicht
  - Innensicht

Der Erzähler

- **Die Erzählebenen**
  - Autor
  - Erzähler
  - Handlung
- **Die Erzählsituation**
  - Autor
  - Leser
  - Werk
- **Die Erzählerrede**
  - Bericht
  - Beschreibung
  - Charakterisierung
  - Kommentar
- **Die Erzählerperspektiven**
  - Neutraler Erzähler
  - Personaler Erzähler
  - Auktorialer Erzähler

Die Handlung

- **Zeit**
  - Zeitpunkt und Zeitdauer
  - Tempus
  - Erzählebenen
  - Zeitverhältnisse
  - Abfolge
- **Ort**
  - Handlungsraum
  - Symbolraum
  - Kontrastraum
  - Stimmungsraum
  - Lebensraum
- **Figuren**
  - **Charakterisierung**
    - äussere und innere
    - direkte und indirekte
  - **Figurenrede**
    - Direkte Rede
    - Indirekte Rede
    - Erlebte Rede
    - Innerer Monolog
    - Bewusstseinsstrom
- **Ereignis**
  - Haupt- und Nebenhandlung
  - Kontrasthandlung
  - Rahmen- und Binnenhandlung
- **Komposition der Handlung**
  - Schlüsselstellen
  - Spannung
  - Ironie

Die Sprache

- Das Wort
- Der Satz
- Literarische Figuren

Grossformen erzählender Prosa

- Epos
- Erzählung
- Märchen
- Novelle
- Roman
- Sage

Kleinformen erzählender Prosa

- Fabel
- Anekdote
- Aphorismus
- Kurzgeschichte
- Parabel
- Gleichnis

Prosa analysieren

- **Erzählmittelkatalog** Die Möglichkeiten des Erzählens
- **Moderne Prosa** Checklisten
- **Analyse erzählender Prosa** Checklisten
- **Fragen zu erzählender Prosa**

Eine Schritt-für-Schritt-Anleitung für das Verfassen eigener erzählender Texte findet sich in «Wege zur Literatur». Deutsch am Gymnasium 4, S. 10–28.

Alltägliches und literarisches Erzählen

Die Epik ist die Gattung, die Geschichten erzählt. Heute werden Geschichten fast ausschliesslich in Prosa, also in fortlaufendem Text erzählt. Deswegen nennt man diese Gattung meistens «erzählende Prosa».
Man erzählt oft – von früher, von Erlebnissen oder Erfahrungen. Erzählen wendet sich immer an ein Publikum und erzählt von etwas, das bereits vergangen ist. Alltägliches Erzählen erfolgt meist mündlich, literarisches Erzählen schriftlich.

Erzählen als Erinnern

Am Anfang des Erzählens, des mündlichen wie des schriftlichen, steht das Erinnern.
«Was ich zu berichten beabsichtige, ist mir vor reichlich einem halben Jahrhundert […] kund geworden.» So lautet der erste Satz von Theodor Storms Novelle «Der Schimmelreiter». Märchen beginnen oft mit «Es war einmal …». Die Erzählung schaut also auf ein Geschehen zurück, das vergangen ist – sie ist «Geschichte».

Die Geschichte (Frage nach dem Was)

Hauptmerkmal einer Geschichte ist ein Ereignis, das sich zu erzählen lohnt, das in Erinnerung blieb oder bleiben soll. Eine «unerhörte Begebenheit» nannte das Johann Wolfgang Goethe. Dabei ist es nicht relevant, ob der Erzähler die Begebenheit selber erlebt oder ob er nur von ihr erfahren hat.
Eine Geschichte handelt an einem Ort, zu einer gewissen Zeit, hat handelnde Personen und ein Ereignis.

Die Erzählung (Frage nach dem Wie)

Begebenheiten, die man sich erzählt und weitererzählt, werden durch die Art und Weise des Erzählens, das Wie, zu einer Erzählung. Eine Erzählung besteht nicht nur aus einer Ereignisfolge, sondern auch aus ihrer Darstellung.
In der Literatur macht das Wie, nämlich der Einsatz erzählerischer Mittel, den eigentlichen Reiz der Erzählung aus.

Alltägliches und literarisches Erzählen

	Alltägliches Erzählen	Literarisches Erzählen
Gemeinsamkeiten	• Nennenswerte Begebenheit • Rückblickend • Für ein Publikum	• Nennenswerte Begebenheit • Rückblickend • Für ein Publikum
Unterschiede	• Mündlich (selten schriftlich) • Persönliches Erlebnis oder Geschehen vom Hörensagen • 1. Person (Ich-Form) • Zeitform: normalerweise Perfekt • Alltagssprachlich, ungeformt	• Nur schriftlich • Fiktives Geschehen (nicht zwingend selber erlebt) • 1. Person/3. Person • Zeitform: Präteritum • Formenvielfalt
	Fokus auf das Was	Fokus auf das Wie

Merkmale des literarischen Erzählens

Der literarische Erzähler erzählt nicht zwangsläufig aus einer fixen Position. Er kann seine Stellung gegenüber dem Geschehen variieren.

Position – Blickwinkel

Der Erzähler steht zum erzählten Geschehen zeitlich immer in einer Distanz. Er erzählt, nachdem die Geschichte sich ereignet hat.
Im Moment des Geschehens kann der Erzähler sich entweder ausserhalb des Geschehens befinden oder er ist selber Teil des Geschehens. Im letzteren Fall erzählt der Erzähler in der Ich-Form von sich als handelnder Figur.
Im Moment des Erzählens befindet sich der Erzähler in jedem Fall ausserhalb des Geschehens. Der räumliche Standort des Erzählers ist bestimmt durch:

Position	Standort des Erzählers. Er kann sich am Ort des Geschehens befinden (als Beobachter oder als handelnde Person) oder ausserhalb des Geschehens (nur als Beobachter). Die Position kann fest sein oder sie kann sich verändern.
Blickwinkel (Perspektive)	Der Blickwinkel, den der Erzähler hat, also der Ausschnitt des Geschehens, über das er berichtet. Der Blickwinkel kann von einem nahezu unbegrenzten Überblick über das gesamte Geschehen bis zu einem kleinen begrenzten Ausschnitt variieren.

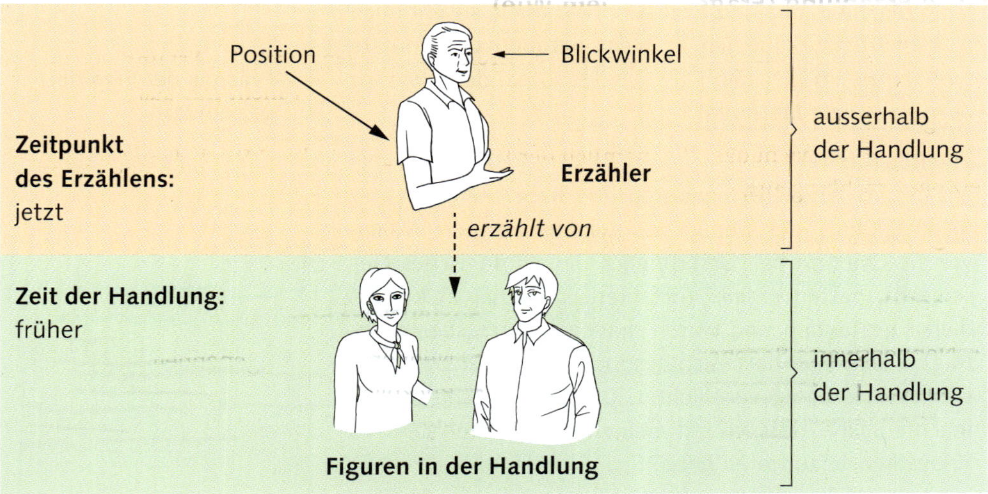

Innensicht – Aussensicht

Die Sicht des Erzählers umfasst drei Möglichkeiten: die Aussensicht, die Innensicht oder eine Kombination davon.

Aussensicht	Der Erzähler hat keinen Einblick in das Bewusstsein der handelnden Figuren. Er beschränkt sich auf die Wiedergabe von Aussagen, Verhaltensweisen, Handlungen und die Beschreibung des Aussehens der Figuren.
Innensicht	Der Erzähler kann in die Figuren hineinblicken und kennt ihre Gedanken, Gefühle und Absichten. Er kann ihre Stimmungen, Ängste oder Launen beschreiben.

Der Erzähler

Der Autor ist der Urheber der Geschichte und derjenige, der sie aufschreibt. Es ist aber nicht der Autor, der die Geschichte erzählt. Für das Erzählen erfindet der Autor einen Erzähler. Der Beispieltext veranschaulicht diesen Sachverhalt. Die Begriffe und Zusammenhänge werden auf den nächsten drei Seiten erklärt.

Autor — **Conrad Ferdinand Meyer (1825–1898), Das Amulett, Novelle, 1873** — Entstehungsdatum

Erstes Kapitel

[Zeitpunkt des Erzählens: „vierzehnten März 1611"; Ich-Erzähler (personales Erzählen): „ich"]

Heute am vierzehnten März 1611 ritt ich von meinem Sitze am Bielersee hinüber nach Courtion zu dem alten Boccard, den Handel um eine mir gehörige mit Eichen und Buchen bestandene Halde in der Nähe von Münchweiler abzuschliessen, der sich schon eine Weile hingezogen hatte. Der alte Herr bemühte sich in langwierigem Briefwechsel um eine Preiserniedrigung. Gegen den Wert des fraglichen Waldstreifens konnte kein ernstlicher Widerspruch erhoben werden, doch der Greis schien es für seine Pflicht zu halten, mir noch etwas abzumarkten. Da ich indessen guten Grund hatte, ihm alles Liebe zu erweisen, [...] entschloss ich mich, ihm nachzugeben und den Handel rasch zu beendigen. [...] Das Schicksal Wilhelm Boccards, seines einzigen Sohnes, war mit dem meinigen aufs engste verflochten, zuerst auf eine freundliche, dann auf eine fast schreckliche Weise. Ich habe ihn in den Tod gezogen. Und doch, sosehr mich dies bedrückt, kann ich es nicht bereuen und müsste wohl heute im gleichen Falle wieder so handeln, wie ich es mit zwanzig Jahren tat.

[Erzählergegenwart (siehe S. 37); Präsens der Erzählergegenwart: „bedrückt", „kann", „müsste", „heute"; Rückblick auf Handlung: „wie ich es mit zwanzig Jahren tat"]

Zweites Kapitel

[Beginn der Handlung]

Ich bin im Jahre 1553 geboren und habe meinen Vater nicht gekannt, der wenige Jahre später auf den Wällen von St. Quentin fiel. Ursprünglich ein thüringisches Geschlecht, hatten meine Vorfahren von jeher in Kriegsdienst gestanden und waren manchem Kriegsherrn gefolgt. Mein Vater hatte sich besonders dem Herzog Ulrich von Württemberg verpflichtet. [...] Es war eine ausgemachte Sache, dass ich mit meinem siebzehnten Jahre in Kriegsdienste zu treten habe. [...]

Im Jahre 1570 gab das Pazifikationsedikt von St. Germain en Laye den Hugenotten in Frankreich Zutritt zu allen Ämtern und Coligny, nach Paris gerufen, beriet mit dem König, dessen Herz er, wie die Rede ging, vollständig gewonnen hatte, den Plan eines Feldzugs gegen Alba zur Befreiung der Niederlande. Ungeduldig erwartete ich die jahrelang sich verzögernde Kriegserklärung, die mich zu Colignys Scharen rufen sollte; denn seine Reiterei bestand von jeher aus Deutschen und der Name meines Vaters musste ihm aus früheren Zeiten bekannt sein. Aber diese Kriegserklärung wollte noch immer nicht kommen und zwei ärgerliche Erlebnisse sollten mir die letzten Tage in der Heimat verbittern.

[Handlungsvergangenheit (siehe S. 37); Präteritum der Handlungsvergangenheit: „erwartete"]

Beziehung zwischen Autor und Text

Der Autor des Beispieltextes ist Conrad Ferdinand Meyer. Meyer schrieb die Novelle «Das Amulett» (= Text). Diese Novelle enthält die Jugendgeschichte der beiden Schweizer Wilhelm Boccard und Hans Schadau, die in die Wirren der französischen Religionskriege geraten. Diese Geschichte wird uns erzählt von einem Erzähler. Der Erzähler ist nicht identisch mit dem Autor. Genauso wie die Handlung in erzählender Literatur fiktiv ist, ist auch der Erzähler dieser Handlung fiktiv. Beide sind eine Erfindung des Autors.

Fiktiv = innerhalb der Literatur existierend

Autor ≠ Erzähler

Dass Autor und Erzähler nicht identisch sein können, zeigt sich bei diesem Beispiel besonders gut an den Jahreszahlen: Conrad Ferdinand Meyer lebte von 1825 bis 1898. Der Erzähler aber lebte von 1553 bis mindestens 1611, bis zu dem Zeitpunkt also, an dem er die Geschichte erzählt (siehe auch die grafische Darstellung auf der nächsten Seite).

Autor C. F. Meyer (1825 – 1898) ≠ **Erzähler** Hans Schadau (1553 – 1611)

Verfassen ≠ Erzählen

Dass Autor und Erzähler nicht identisch sein können, zeigt sich auch am Unterschied zwischen dem Zeitpunkt der Niederschrift und dem Zeitpunkt des Erzählens. Geschrieben hat der Autor Meyer die Novelle im Winter 1872/73. Erzählt wird sie vom Erzähler Schadau im Jahr 1611.

Das Schreiben des Werkes ist nicht identisch mit dem Erzählen der Handlung. Der Autor verfasst ein literarisches Werk. Der Erzähler erzählt eine Geschichte. Nicht der Autor also erzählt die Geschichte. Natürlich ist es so, dass der Autor die Geschichte verantwortet: Er *erfindet* sowohl den Erzähler als auch die Geschichte. Sowohl Erzähler wie Handlung sind fiktional.

«Ich» in einem erzählenden Text ist entweder der Erzähler oder eine in der Ich-Form sprechende Figur der Handlung. «Ich» ist niemals der Autor!

Die Erzählebenen

Ein literarisches Werk weist drei Ebenen auf:
- die Ebene des Autors ausserhalb des Werkes (in der Realität)
- die Ebene des Erzählers innerhalb des Werkes (in der Fiktion)
- die Ebene der Handlung innerhalb des Werkes (in der Fiktion)

Grafische Darstellung der Erzählebenen

Am Beispiel von Meyers Novelle «Das Amulett» lässt sich das so darstellen:

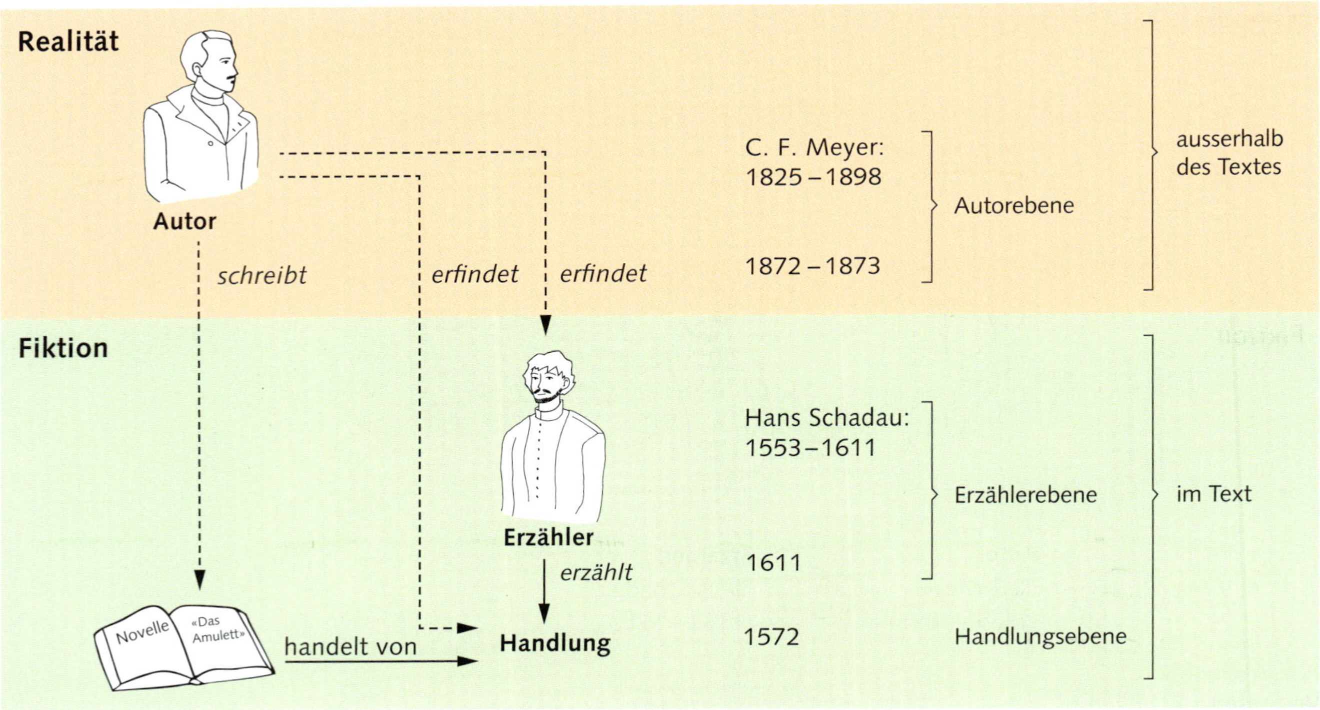

Autorebene
Der – reale – Autor schreibt zu einem Zeitpunkt innerhalb seines Lebens einen Text. Diese Ebene befindet sich ausserhalb des Werkes; sie ist Teil der Realität.

Erzählerebene
Der – fiktive – Erzähler erzählt zu einem beliebigen Zeitpunkt die Handlung. Er kann die Handlung beliebig unterbrechen und Kommentare oder Beschreibungen einfügen. Er kann in der Handlung voraus- und zurückspringen. Die Erzählerebene ist Teil des – fiktionalen – Werkes. Der Zeitpunkt des Erzählens ist immer «jetzt». Der Erzähler erzählt immer in seiner Gegenwart, der Erzählergegenwart (siehe S. 37).

Handlungsebene
Der Erzähler erzählt eine Handlung. Zeitlich liegt die Handlungsebene immer vor der Erzähler-Ebene. Das Geschehen spielt immer früher, als es der Erzähler erzählt, in der Handlungsvergangenheit (siehe S. 39). Deshalb ist das Erzähltempus das Präteritum. Die Handlungsebene ist Teil des – fiktionalen – Werkes.

Der Zeitpunkt des Erzählens ist immer jetzt, nämlich die Gegenwart des Erzählers.
Die Handlung spielt immer früher, vom Erzähler aus gesehen in der Vergangenheit.
Der Autor kommt im literarischen Werk nicht vor!

Die Erzählsituation

Die Kommunikationssituation der erzählenden Prosa entspricht prinzipiell dem alltäglichen Erzählen: Man erzählt für ein Publikum.

Die Kommunikation der erzählenden Prosa allerdings erfolgt mittelbar: Der Autor spricht nicht direkt zu seinem Publikum, sondern erfindet einen Erzähler, der stellvertretend für ihn erzählt.

Der Erzähler und sein Publikum

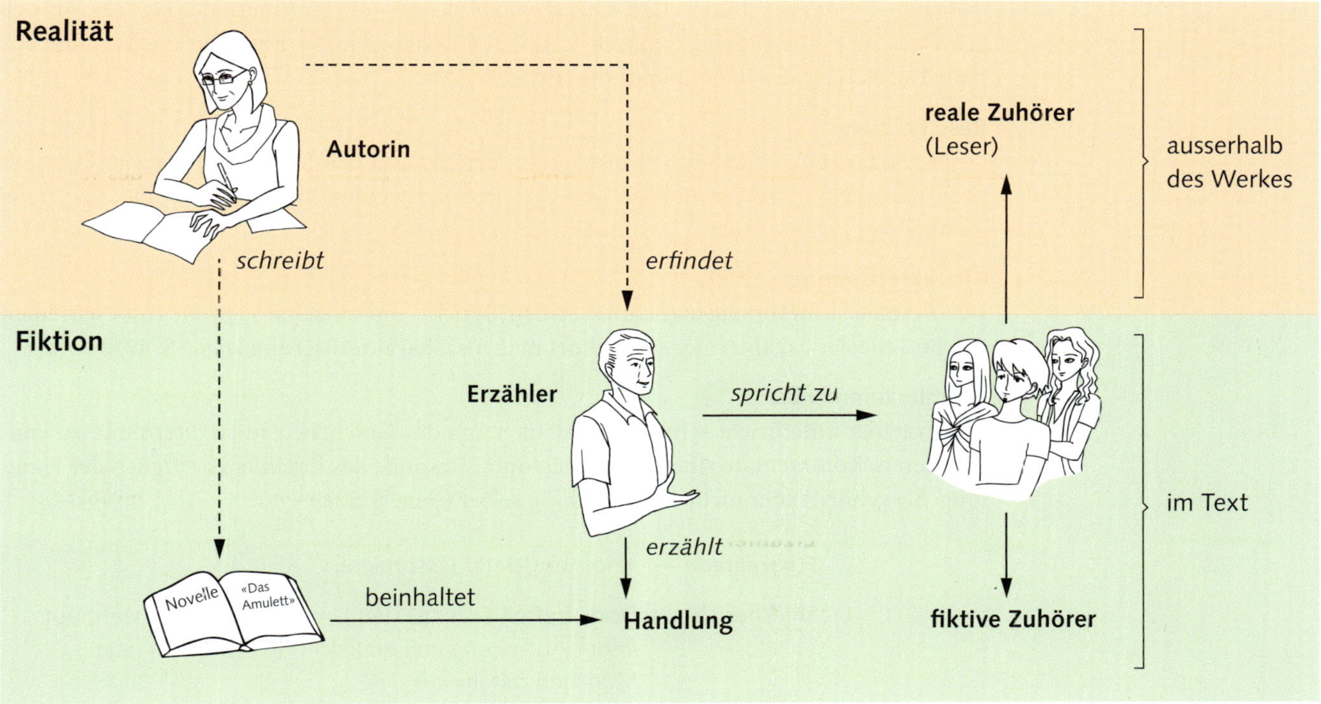

Der Erzähler ist Teil des fiktiven Werkes; er erzählt seine Geschichte innerhalb der Fiktion. Deshalb ist auch sein Publikum Teil der Fiktion. Da die erzählten Geschichten allerdings von realen Menschen gelesen werden, hat der fiktive Erzähler durchaus reale Zuhörer.

Der Autor und seine Leserschaft

Die Grafik oben zeigt, dass es keine direkte Verbindung zwischen der realen Autorin und der realen Leserin gibt. Die Autorin kommuniziert im eigentlichen Sinne nicht mit ihren Lesern.

Aus diesem Grunde ist es unsinnig zu meinen, der Autor hätte den Lesern eine Botschaft oder eine Absicht, eine Anleitung zum besseren Leben oder eine Lebensweisheit mitzuteilen. Dafür eignet sich die Kommunikationssituation der erzählenden Literatur nicht. Natürlich fühlt sich der Leser von der Geschichte angesprochen. Aber es sind Elemente der Handlung, Aussagen von Figuren, der Erzählerkommentar oder Ähnliches, die den Leser ansprechen; doch nicht der Autor selbst spricht die Leser an.

In der erzählenden Prosa gibt es keine direkte Verbindung von Autorin und Leserinnen.

Die Erzählerrede

Die verschiedenen Redeweisen des Erzählers werden unter dem Oberbegriff «Erzählerrede» zusammengefasst (das Gegenstück ist die «Figurenrede», siehe S. 44).

Erzählmittel

Der Erzähler hat vier Möglichkeiten des Erzählens:

Erzählerbericht = Bericht der Handlung
Erzählerbericht wird jener Teil der Erzählerrede genannt, in dem der Erzähler einen Fortgang der Handlung schildert und auch davon berichtet, was im Innern der Figuren vor sich geht, was sie wahrnehmen, empfinden, fühlen und denken. Der Erzählerbericht ist die normale Darbietung der Erzählhandlung (siehe S. 36).

Beschreibung
Der Erzähler unterbricht manchmal seinen Bericht, um den Schauplatz der Handlung zu veranschaulichen. Solche Partien der Erzählerrede werden als Beschreibung bezeichnet (siehe S. 40 f.).

Charakterisierung
Der Erzähler unterbricht manchmal seinen Bericht, um einzelne Figuren zu beschreiben. Solche Teile der Erzählerrede bezeichnet man als Charakterisierung (siehe S. 42 f.).

Erzählerkommentar
Der Erzähler unterbricht seinen Bericht auch, um das Geschehen zu erläutern und zu kommentieren. Kommentare sind Meinungen und Einwände des Erzählers bezüglich der Handlung. Sie gehören aber nicht zur Handlung selber (siehe S. 32).

Figurenrede	«Hört auf! Jetzt lasst mich!»
Erzählerbericht	Dorly befreit sich aus den Umarmungen und steht auf. In der Aufregung stehen links und rechts ein paar Mädchen mit ihr auf.
Charakterisierung	Dorly ist einen halben Kopf grösser als die anderen, auch schlanker und kräftiger;
Erzählerkommentar	wenn es zum Kampf käme, würde sie es wohl mit allen gleichzeitig aufnehmen.
Figurenrede	«Die war eine richtige Amazone»,
Inquit-Formel	sagte meine Grossmutter in späteren Jahren.

Alex Capus, Fast ein bisschen Frühling

Inquit-Formel

In erzählenden Texten sind unterschiedliche Formen der Figurenrede eingebettet. Die einfachste Form ist die Wiedergabe der Figurenrede im Dialog. Die sogenannte Inquit-Formel («sagte er», «meinte sie») bei der direkten oder der indirekten Rede gehört zur Erzählerrede.

Die Erzählperspektive

Der Erzähler kann verschiedene Rollen einnehmen:
- Er steht ausserhalb oder innerhalb der Handlung.
- Er erzählt aus der Sicht einer bestimmten Figur oder als Aussenstehender.
- Er hat unter Umständen eine Innensicht in die Gedankenwelt der Figuren.

Die Perspektiven

Es gibt grundsätzlich drei Möglichkeiten, wie sich Erzähler und Figuren zueinander verhalten können.

Neutrales Erzählen (siehe S. 32)
Der Erzähler tritt in der Erzählung nicht in Erscheinung. Er weiss weniger als die Figuren. Er berichtet nur, was er sehen und hören kann.

Erzähler < Figuren

Personales Erzählen (siehe S. 33)
Der Erzähler ist Bestandteil der Handlung. Er weiss so viel wie eine der Figuren. Er schlüpft in die Haut einer Figur. Er schaut entweder von ausserhalb auf sie oder er übernimmt ihre Ich-Sicht.

Erzähler = Figur

Auktoriales Erzählen (siehe S. 34)
Der Erzähler steht ausserhalb der Handlung. Obwohl er ausserhalb der Figuren steht, weiss er aber über sie alles (Innensicht). Er weiss mehr als sie, denn er kennt bereits den Lauf der Handlung und die Gedanken aller Figuren.

Erzähler > Figuren

Ich-Form und Er-Form

Neutrale Perspektive
In der neutralen Perspektive tritt der Erzähler prinzipiell nicht in Erscheinung. Er erzählt in der 3. Person aus einer Aussenperspektive.

Personale Perspektive
In der personalen Erzählsituation ist beides möglich: Der Erzähler fokussiert und verfolgt von aussen eine Figur. Er erzählt dann in der 3. Person. Oder er schlüpft in die Haut einer Figur und erzählt aus deren Ich-Sicht in der 1. Person.

Auktoriale Perspektive
Der auktoriale Erzähler tritt manchmal selber in Erscheinung. Dann spricht er in der Ich-Form. Die eigentliche Erzählung der Handlung erzählt er aber als aussenstehender Erzähler in der 3. Person.

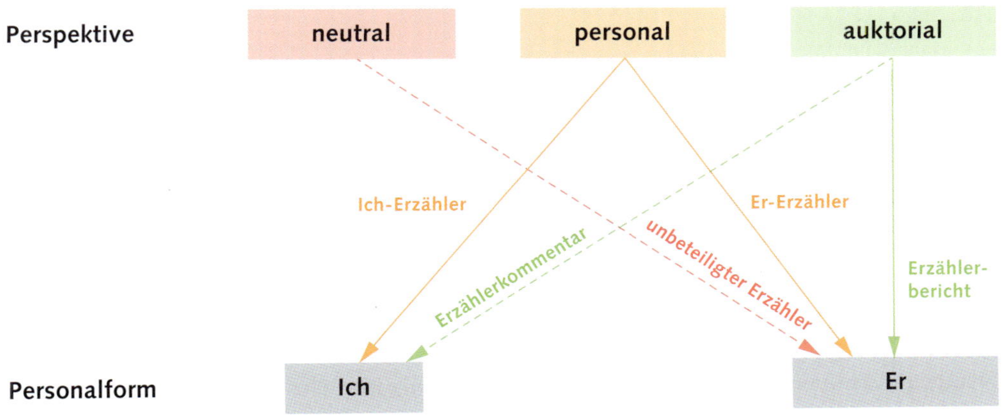

Neutraler Erzähler

Als neutralen Erzähler bezeichnet man einen Erzähler, der hinter die Figuren und das Geschehen zurücktritt, keine Erklärungen abgibt und weder Anlass noch Zweck des Erzählens bekannt gibt. Er verfügt nur über Aussensicht, d. h. er weiss nicht, was im Innern der Figuren vorgeht. Er berichtet also quasi wie ein Zuschauer eines Films nur das, was er sieht und hört. Der neutrale Erzähler gibt keine Erzählerkommentare ab, er verzichtet auch auf eine urteilende Wortwahl.

Die Zuschauersicht

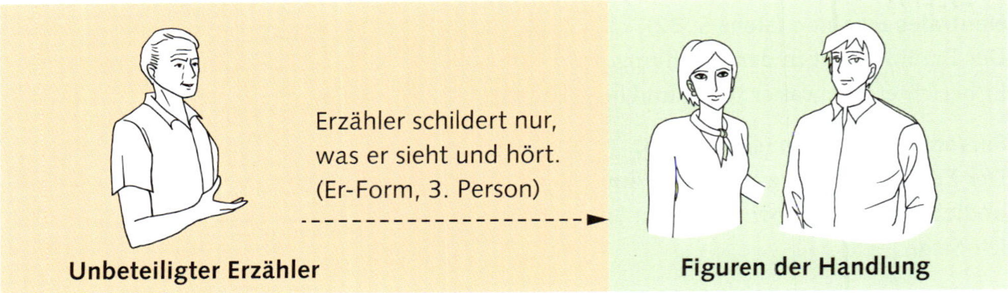

Der Erzähler nimmt am Geschehen nicht teil. Er kommentiert es auch nicht.

Neutrales Erzählen = Sicht des unbeteiligten Zuschauers
Der Erzähler ist nicht spürbar.

Neutrales Erzählen
Vor dem Gesetz steht ein Türhüter. Zu diesem Türhüter kommt ein Mann vom Lande und bittet um Eintritt in das Gesetz. […] «Es ist möglich», sagt der Türhüter, «jetzt aber nicht.» Da das Tor zum Gesetz offensteht […] und der Türhüter beiseite tritt, bückt sich der Mann, um durch das Tor in das Innere zu sehn. Als der Türhüter das merkt, lacht er und sagt: «Wenn es dich so lockt, versuche es doch, trotz meines Verbotes hineinzugehn. Merke aber: Ich bin mächtig. Und ich bin nur der unterste Türhüter. Von Saal zu Saal stehn aber Türhüter, einer mächtiger als der andere. Schon den Anblick des dritten kann nicht einmal ich mehr ertragen.»

Franz Kafka, Vor dem Gesetz

Der neutrale Erzähler berichtet ausschliesslich, was man sehen und hören kann.

Nicht neutrales Erzählen
Wenn irgendeine hinfällige, lungensüchtige Kunstreiterin in der Manege auf schwankendem Pferd vor einem unermüdlichen Publikum vom peitschenschwingenden erbarmungslosen Chef monatelang ohne Unterbrechung im Kreise rundum getrieben würde, auf dem Pferde schwirrend, Küsse werfend, in der Taille sich wiegend, […] – vielleicht eilte dann ein junger Galeriebesucher die lange Treppe durch alle Ränge hinab, stürzte in die Manege, rief das: Halt! durch die Fanfaren des immer sich anpassenden Orchesters.

Franz Kafka, Auf der Galerie

Unterstrichene Passagen kann ein neutraler Erzähler nicht erzählen.

Die experimentelle Natur der neutralen Perspektive

Neutrales Erzählen ist ein Merkmal der modernen Literatur. Der Ausschluss des Erzählers widerspricht eigentlich dem Erzählvorgang, in dem ein Erzähler einem Publikum eine Geschichte erzählt. Deshalb hat das neutrale Erzählen experimentellen Charakter.

Personaler Erzähler

Der personale Erzähler nimmt in Gestalt einer Person am Geschehen teil. Er ist mit der Innensicht ausgestattet, d. h. der Erzähler vermag in die Figur hineinzusehen. Er kennt ihre Wünsche, Gefühle, Erinnerungen usw.
Der personale Erzähler erzählt entweder in der Ich-Form oder in der Er- bzw. in der Sie-Form.

Personales Erzählen = Sicht des Protagonisten
Der Erzähler «schlüpft» sozusagen in eine Figur.

Er-Erzähler

K. wandte sich der Treppe zu, um zum Untersuchungszimmer zu kommen, stand dann aber wieder still, denn ausser dieser Treppe sah er im Hof noch drei verschiedene Treppenaufgänge, und überdies schien ein kleiner Durchgang am Ende des Hofes noch in einen zweiten Hof zu führen. Er ärgerte sich, dass man ihm die Lage des Zimmers nicht näher bezeichnet hatte.

Franz Kafka, Der Process

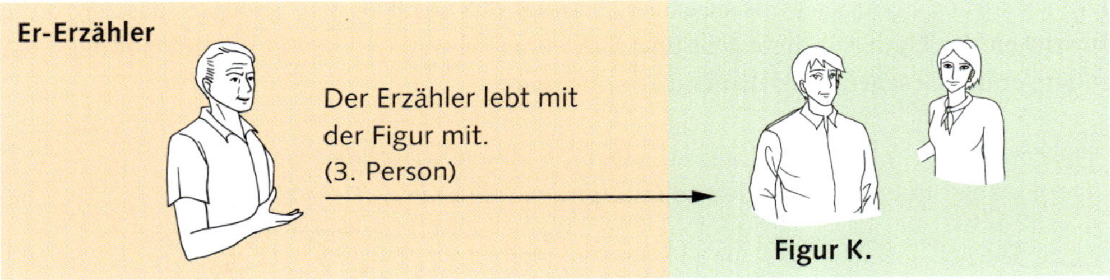

Der Erzähler verfolgt die Figur K. genau. Er geht mit ihr mit, schildert, was sie sieht, und blickt in ihre Gefühle. («Er ärgerte sich.»)

Ich-Erzähler

Der Erzähler ist eine der handelnden Figuren, ist also ein Teil der Handlung. In dem Moment, in dem er erzählt, ist die Handlung aber bereits vergangen. Der Erzähler erzählt aus der Erinnerung. Ein Beispiel personalen Erzählens in der Ich-Form liegt vor im Beispieltext «Das Amulett» auf S. 26.

Perspektivenwechsel und Multiperspektivität

Möglich ist, dass der Erzähler multiperspektivisch erzählt, das heisst, er wechselt die Person, aus deren Sicht er erzählt. Trotzdem liegt die personale Erzählperspektive vor. Perspektivenwechsel sind ein Merkmal der modernen Literatur.

Auktorialer Erzähler

Der auktoriale Erzähler weiss von Anfang an über die erzählte Welt, seine Figuren und die Handlung Bescheid. Er steht ausserhalb der Handlung und kann sie seinem Willen gemäss ablaufen lassen. Er kommentiert die Figuren und kennt deren Innenleben. Oft erzählt er dem Leser auch sein Vorhaben. Er ist «allwissend» und tritt in der Regel in der Ich-Form auf (die Handlung erzählt er in der Er-Form).

Die allwissende Sicht

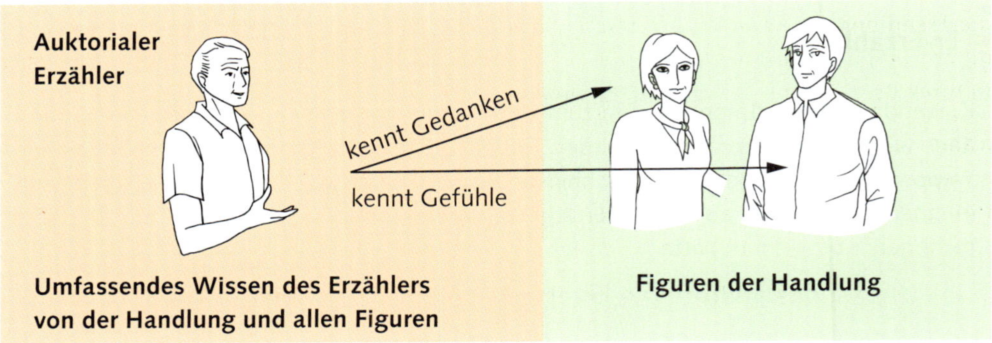

Der auktoriale Erzähler weiss Bescheid. Er zeigt das ausdrücklich dadurch, dass er in die Innenwelt der Figuren hineinsieht und mehr über sie weiss als sie selber. Er zeigt das auch, indem er das Geschehen fortlaufend kommentiert.

Auktoriales Erzählen = Sicht des aussenstehenden allwissenden Erzählers
Der Erzähler macht sich mit Kommentaren und anderen Mitteln bemerkbar.

Erzählerkommentar

Das Hauptmerkmal des auktorialen Erzählens ist der Erzählerkommentar.

> Beim Nachtessen war er wie gewöhnlich etwas tiefsinnig. Doch sprach er von allerlei, aber mit ängstlicher Hast. Um Mitternacht wurde Oberlin durch ein Geräusch geweckt.
>
> Georg Büchner, Lenz

- Der Erzähler berichtet Handlungsdetails, die nur er wissen kann, die also in der Handlung selbst nicht zu beobachten sind («wie gewöhnlich», «tiefsinnig»).
- Der Erzähler strukturiert die Handlung durch urteilende Wortwahl («etwas», «Doch», «aber»).
- Der Erzähler kommentiert die Handlungen seiner Figuren («mit ängstlicher Hast»).

Der Erzähler steuert mit dem Kommentar die Haltung des Lesers gegenüber der Handlung oder der Figur. Das Verständnis des Lesers von der Handlung und sein Eindruck von den Figuren hängen zu einem wesentlichen Teil von den Kommentaren des Erzählers ab.

Der Erzählerkommentar ist das wichtigste Instrument des auktorialen Erzählers.
Er beeinflusst damit die Meinung des Lesers.

Weitere Möglichkeiten des auktorialen Erzählens

Erwartungssteuerung Der Erzähler erzeugt im Leser über die Raumbeschreibung eine Erwartung der bevorstehenden Handlung. Genauso beeinflusst er mittels Figurencharakterisierung die Sympathie des Lesers für seine Figuren (siehe S. 40 bzw. S. 41).

Direkte Ansprache Der Erzähler hat die Möglichkeit, den Leser direkt als Leser anzusprechen.

Direkte Einflussnahme Unter Umständen nimmt der Erzähler sogar direkt Einfluss auf die Handlung. Er kann die Handlung vollständig nach seinem Sinn ablaufen lassen, sie unterbrechen und sogar Alternativen erzählen (z. B. zwei sich widersprechende Schlüsse wie in Jurek Beckers Roman «Jakob der Lügner»).

Ironie Der Erzähler befindet sich ausserhalb der Handlung und kommentiert diese, weil er mehr weiss als die Personen in der Handlung. Die dadurch entstehende Distanz zwischen ihm und dem Geschehen erzeugt Ironie (siehe S. 49).

Die Mittel des auktorialen Erzählens an einem Beispiel

Der auktoriale Erzähler verfügt insbesondere über folgende Mittel:

Im dritten Stockwerk steht linker Hand die Wohnung leer, rechts wohnt ein Mann namens Mindernickel, der obendrein Tobias heisst.	Er kommentiert das Geschehen und die Handlungen der Figuren.
Was für eine Bewandtnis hat es mit diesem Manne, der stets allein ist und der in ungewöhnlichem Grade unglücklich zu sein scheint?	Er tritt in Kommunikation mit dem Leser.
Er trägt einen altmodischen, geschweiften und rauhen Cylinder, einen engen und altersblanken Gehrock und in gleichem Masse schäbige Beinkleider.	Er beschreibt die Figuren (äussere Charakterisierung).
… der stets allein ist und der in ungewöhnlichem Grade unglücklich zu sein scheint …	Er charakterisiert die Figuren (innere Ch.).
Er presste den Hund mit schmerzlicher Liebe an sich.	Er hat Innensicht in seine Figuren.
So führt eine enge und ausgetretene Holztreppe, auf der es unaussprechlich dumpfig und ärmlich riecht.	Er beschreibt das Milieu (die Orte).
Seine gewaltsame bürgerliche Kleidung sowie eine gewisse sorgfältige Bewegung der Hand über das Kinn scheint anzudeuten, dass er keineswegs zu der Bevölkerungsklasse gerechnet werden will, in deren Mitte er wohnt.	Er gibt Hinweise für das Verständnis des erzählten Geschehens (d. h. er gibt Hinweise für die Interpretation).
Von diesem Manne gibt es eine Geschichte, die erzählt werden soll, weil sie rätselhaft und über alle Begriffe schändlich ist.	Er legt dar, was er erzählen will und warum er es erzählt.

Thomas Mann, Tobias Mindernickel, 1898

Die Elemente der Handlung

Den Ablauf der Geschehnisse in einem erzählenden Text nennt man Handlung (manchmal verwendet man das englische Wort «Plot»). Die Handlung wird vom Erzähler erzählt. Doch nicht alles, was der Erzähler sagt, ist Handlung (siehe S. 30). Als Handlung bezeichnet man das, was das erzählte Geschehen weiterbringt. In erzählender Literatur ist die Handlung immer fiktiv. Der erzählten Geschichte können allerdings tatsächliche Vorkommnisse zugrunde liegen.

Die Formel ZOPEF

Jede Handlung verfügt über fünf Elemente, die sich in der Formel ZOPEF zusammenfassen lassen.

Z Zeit
Die Handlung beginnt zu einem gewissen Zeitpunkt, hat eine gewisse Dauer und eine gewisse Abfolge der Ereignisse (siehe S. 37). Die Handlung in der Novelle «Das Amulett» (siehe S. 26) beginnt im Jahr 1570 und endet im Jahr 1572, dauert also zwei Jahre und spielt rund 40 Jahre vor der Erzählgegenwart.

O Ort
Die Handlung spielt an einem bestimmten Ort, hat also einen Schauplatz (siehe S. 40).

P Personen/Figuren
Die literarischen Figuren durchleben die erzählten Ereignisse. Der Erzähler beschreibt (charakterisiert) die Figuren (siehe S. 42).

E Ereignis
Der Erzähler erzählt immer ein Ereignis (das eigentliche Geschehen, die Handlungen der Figuren, die inneren und äusseren Erlebnisse der Figuren, Vorkommnisse, Vorgänge, Abläufe, siehe S. 45).

F Folge/Folgen
Die erzählten Ereignisse haben Auswirkungen oder führen zu Ergebnissen. Erzählenswert sind nur Ereignisse von Bedeutung oder von Interesse (siehe S. 46).

Innere und äussere Handlung der Figuren

Man unterscheidet äussere Handlung (was die Figuren tun) und innere Handlung (was die Figuren denken, erwägen, fühlen und wünschen). Über innere Vorgänge kann nur ein auktorialer oder ein personaler Erzähler berichten (siehe S. 34 und S. 33).

> Jeronimo, der inzwischen auch in ein Gefängnis gesetzt worden war, wollte die Besinnung verlieren, als er diese ungeheure Wendung der Dinge erfuhr. Vergebens sann er auf Rettung: überall, wohin ihn auch der Fittich der vermessensten Gedanken trug, stiess er auf Riegel und Mauern, und ein Versuch, die Gitterfenster zu durchfeilen, zog ihm, da er entdeckt ward, eine nur noch engere Einsperrung zu [...].
>
> Heinrich von Kleist, Das Erdbeben von Chili, Novelle, 1807

In diesem Beispiel aus einer Novelle Kleists sind äussere und innere Handlungen miteinander verbunden. Im ersten Satz geht die äussere Handlung in die innere über. Der Erzähler berichtet, welche Wirkung die Nachricht von dem über seine Geliebte verhängten Todesurteil auf Jeronimo hat. Im zweiten Satz führen umgekehrt innere Vorgänge (Nachdenken über Fluchtmöglichkeiten) zu äusseren Handlungen (zum misslungenen Fluchtversuch und dessen Folgen).

Die Zeit

Unter das Stichwort «Zeit» in der erzählenden Literatur fallen fünf Bereiche.

Zeitpunkt und Zeitdauer der Handlung	Zeitpunkt und Dauer einer Handlung, z. B. Weihnachtstag 1947 von neun bis elf Uhr
Tempus	Das grammatische Tempus des Erzählerberichts (in der Regel Präteritum)
Erzählebenen	Erzählergegenwart und Handlungsvergangenheit
Zeitverhältnisse	Dauer der Erzählung (Erzählzeit) und Dauer der Handlung (erzählte Zeit)
Abfolge	Aufbau der einzelnen Teile der Handlung (Chronologie, Rückblenden und Vorausdeutungen)

Die fünf Bereiche der Zeit greifen ineinander. Grafisch kann man dies wie folgt darstellen:

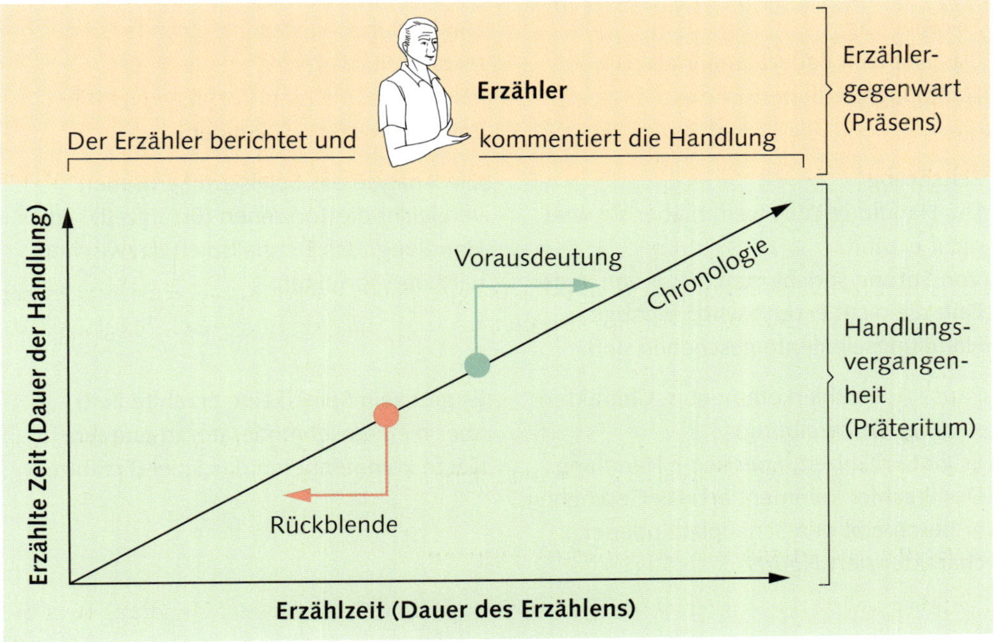

Tempus

Üblicherweise ist die grammatische Erzählzeit das Präteritum. Zuvor Geschehenes wird im Plusquamperfekt geschildert. Mit der grammatischen Zeit lässt sich experimentieren (siehe S. 53).

Erzählebenen

Der Moment, in dem der Erzähler erzählt, ist definiert als die Erzählergegenwart. Der Erzähler erzählt immer ein Geschehen, das aus seiner Sicht bereits vergangen ist. Deswegen spricht man von der Handlungsvergangenheit. Das gilt übrigens auch, wenn das Geschehen erst in ferner Zukunft spielt, etwa im Jahr 2847. Der Erzähler erzählt später, also nach dem Jahr 2847.

Meistens ist das Erzähltempus in der Erzählergegenwart das Präsens, in der Handlungsvergangenheit das Präteritum. Manche Autoren spielen allerdings damit und setzen beides ins Präteritum oder, was noch häufiger vorkommt, alles ins Präsens.

Zeitverhältnisse

Man unterscheidet
- die Dauer der Erzählung (Erzählzeit) und
- die Dauer der Handlung (erzählte Zeit).

Daraus leiten sich folgende Zeitverhältnisse ab. Die Zeitverhältnisse lassen sich leicht illustrieren an einem Fussballspiel und dessen Übertragung am Fernsehen oder Radio.

Erzählzeit	=	**erzählte Zeit**	Zeitdeckung Das Erzählen dauert gleich lang wie die Handlung.	Die Direktübertragung (Erzählzeit) dauert gleich lang wie das Fussballspiel (erzählte Zeit), nämlich 90'.
Erzählzeit	<	**erzählte Zeit**	Zeitraffung Das Erzählen dauert weniger lang als die Handlung.	Die Teilaufzeichnung des Spiels (Erzählzeit) in der Sportschau dauert weniger lang (z. B. 5') als das Fussballspiel (erzählte Zeit, 90').
Erzählzeit	>	**erzählte Zeit**	Zeitdehnung Das Erzählen dauert länger als die Handlung (Zeitlupen-Effekt).	Die Zeitlupeneinstellung einer Torszene (Erzählzeit) dauert länger (z. B. eine Minute) als die reale Torszene (erzählte Zeit, z. B. wenige Sekunden).
keine Erzählzeit		**Handlung**	Zeitsprung Die Handlung läuft weiter, aber sie wird nicht erzählt. Von Sprung spricht man nur, wenn in der Zeit, die nicht erzählt wird, wichtige Handlungselemente geschehen sind.	Die Analyse des Spiels am Fernsehen vergleicht die Torszenen (Erzählzeit) – die Handlung (das Fussballspiel) dazwischen wird übersprungen.
Erzählzeit		**keine Handlung**	Pause (= Erzählerkommentar, Charakterisierung, Beschreibung) Es gibt Erzählzeit, aber keine Handlung. Der Erzähler kommentiert das Geschehen, er beschreibt den Schauplatz oder er charakterisiert Figuren.	Es gibt kein Spiel (keine erzählte Zeit), aber die Fernsehmoderatoren und ihre Gäste kommentieren das Spiel (Erzählzeit).

Abfolge

Eine Geschichte wird üblicherweise vom Anfang bis zum Ende erzählt. Nicht immer ist die natürliche Abfolge der Ereignisse die spannendste Erzählweise. Die Anordnung der einzelnen Ereignisse ist ein wichtiges Spannungsmoment.

Chronologie

Wird eine Handlung zeitlich richtig – also vom Anfang bis zum Ende in der natürlichen Reihenfolge – erzählt, spricht man von chronologischem, also zeitlich logischem Erzählen. Als Chronologie bezeichnet man die Abfolge der für die Handlung wesentlichen Elemente, die Etappen also.

Rückblende und Vorausdeutung

Die chronologisch erzählte Handlung kann jederzeit durch Rückblenden und Vorausdeutungen unterbrochen werden. Beide haben ganz unterschiedliche erzählerische Funktionen.

Wird auf der Ebene der Handlungsvergangenheit auf ein Geschehen zurückgegriffen, das vorher vollendet war, so spricht man von Rückblende. Rückblenden dienen dazu, eine in der Vorgeschichte der Handlung liegende Information genau dann zu erzählen, wenn sie für die Handlung wichtig ist.	**Rückblende (Retrospektive)**
Wird auf der Ebene der Handlungsvergangenheit auf ein Geschehen verwiesen, das sich in der Zukunft befindet, spricht man von Vorausdeutung. Vorausdeutungen dienen hauptsächlich dazu, ein Geschehen in der Zukunft der Handlung anzudeuten. Vorausdeutungen sind ein wichtiges Spannungselement.	**Vorausdeutung (Antizipation)**

Als am 16. Juli 1923 der letzte Arbeiter sein Werk beendet hatte,	**Vorzeitigkeit der Handlung** Plusquamperfekt
übersiedelte ich nach Exham Priory.	**Erzählzeit** Präteritum
Die Restaurierung dieses verlassenen Steinhaufens war eine ausserordentliche Leistung gewesen, zumal es sich um nicht viel mehr als eine Ruine, eine leere, zerfressene Muschel,	**Rückblende** Plusquamperfekt
möchte man sagen,	**Erzählergegenwart** Präsens
gehandelt hatte.	**Rückblende** Schluss
Hätte ich auch nur einen schwachen Schimmer ihrer wahren Natur gehabt, wie gerne würde ich Exham Priory seinem Moos, seinen Fledermäusen und Spinnwebschleiern überlassen haben.	**Vorausdeutung** Konditional

H. P. Lovecraft, Ratten im Gemäuer

Montage

Von Montage wird gesprochen, wenn unterschiedliche Textelemente miteinander kombiniert werden und/oder die einzelnen Textelemente nicht in einer chronologischen Abfolge angeordnet sind (siehe S. 63).

Der Ort (Beschreibung)

Der Erzähler unterbricht bisweilen seinen Bericht, um den Schauplatz der Handlung oder einzelne Figuren zu beschreiben. Die Beschreibung bezweckt nicht nur die Wiedergabe des Ortes der Handlung, sondern sie erzeugt eine gewisse Atmosphäre.

Ort und Raum

Die Orte, an denen die Handlung spielt, nennt man «Handlungsraum» oder einfach «Raum». Raum ist also jede Art von Örtlichkeit, nicht nur der geschlossene Raum (ein Zimmer), sondern auch die offene Landschaft.

Funktionen des Raumes in Erzähltexten

Die Beschreibung von Raum verfolgt nicht nur den Zweck, im Leser ein Bild des Schauplatzes der Handlung zu erzeugen. Darüber hinaus beeinflusst die Beschreibung die Erwartungen der Leser an die bevorstehende Handlung.

Handlungsraum/ Schauplatz	Ort der Handlung	Die Zaubererschule Hogwarts bildet die Kulisse der Abenteuer Harry Potters.
Symbolischer Raum	Raum oder Dinge (Requisiten) mit symbolischer Bedeutung für den Gegenstand der Erzählung	Erich Maria Remarques Roman «Die Nacht von Lissabon» spielt zur Zeit des Zweiten Weltkrieges im Hafen von Lissabon. Der Hafen symbolisiert für die Menschen, die vor den Nazis flüchten, Hoffnung.
Kontrastraum	Spannung zwischen Raum und erzählten Ereignissen zur Betonung von Widersprüchlichkeiten und Konflikten (oft räumliche Gegensätze, z. B. Stadt/Land, Heimat/Fremde)	In Heinrich Bölls Roman «Ansichten eines Clowns» ist der Kontrast zwischen der elterlichen Villa und der kleinbürgerlichen Wohnung des Protagonisten wichtig.
Lebensraum (Milieu)	Raum, in dem die Personen zuhause sind, der ihre Wirklichkeitssicht bestimmt (Arbeitswelt, häuslicher Alltag usw.). Von Milieu spricht man, weil der Lebensraum die Denkweisen und Handlungen der Personen prägt.	Die Schilderung der nordfriesischen Deichlandschaft zu Anfang von Theodor Storms Novelle «Der Schimmelreiter» zeigt den Lebensraum, der die Eigenart der auftretenden Figuren verständlich macht: Der Landstrich ist kaum bevölkert, entsprechend eigenbrötlerisch sind seine Bewohner.
Stimmungsraum	Raum wirkt auf eine momentane Stimmung einer oder mehrerer Personen ein.	Das Bild vom Ostseestrand in Travemünde illustriert die Ferienstimmung des kleinen Hanno Buddenbrook im Roman «Buddenbrooks» von Thomas Mann.

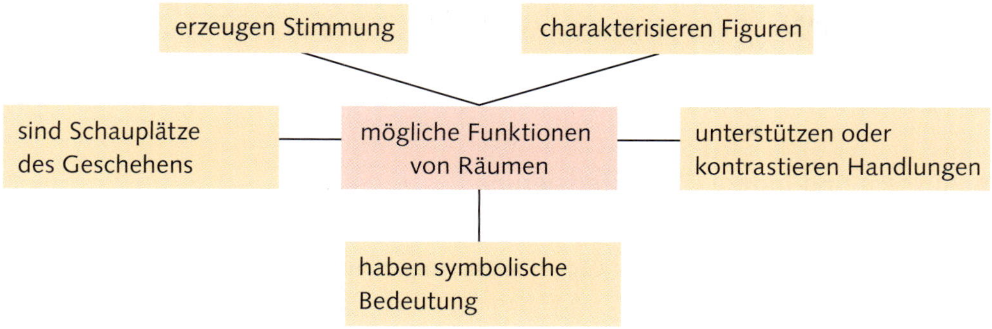

Leserführung durch Raumbeschreibung

Unter dem Stichwort «Raum» werden alle Angaben eines Textes zu Schauplatz und Umwelt der erzählten Handlung zusammengefasst, also zum Beispiel auch die Witterung oder die Tageszeit. Mit diesen Angaben kann der Erzähler die Wahrnehmung des Lesers bündeln.

Der Eindruck, den die Leserin vom Geschehen erhält, ist abhängig vom Ausschnitt, den der Erzähler ihr zeigt. Das ist vergleichbar mit der Kameraeinstellung im Spielfilm (siehe S. 101).
Wichtig ist vor allem die Funktion, welche die Raumdarstellung im Bedeutungsgefüge des Textes erhält. Insbesondere die Darstellung des Raums als Stimmungsraum leitet die Leserwahrnehmung.

Beispiel
Thomas Mann beginnt seine Erzählung «Tobias Mindernickel» mit der Beschreibung des Hauses, in dem der Held wohnt, um das ärmliche Milieu zu charakterisieren, aus dem heraus sich das Geschehen erklärt.

> Eine der Strassen, die von der Quaigasse aus ziemlich steil zur mittleren Stadt emporführen, heisst der Graue Weg. Etwa in der Mitte dieser Strasse und rechter Hand, wenn man vom Flusse kommt, steht das Haus No. 47, ein schmales, trübfarbiges Gebäude, das sich durch nichts von seinen Nachbarn unterscheidet. In seinem Erdgeschoss befindet sich ein Krämerladen, in welchem man auch Gummischuhe und Ricinusöl erhalten kann. Geht man, mit dem Durchblick auf einen Hofraum, in dem sich Katzen umhertreiben, über den Flur, so führt eine enge und ausgetretene Holztreppe, auf der es unaussprechlich dumpfig und ärmlich riecht, in die Etagen hinauf. […] Im zweiten Stockwerk links wohnt ein Flickschuster, rechts eine Dame, welche laut zu singen beginnt, sobald sich Schritte auf der Treppe vernehmen lassen. Im dritten Stockwerk steht linker Hand die Wohnung leer, rechts wohnt ein Mann namens Mindernickel, der obendrein Tobias heisst. Von diesem Manne gibt es eine Geschichte, die erzählt werden soll, weil sie rätselhaft und über alle Begriffe schändlich ist.
>
> Thomas Mann, Tobias Mindernickel, Anfang

Die unterstrichenen Passagen beschreiben den Lebensraum des Protagonisten. Sie dienen dazu, die Aufmerksamkeit der Leserin zu steuern: Sie wird eingeführt in die Armseligkeit der Existenz des Protagonisten, indem seine Lebensverhältnisse beschrieben werden. Das ist eleganter, als wenn der Erzähler ausdrücklich sagt, in welch schlimmen Verhältnissen der Protagonist haust.

Die Figuren (Charakterisierung)

Die Charakterisierung von literarischen Figuren beschreibt die Figur nicht nur äusserlich, sondern versucht in aller Regel, ein Gesamtbild von der Persönlichkeit dieser Figur zu entwerfen.

Äussere und innere Charakterisierung

Die Charakterisierung einer Figur ist zweistufig. Sie besteht aus allen Angaben über die Figur, die der Text enthält (äussere Charakterisierung). Durch die Charakterisierung einer Person wird in der Regel versucht, ein Gesamtbild ihrer Persönlichkeit zu entwerfen, von dem sich ihre Handlungsmotivationen ableiten lassen (innere Charakterisierung).

Äussere Charakterisierung

Die äussere Charakterisierung beschreibt die Fakten und Tatsachen:

- Alter, Körperbau, Aussehen, Kleidung usw.
- Gesellschaftliche Stellung
- Beruf, Tätigkeiten (Familie, Partei, Verein usw.)
- Verhaltensweisen inkl. Verhalten gegenüber anderen Figuren
- Aussagen und Handlungen der Figur

Das Äussere Mindernickels ist auffallend, sonderbar und lächerlich. Sieht man beispielsweise, wenn er einen Spaziergang unternimmt, seine magere, auf einen Stock gestützte Gestalt hinaufbewegen, so ist er schwarz gekleidet, und zwar vom Kopf bis zu den Füssen. Er trägt einen altmodischen, geschweiften und rauhen Cylinder, einen engen und altersblanken Gehrock und in gleichem Masse schäbige Beinkleider, die unten ausgefranst und so kurz sind, dass man den Gummieinsatz der Stiefeletten sieht. Übrigens muss gesagt werden, dass diese Kleidung aufs reinlichste gebürstet ist. Sein hagerer Hals erscheint umso länger, als er sich aus einem niedrigen Klappkragen erhebt. Das ergraute Haar ist glatt und tief in die Schläfen gestrichen, und der breite Rand des Cylinders beschattet ein rasiertes und fahles Gesicht mit eingefallenen Wangen, mit entzündeten Augen, die sich selten vom Boden erheben, und zwei tiefen Furchen, die grämlich von der Nase bis zu den abwärts gezogenen Mundwinkeln laufen.

Thomas Mann, Tobias Mindernickel

In den unterstrichenen Passagen charakterisiert der Erzähler den Protagonisten äusserlich.

Innere Charakterisierung

Die innere Charakterisierung beschreibt die Beweggründe und die Persönlichkeit der Figur («Was ist das für ein Mensch?»):

- Handlungsmotive (= Gründe für die Verhaltensweisen)
- Absichten, Ziele
- Weltbild; Denken und Fühlen (Einstellungen, Interessen, Denkweisen, Wünsche, Ängste usw.)
- Charakterzüge

Was Mindernickels Charakter betrifft, so ist es sehr schwer, darüber zu urteilen; der folgende Vorfall scheint zu Gunsten desselben zu sprechen. Als der sonderbare Mann eines Tages das Haus verliess und wie gewöhnlich eine Schar von Kindern sich einfand, die ihn mit Spottrufen und Gelächter verfolgten, strauchelte ein Junge von etwa zehn Jahren über den Fuss eines anderen und schlug so heftig auf das Pflaster, dass ihm das Blut aus der Nase und von der Stirne lief und er weinend liegen blieb. Alsbald wandte sich Tobias um, eilte auf den Gestürzten zu, beugte sich über ihn und begann mit milder und bebender Stimme ihn zu bemitleiden. «Du armes Kind», sagte er, «hast Du Dir wehgetan? Du blutest! [...] So, so! Nun fasse Dich nur, nun erhebe Dich wieder ...» Und nachdem er mit diesen Worten dem Jungen in der Tat sein eigenes Schnupftuch umgewunden hatte, stellte er ihn mit Sorgfalt auf die Füsse und ging davon.

Thomas Mann, Tobias Mindernickel

Die unterstrichenen Passagen zeigen eine innere Charakterisierung der Figur.

Direkte und indirekte Charakterisierung

In literarischen Werken vermittelt uns der Erzähler eine Vielzahl von Angaben, die wir heranziehen können, um ein Charakterbild dieser Figur zu entwerfen (indirekte Charakterisierung). Es kann aber auch vorkommen, dass der Erzähler selber die Charakterisierung der Figur vornimmt (direkte Charakterisierung).

Direkte Charakterisierung

Die Figur wird beschrieben
- vom Erzähler,
- von Figuren, die über sie sprechen und
- von der Figur selbst, wenn sie über sich selber spricht.

> Erschrocken warf Tobias alles beiseite und beugte sich über den Verwundeten; plötzlich jedoch veränderte sich der Ausdruck seines Gesichtes, und es ist wahr, dass ein Schimmer der Erleichterung und Glück darüber hin ging. Behutsam trug er den Hund auf das Sofa, und niemand vermag auszudenken, mit welcher Hingebung er den Kranken zu pflegen begann. Er wich während des Tages nicht von ihm, er liess ihn zur Nacht auf seinem eigenen Lager schlafen, er wusch und verband ihn, streichelte, tröstete und bemitleidete ihn mit unermüdlicher Freude und Sorgfalt.
>
> Thomas Mann, Tobias Mindernickel

In den unterstrichenen Passagen charakterisiert der Erzähler den Protagonisten direkt.

Indirekte Charakterisierung

Die Figur wird charakterisiert
- durch den Handlungsgang,
- durch die Beziehungen zu anderen Figuren und
- durch ihr Verhalten in bestimmten Situationen.

> Erschrocken warf Tobias alles beiseite und beugte sich über den Verwundeten; plötzlich jedoch veränderte sich der Ausdruck seines Gesichtes, und es ist wahr, dass ein Schimmer der Erleichterung und Glück darüber hin ging. Behutsam trug er den Hund auf das Sofa, und niemand vermag auszudenken, mit welcher Hingebung er den Kranken zu pflegen begann. Er wich während des Tages nicht von ihm, er liess ihn zur Nacht auf seinem eigenen Lager schlafen, er wusch und verband ihn, streichelte, tröstete und bemitleidete ihn mit unermüdlicher Freude und Sorgfalt.
>
> Thomas Mann, Tobias Mindernickel

In den unterstrichenen Passagen charakterisiert sich der Protagonist indirekt über seine Taten, die einen Rückschluss auf seinen Charakter erlauben.

Möglichkeiten der Charakterisierung: Übersicht

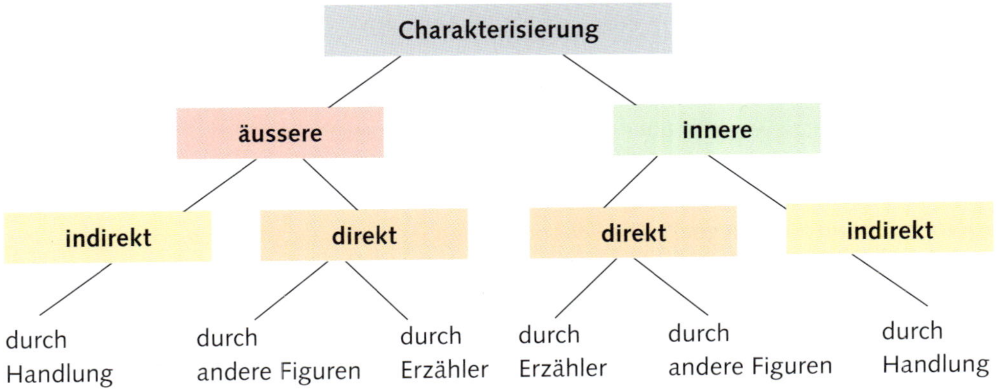

Die Figurenrede

Alle Formen, in denen Äusserungen, Gedanken und innere Vorgänge der Figuren wiedergegeben werden, nennt man Figurenrede. In allen anderen Fällen liegt Erzählerrede vor (siehe S. 28). Zur Erzählerrede gehört auch die sogenannte Inquit-Formel bei der direkten oder indirekten Rede («sagte er», «meinte sie»).

Formen der Figurenrede

Dialog (direkte Rede)
Der Erzähler gibt die Äusserungen einer Figur wörtlich wieder (oft ein Zeichen für personales Erzählen). Direkte Rede steht üblicherweise in Anführungszeichen (in der modernen Prosa taucht sie oft ohne Anführungszeichen auf). Wenn mehrere Personen in direkter Rede miteinander sprechen, entsteht ein Dialog.

Redebericht
Der Erzähler berichtet von Äusserungen oder Gedanken einer Figur, die mehr oder weniger wörtlich wiedergegeben werden, z.B. in indirekter Rede.

Erlebte Rede (3. Person, Präteritum)
Der Erzähler gibt Gedanken einer Figur aus deren Perspektive wieder. Durch die Er-Form tritt der Erzähler weitgehend hinter die Figur zurück. Die Figur nimmt die Rolle des Erzählers ein oder der Erzähler versetzt sich in die Figur hinein.

Innerer Monolog (1. Person, Präsens)
Der Text bildet wortwörtliche Selbstgespräche oder Gedanken einer Figur ab. Ich-Form und Präsens verdeutlichen die Gedanken und Gefühle der Figur ohne das Dazwischentreten eines Erzählers.

Bewusstseinsstrom (Auflösung des Satzbaus)
Der Text reiht Eindrücke, Gedanken und Erinnerungen einer Figur aneinander, wie sie noch ungeordnet und gleichzeitig in ihrem Innern auftauchen. Die Grenze zu erlebter Rede und innerem Monolog ist manchmal schwer auszumachen. Der Unterschied liegt unter anderem in der Länge der Textpassage. Der Bewusstseinsstrom wird oft über viele Seiten (ganze Kapitel, ganze Erzählungen) abgebildet. Ein Erzähler fehlt völlig.

Erzählerbericht — Der Wagen machte eine Biegung. Bäume, Häuser traten dazwischen. Lebhafte Strassen tauchten auf, die Seestrasse. Leute stiegen ein und aus. In ihm schrie es entsetzt:

Innerer Monolog — Achtung! Achtung, es geht los.

Erzählerbericht — Seine Nasenspitze vereiste, über seine Backe schwirrte es.

Simultane Eindrücke (=Bewusstseinsstrom) — «Zwölf Uhr Mittagszeitung», «B. Z.», «Die neueste Illustrierte», Die Funkstunde neu'. «Noch jemand zugestiegen?» Die Schupos haben jetzt blaue Uniformen.

Erzählerbericht — Er stieg unbeachtet wieder aus dem Wagen, war unter Menschen.

Bewusstseinsstrom (mit erlebter Rede) — Was war denn? Nichts. Haltung, ausgehungertes Schwein, reiss dich zusammen, kriegst meine Faust zu riechen. Gewimmel, welch Gewimmel. Wie sich das bewegte. Mein Brägen hat wohl kein Schmalz mehr, der ist wohl ganz ausgetrocknet. Was war das alles. Schuhgeschäfte, Hutgeschäfte, Glühlampen, Destillen.

Alfred Döblin, Berlin Alexanderplatz, 1929

Das Ereignis

Nicht alle Handlungsteile sind gleich wichtig. Die Autoren müssen deshalb genau abwägen, welche Teile sie gewichten, welche Episoden sie ins Zentrum setzen und ausführlich darstellen, welche sie nebenbei behandeln oder ganz weglassen.

Handlungsstränge

Als Handlungsstrang bezeichnet man die Erzählung einer Handlung vom Anfang bis zum Schluss. In einer Erzählung gibt es in der Regel einen Handlungsstrang, in komplexeren Erzählwerken – längeren Erzählungen und Romanen – gibt es verschiedene Handlungsstränge. Diese können parallel nebeneinander herlaufen, sie können aber auch ineinander verwoben werden.

Haupt- und Nebenhandlung

Liegen mehrere Handlungsstränge vor, ist in der Regel einer die Haupthandlung, die anderen sind die Nebenhandlungen.
Die Haupthandlung in Max Frischs Roman «Homo faber» ist die unerkannt inzestuöse Liebesbeziehung von Walter Faber zu seiner ihm unbekannten Tochter Elisabeth, eine Nebenhandlung ist die Jugendfreundschaft mit Joachim Henke. Dabei ist die Nebenhandlung nicht unwichtig, denn sie beleuchtet Fabers allgemeines Desinteresse an seinen Mitmenschen.

Für Haupt- und Nebenhandlungen gilt:
- Sie stehen meistens in einem engen Verhältnis zueinander.
- Oft erläutert die Nebenhandlung die Vorgänge der Haupthandlung.
- Oft ermöglichen Nebenhandlungen erst die Vorgänge der Haupthandlung.
- Manchmal dienen die Nebenhandlungen der Charakterisierung der Figuren.

Kontrasthandlung

Nebenhandlungen können als Spiegel der Haupthandlung komponiert sein. Die Kontrasthandlung ist eine zweite Handlung, die als alternative Möglichkeit zur Haupthandlung aufgebaut ist. Sie spiegelt sie dadurch.

Rahmenhandlung – Binnenhandlung

Eine Rahmenhandlung oder Rahmenerzählung liegt dann vor, wenn innerhalb einer Erzählung (Rahmenhandlung) eine andere Erzählung erzählt wird (Binnenhandlung).

Rahmenhandlungen sind beliebt. Sie erlauben:
- Handlung auf der Erzähler-Ebene
- Reflexion über die Binnenhandlung auf der Erzähler-Ebene
- Kommentierung der Binnenhandlung

Am Beispiel von C. F. Meyers Novelle «Das Amulett» lässt sich dies zeigen:

Rahmenhandlung	Hans Schadau besucht den Vater Boccard	1611
	Erinnerung Schadaus	1611
Binnenhandlung	Geschichte der einseitigen Freundschaft von Boccard zu Schadau in den französischen Religionskriegen	1572

Die Folge

Eine Handlung ist nur erzählenswert, wenn sie etwas bewirkt, verändert, vorantreibt. Eine Handlung ohne Folge oder Fazit hinterlässt offene Enden und im Leser Unmut oder sogar Ärger.

Die Notwendigkeit der Folge

Handlungen, die zu keinem nennenswerten Ergebnis führen, hinterlassen beim Publikum unweigerlich den Eindruck der Unvollständigkeit. Man fragt dann: Was nun? War es das schon? Oder auch: Warum wird das denn überhaupt erzählt, wenn es kein Ende hat?

Wesentliches Merkmal einer Handlung ist, dass sie etwas bewirkt.

Mögliche Folgen

Eine Handlung kann jeweils unterschiedliche Folgen haben. Dieser Umstand ist ein Spannungselement. Die Leser denken zwar mit und malen sich mögliche Folgen aus, sie wissen aber das «richtige» Ende nicht. Sie erwarten deshalb das Ende «mit Spannung».

Handlung	Mögliche Folge
Zwei Liebende suchen sich.	Sie finden nach vielen Wirren zueinander.
Zwei Liebende suchen sich.	Sie verlieren sich endgültig aus den Augen, denken aber immer aneinander.
Zwei Liebende suchen sich.	Der eine stirbt, der andere ist untröstlich.
Ein Mord ist geschehen.	Er wird schliesslich aufgelöst, aber nicht so, wie man vermutet hätte.
Eine Stadt wurde bombardiert.	Die im Keller Verschütteten können sich durch einen günstigen Umstand doch befreien.
Ein Abenteurer befindet sich in Gefangenschaft.	Trotz anfänglich auswegloser Situation gelingt ihm die Flucht.

Pointe und offener Schluss

Manchmal wird die Handlung auf einen einzigen Sachverhalt zugespitzt. Man spricht von Pointe.

Manche Handlungen verlaufen im Sand; zum Beispiel kommen zwei Menschen, die sich im Laufe der Handlung lieben gelernt haben, doch nicht zusammen, ohne dass es dafür Gründe gäbe. Man spricht dann von einem «offenen» Ende. Der Autor muss ein offenes Ende sehr bewusst einsetzen. Es hinterlässt sonst beim Leser Unzufriedenheit.

Innere und äussere Folge

Nicht immer ist die Folge äusserlich sichtbar. Genauso wie es eine äussere und eine innere Handlung gibt (siehe S. 36), kann eine Folge sich im Innern einer Figur ereignen, zum Beispiel dann, wenn sie nach einigem Hin und Her endlich einen Entscheid fällt.

Spannung

Erzählungen und Romane verdichten die Handlung: Es geschieht viel mehr in viel kürzerer Zeit als im wirklichen Leben. Die Verdichtung ist wohl das wichtigste Spannungselement. Spannung im eigentlichen Sinne bedeutet, dass der Leser eine angefangene Erzählung zu Ende liest, weil er wissen will, wie sie ausgeht.

Erzeugung von Spannung

Spannung entsteht dadurch, dass der Erzähler Informationen dosiert einsetzt. Unklarheiten über das weitere Schicksal der Figuren, ungelöste Fragen, verborgene Zusammenhänge – das alles sind erzählerische Mittel, die einen Text spannend machen.

Spannungsaufbau	Eine Frage wird aufgeworfen, ein «Fall» ist ungelöst (z. B. «Was ist genau geschehen?» oder «Wer ist der Täter?» oder «Wieso erinnert sich der Erzähler daran?»).
Spannungssteigerung	Die aufgeworfene Frage wird nicht gelöst, sondern verwickelter. Die Antwort wird bewusst zurückgehalten.
Retardierung (Verzögerung)	Ein voraussehbares und erwartetes Ereignis wird hinausgezögert, z. B. fliegt der verdeckt ermittelnde Detektiv gerade noch einmal nicht auf. Der Leser kann aufatmen, doch die Bedrohung ist nicht überwunden. Die Verzögerung dient ebenfalls der Spannungssteigerung.
Lösung	Die Lösung der Spannung erfolgt erst ganz am Ende. Das ist wichtig, denn einer Erzählung, die auf das Spannungsmoment hin komponiert worden ist, fehlt nach der Auflösung der Elan.

Grundsätze des Spannungsaufbaus

Jede Erzählung ist letztlich nur ein Ausschnitt aus einer Geschichte. Viele Voraussetzungen (z. B. die Vorgeschichte) und Folgen der erzählten Geschichte sind nicht erzählenswert. Der Erzähler wählt also aus und erzeugt dadurch eine möglichst hohe Spannung.

Grundsätze des Spannungsaufbaus

Anfang	Auswahl	Gliederung	Ende
Die Wahl des Anfangs ist ein wesentliches Spannungselement. Der Erzähler muss entscheiden, wo er mit der Erzählung beginnt: • mitten im Geschehen • mit der Vorgeschichte • kurz vor dem entscheidenden Ereignis • kurz danach usw.	Der Erzähler wählt die wesentlichen Episoden aus und verknüpft sie miteinander. Auswahlkriterien können sein: • Höhe- oder Tiefpunkte • Auftritt neuer Figuren • Unerwartete Wendungen • Auslassung der entscheidenden Episode usw.	Der Erzähler ordnet die ausgewählten Segmente möglichst unterhaltsam und einsichtig an. Gliederungsprinzipien sind: • Leitmotiv (siehe S. 14) • Höhepunkte • Auslassung wesentlicher Informationen • Schlüsselstelle (siehe S. 51) usw.	Der Erzähler lässt unter Umständen das Ende so offen, dass die Lösung erahnt werden muss. • Cliffhanger: Die Handlung wird an einer Stelle unterbrochen, damit die Fortsetzung offen bleibt. • Mögliche Folgen werden angedeutet. usw.

Das Spiel mit Andeutungen

Spannung ist ein wichtiges Kompositionsmerkmal erzählender Texte.

Spannung braucht einen «Fall», d.h. eine Handlung, die rätselhaft oder verwickelt ist und nicht im Handumdrehen abgeschlossen werden kann.

Als Max an jenem Morgen zu Alice fuhr, merkte er, dass ihm ein verbeulter Lieferwagen folgte.	Max hatte den Ring in einem Schmuckgeschäft in der Vorstadt gekauft. Dort war er einigermassen erschwinglich. Heute Abend wollte er ihr die Frage stellen. Bestimmt. Heute musste es sein.	Max hatte seit Monaten nicht mehr daran gedacht, doch als er seine Klettereisen aus der Schublade nahm, fiel ihm wieder ein, was das Mädchen an der Silvesterparty zu ihm gesagt hatte.

Diese möglichen Anfänge sind spannend, denn
- es gibt etwas Mysteriöses: Wir wollen wissen, was und wieso es geschieht;
- es gibt ein Vorhaben: Wir wollen wissen, ob und wie es gelingt;
- es gibt etwas Angedeutetes, einen «Appetithappen» bzw. «Köder»: Wir wollen wissen, wie es weitergeht.

Geschichten sind spannend, wenn mindestens eine (besser mehrere) dieser (und ähnlicher) Strategien angewendet werden. Wichtig dabei ist, dass die Auflösung nicht bald oder sogar sofort erfolgt, denn mit ihr vergeht die Spannung. Vielmehr kann die Spannung durch weitere Andeutungen noch gesteigert werden.

Spannung entsteht, wenn man wissen will, was passiert.

Rätsel und Cliffhanger

Fall und Rätsel
- Spannung benötigt einen «Fall», also eine Begebenheit, die nicht abgeschlossen ist. Dabei bleiben die Ursachen und/oder Urheber offen, sodass ein Rätsel entsteht.
- Das Rätsel entsteht durch einen Mangel an Information. Dieser Mangel und die gegebenen Hinweise lassen den Leser mitdenken, bringen ihn aber nicht sofort auf die Lösung.
- Die Wahl der Perspektive unterstreicht das Rätsel. In der personalen Perspektive tappen der Erzähler sowie die Leserin im Dunkeln, in der auktorialen kann der Erzähler mittels Vorausdeutungen die Spannung schüren.

Ungewisser Ausgang
Ungewissheit erhöht die Spannung. Folgende Muster erzeugen Ungewissheit:
- Der Protagonist bereitet ein heikles oder schwieriges Unterfangen vor, bei dem offen bleibt, ob es gelingen kann.
- Die Handlung unterbricht an einer Stelle, wo noch nicht klar ist, ob sie gelingt (sog. «Cliffhanger»).
- Zeitdehnung, Zeitsprung oder «Cliffhanger» zögern die Fortsetzung heraus; vorerst bleibt offen, wie es weitergeht.
- Zeitdruck führt ebenfalls dazu, dass offen bleibt, ob die Protagonistin rechtzeitig fertig wird.

Ironie

Im Alltag bezeichnet man als Ironie eine Redeweise, bei der der Wortlaut nicht mit dem Gemeinten übereinstimmt («Wie schön, dass es immer noch regnet.»). Ironische Aussagen sind nur aus dem Kontext heraus zu erkennen.
In der Literatur bezeichnet «Ironie» eine bestimmte Art der Äusserung des Erzählers zur Handlung oder zu den Figuren. Literarische Ironie in der erzählenden Prosa ist nur durch die Distanz von Erzähler und Handlung möglich.

Alltägliche Ironie

Alltägliche Ironie ist ein Stilmittel der Rhetorik. Sie ist selbstverständlich auch in der Literatur möglich. Sie beschränkt sich dann auf die Figurenrede. Auch literarische Figuren können sich der ironischen Redeweise bedienen und zum Beispiel anlässlich eines Missgeschicks in Anspielung auf Weihnachten von einer «schönen Bescherung» reden oder jemanden, der sie im Stich gelassen hat, einen «tollen Freund» nennen. Die alltägliche Form der Ironie ist nahe verwandt mit:

- Litotes (Untertreibung): «Nicht übel»
- Spott, bewusstem Lächerlichmachen
- Sarkasmus (beissender Spott, bitterer Hohn, schwarzer Humor)
  Beispiel: «Lehrer: Was hast du denn da?» – Schüler: «Ja halt so Sachen.» – Lehrer: «So genau wollte ich es gar nicht wissen.»

Alltägliche Ironie kommt in der erzählenden Prosa fast nur in der Figurenrede vor.

Literarische Ironie

Die literarische Ironie entsteht aus dem Gegenüber von Erzähler und Handlung. Der Erzähler weiss mehr als die handelnden Personen, denn er kennt den Ausgang der Geschichte bereits zu Beginn des Erzählens.
Man unterscheidet zwei Formen von literarischer Ironie in der Prosa:

- ironische Erzählhaltung und
- romantische Ironie

Die literarische Ironie entsteht nicht zuletzt durch den Unterschied zwischen der Informiertheit des Erzählers (und mit ihm der Leser) und der Uninformiertheit des Helden. Die Ironie entsteht also durch die Distanz zwischen dem Erzähler und der Handlung.

Das funktioniert auch umgekehrt: Der Erzähler weiss weniger, als der Leser ahnt. Die Ironie entsteht dann dadurch, dass der Leser den Durchblick hat, der Erzähler aber nicht.

Literarische Ironie entspringt dem Kommentar des Erzählers. Die neutrale Perspektive kennt keinen Erzählerkommentar (in der neutralen Perspektive ist keine literarische Ironie möglich). Auch in der personalen Ich-Perspektive kann es literarische Ironie nur in Ansätzen geben, denn auch der personale Ich-Erzähler hat – eingeschränkt – die Möglichkeit zu Erzählerkommentaren.

Literarische Ironie ist ein Merkmal der auktorialen Erzählhaltung.

Ironie als Erzählhaltung

Ironische Erzählhaltung

Bei der ironischen Erzählhaltung stellt sich der Erzähler über die Handlung und die handelnden Personen, nimmt ihnen gegenüber eine kommentierende Stellung ein.

> In allen Klassen ab der siebenten gab es samt- und seidenweiche Mädchen, deren Geburt durch langsam anschwellende Musik begleitet worden war wie das hochfahrende Windowsbetriebssystem von seiner Begrüssungsouvertüre. Sie kamen als Miniaturprinzessinnen zur Welt, erreichten bereits in der Unterstufe das erste, fohlenhafte Stadium der Vollendung und wuchsen gleichmässig in die Frau hinein, die sie einmal werden sollten. Ihre Entwicklung vollzog sich routiniert und fehlerlos, als hätten sie die Aufgabe des Älterwerdens schon etliche Male zuvor bewältigt. Jene Pubertätsprofis unterschieden sich auf den ersten Blick von den Dilettanten. Sie hatten das gepflegte, schulterlange Haar erwachsener Frauen, trugen ihre Hüfthosen, breiten Gürtel und knappen Hemdchen mit wohltemperierter Lässigkeit und liessen glatte Kinderhaut und aufgeworfene Kindermünder zu Mädchenhaut und Mädchenmündern werden, ohne dass Pickel, Schweissausbrüche oder Wachstumslaunen zu irgendeinem Zeitpunkt die Harmonie ihrer Erscheinungen gestört hätten. Die Aura hochnäsiger Sauberkeit, die sie umgab, liess sich weder von Regengüssen noch von feuchter Sommerhitze beeindrucken. Alles zierte die Prinzessinnen, nasse Haare, rote Nasen und selbst die Staubschicht, die sich im Sportunterricht beim Sprung in die alte Sandgrube über alle Körper legte.
>
> Juli Zeh, Spieltrieb, 2006, S. 11

Insbesondere in vier Bereichen fällt eine ironische Haltung auf:
Wortschatz: samt- und seidenweich, Miniaturprinzessinnen usw.
Vergleich: Geburt = hochfahrendes Windowsbetriebssystem usw.
Kontraste: glatte Kinderhaut ohne dass Pickel, Schweissausbrüche oder Wachstumslaunen stören usw.
Befremdung bei der Erzählerin: Sie (die Mädchen) wuchsen in die Frau hinein, die sie einmal werden sollten usw.

Romantische Ironie

Die romantische Ironie bezeichnet die Haltung des Erzählers, den Akt des Erzählens während des Erzählens zu hinterfragen, d. h. den Fluss des Erzählens zu unterbrechen, um Ergänzungen zur Handlung, Anmerkungen übers Erzählen usw. zu machen. Im Kunstmärchen «Der goldene Topf» von E. T. A. Hoffmann unterbricht der Erzähler die Handlung. Er wendet sich direkt an den Leser und fragt ihn, ob er der Handlung folgen kann und damit einverstanden ist. Er fordert ihn dann auf, die geschilderte märchenhafte Handlung für wahr zu nehmen:

> «Versuche es, geneigter Leser! in dem feenhaften Reich voll herrlicher Wunder, die die höchste Wonne sowie das tiefste Entsetzen in gewaltigen Schlägen hervorrufen, ja, wo die ernste Göttin ihren Schleier lüftet [...] versuche es, geneigter Leser! die bekannten Gestalten, wie sie täglich, wie man zu sagen pflegt im gemeinen Leben, um dich herwandeln, wiederzuerkennen.»
>
> E. T. A. Hoffmann, Der goldene Topf

Schlüsselstellen

Neben den Mitteln der Wortwahl und des Satzbaus hat der Autor die Möglichkeit, gewisse Passagen oder Handlungsteile besonders zu betonen, weil sie für den Gang oder für das Verständnis der Handlung besonders wichtig sind. Man nennt solche Passagen Schlüsselstellen. Schlüsselstellen ergeben sich aus dem Bau der Handlung. Der Autor setzt sie bewusst ein; sie ergeben sich nicht «einfach so».

Schlüsselstellen aufgrund der Textposition

Einige Passagen eines erzählenden Werkes sind aufgrund ihrer Stellung Schlüsselstellen:
- Erster und letzter Satz bzw. Abschnitt
- Titel und Untertitel
- Kapitelüberschriften
- Rahmenerzählung

Schlüsselstellen aufgrund ihrer inhaltlichen Bedeutung

Als Schlüsselstellen bezeichnet man Textpassagen, in denen der Erzähler oder eine Figur Aufschluss darüber gibt, wie das Werk zu verstehen bzw. auszulegen ist. Solche Stellen bieten quasi den «Schlüssel» zur Interpretation des Werkes. Dazu gehören unter anderem Zeitangaben (Handlungszeit), Ortsangaben (Land, Stadt usw.) sowie Motive resp. das Leitmotiv.

Schlüsselstellen bestimmen das Thema eines Werkes (siehe S. 14).

Beispiel für eine Schlüsselstelle aufgrund inhaltlicher Bedeutung
Hugo von Hofmannsthals «Reitergeschichte» spielt in den oberitalienischen Freiheitskämpfen. Erzählt wird aus der personalen Perspektive des Wachtmeisters Anton Lerch. Nachdem Lerch im letzten Scharmützel des Tages einen feindlichen Offizier getötet und dessen Pferd erbeutet hat, erschiesst ihn sein eigener Vorgesetzter, Baron Rofrano. Warum? Die Antwort darauf muss im Text enthalten, d. h. aus seinen Schlüsselstellen herauszufinden sein. Da die Erzählung in personaler Perspektive erzählt ist, die sich auf Lerch konzentriert, erfährt man nichts über die Beweggründe des Barons. Allerdings enthält der Text folgende Schlüsselstellen:

> Aber in ihm war ein Durst nach unerwartetem Erwerb, nach Gratifikation, nach plötzlich in die Tasche fallenden Dukaten rege geworden.

Das Unterbewusstsein des Wachtmeisters, ein untergeordneter militärischer Rang, verlangt nach mehr, als ihm zusteht.

> Während Anton Lerchs starr aushaltender Blick, in dem nur dann und wann etwas Gedrücktes, Hündisches aufflackerte und wieder verschwand, eine gewisse Art devoten, aus vieljährigem Dienstverhältnisse hervorgegangenen Zutrauens ausdrücken mochte, war sein Bewusstsein von der ungeheuren Gespanntheit dieses Augenblicks fast gar nicht erfüllt, sondern von vielfältigen Bildern einer fremdartigen Behaglichkeit ganz überschwemmt, und aus einer ihm selbst völlig unbekannten Tiefe seines Innern stieg ein bestialischer Zorn gegen den Menschen da vor ihm auf, der ihm das Pferd wegnehmen wollte, ein so entsetzlicher Zorn über das Gesicht, die Stimme, die Haltung und das ganze Dasein dieses Menschen, wie er nur durch jahrelanges, enges Zusammenleben auf geheimnisvolle Weise entstehen kann.

Aus einer ihm bisher verborgen gebliebenen Tiefe seines Unterbewusstseins steigt Hass auf seinen Vorgesetzten in Lerch hoch, ein Hass, der nicht aus dem Augenblick entstanden, sondern über die Jahre gewachsen ist und sich gefestigt hat – und der mutmasslich auf Gegenseitigkeit beruht.

Das Wort

Literatur besteht aus Sprache. Die Sprache fällt jedem Leser als Erstes auf, wenn er ein literarisches Werk zu lesen beginnt. Wenn von «Sprache» die Rede ist, meint man damit insbesondere die Wortwahl.

Überblick

Zur Sprache eines literarischen Werkes gehören:
- die Wortwahl
- sprechende Namen
- die Satzgestaltung
- der Anteil von Dialog bzw. Erzählerrede
- Stilmittel wie z. B. Metaphorik, Symbolik, Vergleiche (siehe S. 188 f.)
- Motive (siehe S. 14 f.)
- die Ironie (siehe S. 49 f.)

Das ist keine abschliessende Liste, denn Literatur lebt vom Einfallsreichtum und dem Sprachvermögen des Autors.

Wortwahl

Mit dem treffenden Wort kann der Autor unterschiedliche Wirkungen erzielen. Die Wahl der Wörter geschieht also sehr bewusst. Die wichtigsten Wahlmöglichkeiten zeigt die Tabelle.

Abstraktionsgrad	Der Autor kann sich konkreter oder abstrakter Wörter bedienen.	sich verlaufen haben / ohne Orientierung sein
Nähe zur Alltagssprache	Die Autorin kann häufig gebrauchte oder seltene Wörter wählen.	sich Sorgen machen / sich grämen
Regionale Wörter	Der Autor kann Dialekt oder Standardsprache einsetzen.	Berlinerisch «schnieke» für elegant
Zeittypische Wörter	Der Autor braucht Wörter, die typisch sind für die Zeit der Handlung, z. B. Fachwörter von Berufen, die heute ausgestorben sind, oder Produktnamen.	Stucki nahm den neuen Vauxhall. Beim Laden am Ende des Dorfes hielt er kurz an, um sich ein Paket Vib zu kaufen.
Bildhaftigkeit (Vergleich/Metaphorik)	Die Autorin kann Vergleiche anstellen und sprachliche Bilder brauchen.	Er überschüttete mich mit Fragen. Wie festgefroren wartete ich im Garten darauf, dass sie mich rief.
Wortfelder	Der Autor kann ein Wortfeld ausnützen oder manche Wörter wiederholt gebrauchen.	Das grelle Schrillen der Türklingel dringt hinaus. Ich höre, wie sie in der Küche scheppernd etwas hinstellt. Ihr Lachen hallt.

Sprechende Namen

Oft werden die Eigennamen von Figuren oder die Schauplätze so gewählt, dass sie ihrerseits bereits eine Aussage beinhalten. In E. T. A. Hoffmanns Novelle «Der Sandmann» heisst die Verlobte des sich zum Wahnsinn neigenden Protagonisten «Clara» – darin erscheint eine Anspielung auf «klar», «klarsichtig»; dessen Gegenspieler heisst «Coppelius» bzw. «Coppola». Beide Namen sind abgeleitet vom italienischen Wort «coppo» (Augenhöhle).

Der Satz

Dem Autor stehen für die sprachliche Gestaltung seiner Sätze zahlreiche grammatische und stilistische Möglichkeiten zur Verfügung, mit denen er unterschiedliche Wirkungen erzielen kann – insbesondere entscheidet der Satzbau über das Tempo der Sprache.

Hypotaxe – Parataxe

Ein Satzgefüge besteht aus Haupt- und Gliedsätzen. Die Gliedsätze sind den Hauptsätzen untergeordnet. Die Unterordnung heisst *Hypotaxe*. Aneinandergefügte Hauptsätze nennt man *Parataxen*. Parataxe und Hypotaxe sind wichtige Stilmittel. Die parataktische Sprache wirkt eilig, flott, beschwingt, gehetzt, aber auch bestimmt, keinen Widerspruch duldend, energisch.
Eine hypotaktische Sprache wirkt genau, gründlich überdacht, gewissenhaft abwägend, manchmal noch etwas unsicher, sich vorantastend, eher bedächtig, gemächlich.

Parataktisches Satzgefüge

Jerusalems Tod, der durch die unglückliche Neigung zu der Gattin eines Freundes verursacht ward, schüttelte mich aus dem Traum und weil ich nicht bloss mit Beschaulichkeit das, was ihm und mir begegnet, betrachtete, sondern das ähnliche, was mir im Augenblicke selbst widerfuhr, mich in leidenschaftliche Bewegung setzte, so konnte es nicht fehlen, dass ich jener Produktion, die ich eben unternahm, alle die Glut einhauchte, welche keine Unterscheidung zwischen dem Dichterischen und dem Wirklichen zulässt.

Johann Wolfgang Goethe, Dichtung und Wahrheit

Hypotaktisches Satzgefüge

Es war eine seltsame Nacht. Die Stimmen verstummten allmählich. Das Weinen der alten Frauen hörte auf; nur manchmal schluchzten sie und fielen dann wieder zurück in den Schlaf wie in schwarze Wolle, die sie erstickte. Die Kerzen verlöschten allmählich. Helen schlief an meiner Schulter. Sie legte im Schlaf die Arme um mich.

Erich Maria Remarque, Die Nacht von Lissabon

Tempuswechsel (Präteritum – Präsens)

Manchmal wechselt der Erzähler vom Erzähltempus ins Präsens. Der Tempuswechsel kann verschiedene Funktionen haben. Die beiden häufigsten sind:

- Das erzählende Präsens gibt ein Geschehen wieder, das spannend geschildert werden soll: «Wir gingen durch den Wald, plötzlich steht ein Wildschwein vor uns.»
- Der Tempuswechsel signalisiert den Wechsel von der Handlungsvergangenheit in die Erzählergegenwart.

Erzählergegenwart

Ich bin im Jahre 1553 geboren und habe meinen Vater nicht gekannt, der wenige Jahre später auf den Wällen von St. Quentin fiel. […]

Handlungsvergangenheit

Im Jahre 1570 gab das Pazifikationsedikt von St. Germain en Laye den Hugenotten in Frankreich Zutritt zu allen Ämtern.

C. F. Meyer, Das Amulett, siehe S. 22

Der Wechsel des Tempus signalisiert in jedem Fall einen Bruch – zwischen einmaliger Tat und immerwährenden Sachverhalten, zwischen Handlung und Zustand, zwischen gemächlich dahinschreitender Erzählung und plötzlichem Spannungsmoment.

Der Stil

Die Sprache ist das Instrument der Literatur. Die Verwendung besonderer Wörter oder Satzformen, der Umgang mit verschiedenen Varietäten der Sprache und vieles mehr bestimmen den Stil eines literarischen Textes.

Die Stil-Analyse

Der Stil eines Textes ist schwierig zu fassen; das liegt vor allem an den unzähligen Möglichkeiten der Sprache. Folgende Checkliste erlaubt immerhin eine Annäherung.

		Wirkung/Erklärung
Erzählen	Anteil Dialog resp. Figurenrede	Gibt Aufschluss über die Nähe des Erzählers zum Geschehen (viel Figurenrede = näher daran). Bestimmt das Tempo der Erzählung (viel Dialog beschleunigt das Lesetempo).
	Anteil Innensicht	Je mehr Innensicht, desto näher ist der Erzähler am Geschehen. Innensicht wirkt nachdenklich, grüblerisch, die Handlung verlagert sich von den Taten auf das Überlegen (siehe innere Handlung, S. 36).
	Anteil Beschreibung	Beschreibungen wirken gewissenhaft, manchmal fast pedantisch. Überwiegen Beschreibungen, geht es dem Erzähler nicht um die Handlung, sondern um den Ort bzw. dessen Symbolik. Beachten Sie die Stimmung, die durch die Beschreibung ausgelöst wird.
	Anteil direkte Charakterisierung	Die direkte Charakterisierung baut eine Distanz zwischen Erzähler und Figur auf. Beachten Sie die Sympathie, die durch die Charakterisierung ausgelöst wird.
Text	Stilebene: gehoben, standardsprachlich, umgangssprachlich, vulgär, formell	Auffällige und charakteristische Merkmale eines Textes bestimmen die Stilebene. Mehr dazu in «Sprache und Kommunikation». Deutsch am Gymnasium 1, S. 130.
Satz	Parataxen/Hypotaxen	Parataxen wirken aufzählend, flott, schnell; Hypotaxen wirken besonnen, gemächlich, genau (siehe S. 53).
	Adjektive	Viele Adjektive lassen den Stil genau, manchmal übergenau wirken. Manche Adjektive sind gewöhnlich (gross, schnell, schön), andere eher selten (missmutig, volkstümlich, gekünstelt).
Wort	Wortwahl	Siehe oben S. 52.
	Jargon, Slang, Dialekt	Oft tauchen Wörter aus Berufs- oder Gruppensprachen (Jargon), aus der Subkultur (Slang) oder aus einer bestimmten Region (Dialekt) auf.
	Sprechende Namen	Siehe oben S. 52.
	Literarische Stilfiguren	Siehe S. 188 ff.

Kein Katalog sprachlicher Merkmale kann abschliessend sein. Achten Sie deshalb prinzipiell auf alle Auffälligkeiten im Stil des untersuchten Werkes.

Formen erzählender Prosa

Epos

Das Epos war die erste Grossform der Epik. Formale Kennzeichen sind eine gehobene Sprache (Epen sind fast immer in Versen und Strophen verfasst) und die Ausrichtung auf einen Helden. Seinen Stoff fand das Epos in der Antike im Mythos und im Mittelalter in den Heiligenlegenden und den Heldensagen. Die ältesten bekannten Epen sind Homers «Ilias» und die «Odyssee», die Sagen um den Trojanischen Krieg und die Heimkehr Odysseus'. Im Mittelalter beliebt war das Heldenepos, darunter das «Nibelungenlied».

Merkmale:
- Umfangreich bis sehr lang
- Gehobene Sprache (Vers)
- Held und seine Abenteuer im Zentrum
- Typische Gattung des Mittelalters, heute nicht mehr in Gebrauch

Erzählung

Erzählung ist ein verhältnismässig offener Begriff für erzählende Prosa. In der Regel werden damit Prosawerke bezeichnet, die länger als eine Kurzgeschichte, aber nicht so umfangreich wie ein Roman sind. Meistens kreisen Erzählungen um ein Thema und haben einen Handlungsstrang, während Romane oft mehrere Themen und mehrere Handlungsstränge umfassen. Nebst dem Roman ist die Erzählung seit der Mitte des 19. Jahrhunderts die beliebteste Gattung der Literatur.

Merkmale:
- Darstellung von Geschehnissen und Handlungen in beschränkter Zeit in wenig Raum und mit wenig Personal
- Konzentration auf eine Episode, ein Geschehen, einen Zeitpunkt
- In sich geschlossene Handlung mit Einleitung und Schluss (im Gegensatz zur Kurzgeschichte)
- Kürzer als der Roman, mit nur einem Handlungsstrang

Kurzgeschichte

Die Kurzgeschichte ist eine knappe, meist auf eine kurze Zeitspanne und auf einen Ort begrenzte Erzählung. Schlaglichtartig wie in einem Filmausschnitt beleuchtet sie einen entscheidenden Augenblick im Leben eines Menschen. Sehr oft setzt sie mitten im Geschehen ein und hört nach dem entscheidenden Moment wieder auf – ohne eigentliches Ende.
Die Kurzgeschichte gibt es erst seit dem 20. Jahrhundert (Short Story). In der deutschen Literatur ist sie die häufigste Textsorte der Nachkriegszeit bis in die 1970er-Jahre. Bedeutende Autoren sind Heinrich Böll, Elisabeth Langgässer, Wolfgang Borchert, Günter Eich, Marie Luise Kaschnitz, Peter Bichsel, Kurt Marti.

Merkmale:
- Ausschnitt aus der Handlung
- Sprung ins Geschehen und plötzliches Ende (Blitzlicht-Effekt)
- Verallgemeinerbare Alltagserfahrung beleuchtet
- Häufig lehrhafte oder bedenkenswerte Aussage
- Dialogbetont, umgangssprachlich; meist in Zeitdeckung (siehe S. 38) erzählt

Novelle

Als Novelle bezeichnet man eine Erzählung, die einen zentralen Konflikt zum Ausbruch bringt und dann abrupt endet. Novellen haben eine klare Aussage bzw. einen belehrenden Anspruch.
Novellen entstanden in der Zeit der Aufklärung. Bis zu Beginn des 20. Jahrhunderts waren sie sehr beliebt. Heute werden nur noch vereinzelt Novellen verfasst. Berühmte Novellendichter sind Heinrich von Kleist, E.T.A. Hoffmann, Conrad Ferdinand Meyer, Theodor Storm, Gottfried Keller, Stefan Zweig, Arthur Schnitzler, Hugo von Hofmannsthal, Thomas Mann.

Merkmale:
- Gegen Ende: Verdichtung und Auflösung des zentralen Konflikts
- Kein offenes Ende
- Geradlinige Handlungsführung (verwandt mit der Tragödie)
- Häufige Verwendung von Dingsymbolen und Leitmotiven
- Belehrender oder exemplarischer Anspruch

Typische Novellenstruktur

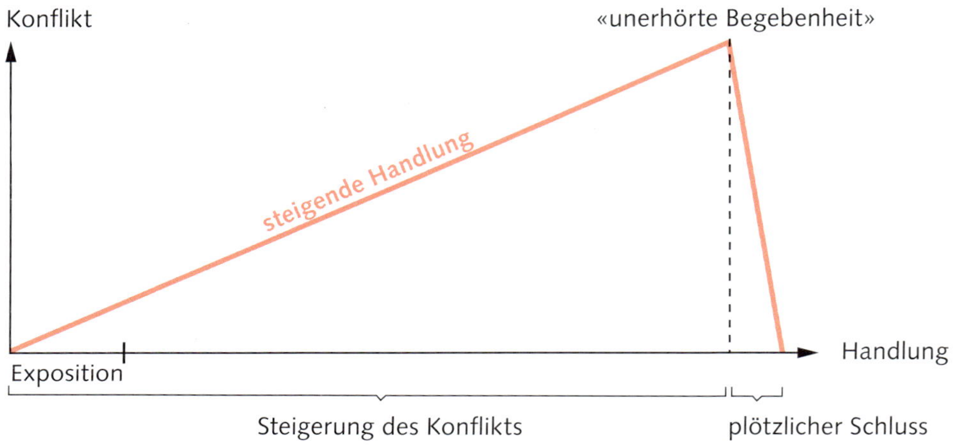

Roman

Der Roman ist die Grossgattung der erzählenden Prosa. Er ist erst verhältnismässig spät gegen Ende des 18. Jahrhunderts entstanden und wurde im Laufe des 19. Jahrhunderts zur beliebtesten Gattung der Literatur. Das ist er bis heute geblieben. Die meisten literarischen Werke, die heute publiziert werden, sind Romane.
Romane sind thematisch vielschichtig und kombinieren mit einer Vielzahl von handelnden Figuren mehrere Handlungsstränge. Eine über diese Merkmale hinausgehende Definition der Gattung Roman ist angesichts der Vielzahl verschiedener Romane sehr schwierig. Man behilft sich oft mit einer Einteilung in Genres. Einige Genres haben sich etabliert:
Bildungs- bzw. Entwicklungs- bzw. Erziehungsroman, historischer Roman, Kriminalroman, utopischer Roman (Fantasy, Science-Fiction), Schauerroman, Gesellschaftsroman, Familienroman.

Merkmale:
- Umfangreich (mehr als 150 Druckseiten)
- Viele Figuren, in der Regel mehrere Handlungsstränge
- In der Regel mehrere Themen

Volksmärchen

«Märchen» ist eine Verkleinerungsform des mittelhochdeutschen Wortes «mære» (Bericht). Aus den gegensätzlichen Eigenschaften der handelnden Personen (gut – böse, faul – fleissig, schön – hässlich usw.) wachsen Konflikte, bei denen die «gute» Seite die Oberhand gewinnt. Volksmärchen sind geografisch und zeitlich nicht bestimmt und handeln in der Regel in einer entfernten Fantasiewelt. Viele verfügen über eine Abenteuerstruktur (ein Held muss Aufgaben bestehen und sich bewähren). Märchen haben wie Parabeln und Fabeln eine «Moral», d. h. eine bestimmbare Aussage, die man aus der Geschichte lösen und auf andere Situationen übertragen kann.

Merkmale:
- Dichotomische Struktur: gut – böse
- Klare Trennung von Realität und Märchenwelt («Es war einmal in einem fernen Königreiche ...»)
- Die gute Seite siegt.
- Lehrhafte Aussage («Die Moral von der Geschicht'...»)
- Prinzip Hoffnung: Ende gut, alles gut

Kunstmärchen

Aus der Epoche der Romantik stammt das sogenannte Kunstmärchen. Es endet oft mit einem ambivalenten Ende, enthält auch nicht das Spiel von Gut gegen Böse, sondern hat die Absicht, die Innenwelt der menschlichen Seele mit all ihren Hoffnungen und Abgründen zu beleuchten. Autoren des Kunstmärchens sind E. T. A. Hoffmann, Ludwig Tieck oder Wilhelm Hauff.

Merkmale:
- Beleuchtung der Innenwelt (Seele, Wünsche, Ängste, Hoffnungen)
- Keine klare Trennung von Realität und Märchenwelt
- Romantische Ironie
- Sprachlich anspruchsvoller als Volksmärchen
- Lehrhafte Aussage

Sage (Mythos)

Die Sage (vom althochdeutschen Wort «saga», Gesagtes) ist eine zunächst auf mündlicher Überlieferung basierende kurze Erzählung fantastischer Ereignisse, die aber als Wahrheitsbericht vorgetragen wird und in der Regel auf einem wahren historischen Hintergrund beruht. Damit steht der Realitätsanspruch der Sage über dem des Märchens. Der Verfasser bleibt unbekannt. Sagen werden im Laufe der Zeit ausgeschmückt und ständig umgestaltet. Übernatürliche Erlebnisse und Wunder gehören zum Wesenskern der Sage. So gehören auch die Vermenschlichung der Pflanzen und der Tiere zur Sagenwelt, aber auch übernatürliche Wesen wie Elfen, Zwerge und Drachen. Neben dem «Nibelungenlied» gehört die Artussage um die zwölf Ritter der Tafelrunde zu den bedeutendsten abendländischen Sagen. Heute lebt die Sage wieder auf in der Fantasy-Literatur.

Merkmale:
- Mündliche Überlieferung
- In der Regel historische Personen als Protagonisten
- Vermischung von Glaubwürdigem und Übernatürlichem
- Typische Gattung des Mittelalters

Fabel

Die Fabel als kurze Erzählung ist zumeist die Darstellung eines allgemeinen moralischen Lehrsatzes. Handelnde Personen sind sprechende Tiere, allenfalls Pflanzen, vor allem Bäume. Antike Fabeln stammen von Aesop und Phaedrus, ein neuzeitlicher Fabeldichter ist der Franzose Jean de La Fontaine.
In der Aufklärung war die Fabel eine beliebte Gattung (Gellert, Gleim, Lessing). Sie erhielt eine moralisch-lehrhafte Aussage. Das rückte sie in die Nähe der Parabel.

Merkmale:
- In sich abgeschlossene lehrhafte Erzählung mit allgemeingültiger Aussage (eng verwandt mit der Parabel)
- Tiere oder Pflanzen als handelnde Personen
- Ort- und zeitlos
- Dialogstruktur
- Typologie der Eigenschaften: Fuchs = schlau, Löwe = stark, Hase = feige usw.

Der Hirsch und der Fuchs
Der Hirsch sprach zu dem Fuchse: «Nun weh uns armen schwächeren Tieren! Der Löwe hat sich mit dem Wolfe verbunden.»
«Mit dem Wolfe?», sagte der Fuchs. «Das mag noch hingehen! Der Löwe brüllt, der Wolf heult, und so werdet ihr euch noch oft beizeiten mit der Flucht retten können. Aber alsdenn möchte es um uns alle geschehen sein, wenn es dem gewaltigen Löwen einfallen sollte, sich mit dem schleichenden Luchse zu verbinden.»

Gotthold Ephraim Lessing

Parabel/Gleichnis

Die Parabel (griech. Gleichnis) ist eine meist kurze Erzählung oder ein Teil eines grösseren erzählerischen Werkes. Die Parabel erzählt eine lehrhafte Geschichte, die aus dem Zusammenhang gelöst und auf den tatsächlich gemeinten Sachverhalt übertragen werden muss. Die moralische Aussage muss der Leser selbstständig auf seine Lebenswelt übertragen. In der abendländischen Literatur hat die Parabel ihren Ursprung in den neutestamentarischen Gleichnissen von Jesus, wo etwa im Gleichnis vom verlorenen Sohn das Verhältnis des Sünders zu Gott verdeutlicht wird (Luk 15, 11–32). Moderne Parabeldichter sind Franz Kafka, Bertolt Brecht, Thomas Bernhard, Franz Hohler.

Merkmale:
- In sich abgeschlossene, selbstständige Erzählung
- Gleichnishafte Handlung, die auf viele Situationen übertragen werden kann
- Lehrhafte Aussage
- In der Regel kurz

Wenn Herr K. einen Menschen liebte
«Was tun Sie», wurde Herr K. gefragt, «wenn Sie einen Menschen lieben?» «Ich mache einen Entwurf von ihm», sagte Herr K., «und sorge, dass er ihm ähnlich wird.» «Wer? Der Entwurf?» «Nein», sagte Herr K., «der Mensch.»

Bertolt Brecht, Geschichten vom Herrn Keuner

Anekdote

Die Anekdote rückt eine Persönlichkeit in den Blick. Im 17. und 18. Jahrhundert versteht man darunter Lebensbeschreibungen berühmter Persönlichkeiten. Im 19. Jahrhundert entwickelt sich die Anekdote mehr und mehr zu einer Kurzform mit einer klaren Pointe und nähert sich dabei dem Witz an. Im 20. Jahrhundert verstärkt sich ihr Lehrcharakter (z. B. Heinrich Böll: «Anekdote zur Senkung der Arbeitsmoral»). Namhafte Anekdotenschreiber sind Heinrich von Kleist und Johann Peter Hebel.

Merkmale:
- Im Zentrum berühmte Persönlichkeit (Charakterisierung eines Wesenszugs dieser Persönlichkeit)
- Nennenswerte Begebenheit
- Sehr kurz (ein paar Sätze)
- Überspitzt und pointiert

Bach, als seine Frau starb, sollte zum Begräbnis Anstalten machen. Der arme Mann war aber gewohnt, alles durch seine Frau besorgen zu lassen; dergestalt, dass da ein alter Bedienter kam, und ihm für Trauerflor, den er einkaufen wollte, Geld abforderte, er unter stillen Tränen, den Kopf auf einen Tisch gestützt, antwortete: «Sagts meiner Frau.» –

Heinrich v. Kleist

Aphorismus

Ein Aphorismus ist ein anspruchsvoll formulierter philosophischer Gedankensplitter. Friedrich Nietzsche, ein grosser Aphoristiker, schreibt: «Ein Aphorismus, rechtschaffen geprägt und ausgegossen, ist damit, dass er abgelesen ist, noch nicht ‹entziffert›. Vielmehr hat nun dessen Auslegung zu beginnen, zu der es einer Kunst der Auslegung bedarf.»
Marie von Ebner-Eschenbach, auch sie eine Aphorismus-Schöpferin, meint: «Ein Aphorismus ist der letzte Ring einer langen Gedankenkette.»
Ein relativ häufiges Merkmal von Aphorismen ist eine innere Widersprüchlichkeit (Paradoxon), die man erst durch eine genaue Analyse auflösen kann.
Grosse Aphoristiker sind Georg Christoph Lichtenberg, Friedrich Nietzsche, Karl Kraus.

Merkmale:
- Aufs Äusserste verdichteter, sprachlich sehr fein ausgearbeiteter Gedanke
- Eigenständiger Kürzesttext
- Überspitzt und pointiert
- Verständnisleistung der Leserin erforderlich

Eine Erkenntnis von heute kann die Tochter eines Irrtums von gestern sein.

Marie von Ebner-Eschenbach

Der Vorteil des schlechten Gedächtnisses ist, dass man dieselben guten Dinge mehrere Male zum ersten Mal geniesst.

Friedrich Nietzsche

Erzählmittelkatalog

Erzählende Prosa lebt von der Art und Weise, wie der Erzähler die Geschichte erzählt. Der Analyse der Erzählmittel kommt für das Verständnis erzählender Prosa also entscheidende Bedeutung zu. Der Erzähler hat verschiedene Möglichkeiten, Handlung zu erzählen, die Handlung zu kommentieren oder auf die Handlung Einfluss zu nehmen.

Die Möglichkeiten des Erzählers: Übersicht

Erzählerbericht
Erzählte Handlung (Handlungsebene) Der Erzähler erzählt die Handlung in der Handlungsvergangenheit. Das ist der Standardfall des Erzählens.

Erzählte Handlung auf der Erzähler-Ebene
Der Erzähler erzählt eine Handlung in der Erzählergegenwart (z. B. über seine Recherchen). Das ist immer in Rahmenhandlungen der Fall.

Innensicht/Aussensicht
Der Erzähler hat je nach gewählter Perspektive Einblick in die Gedanken und Gefühle der Figuren.

Erzählerkommentar
Der Erzähler unterbricht den Erzählerbericht, um das Geschehen, die Handlungsweise einer Figur oder deren Denken zu erläutern oder zu kommentieren.

Raumbeschreibung (Atmosphärenerzeugung)
Der Erzähler unterbricht den Erzählerbericht, um Örtlichkeiten zu beschreiben. Zweck der Beschreibung ist, dem Leser den Ort und die Umstände der Handlung näherzubringen und ihn auf die Handlung einzustimmen.

Figurencharakterisierung (Sympathieführung)
Der Erzähler unterbricht den Erzählerbericht, um eine Figur zu beschreiben. Der Erzähler lässt handelnde Figuren andere Figuren beschreiben. Zweck der Charakterisierung ist, dem Leser eine bestimmte Deutung der Figur näherzubringen (Zuneigung, Ehrfurcht, Antipathie usw.).

Figurenrede
Der Erzähler lässt die Figuren sprechen. Das kann er im Dialog oder im Redebericht (indirekte Rede) tun oder indem er als Erzähler in den Hintergrund tritt mittels Redebericht, erlebter Rede, innerem Monolog oder Gedankenstrom.

Rückblende (Retrospektive)
Der Erzähler unterbricht die Handlung, um eine Information nachzuholen, die in der Handlungsvergangenheit liegt, aber erst in diesem Moment für den Gang der Handlung wichtig ist.

Vorausdeutung (Antizipation)
Der Erzähler unterbricht die Handlung, um auf ein Element hinzudeuten, das erst in der Handlungszukunft eintritt. Er erzeugt damit Spannung.

Ablauf (Chronologie/Montage)
Der Erzähler kann das Geschehen nach seinem Willen ablaufen lassen. Er kann chronologisch von Anfang bis zum Ende erzählen. Oder er kann die einzelnen Etappen so zusammenfügen, dass sie sich inhaltlich logisch aufeinander beziehen, ohne in der richtigen zeitlichen Reihenfolge zu sein (Montage).

Beispiel für die Analyse der Erzählmittel

An einem längeren Text zeigt das Beispiel die Verwendung der Erzählmittel. Es zeigt, wie die verschiedenen Mittel ineinandergreifen und damit die Bauweise eines erzählenden Textes ausmachen.

So ging es bis Mitternacht. Der schräg gegenüber wohnende Kunicke wollte noch bleiben und machte spitze Reden, dass Szulski, der schon ein paarmal zum Aufbruch gemahnt, so müde sei. Der aber liess sich weder durch Spott noch gute Worte länger zurückhalten,	**Erzählerbericht** (Aussensicht, darin eingebettet Innensicht)
er müsse morgen um neun in Frankfurt sein.	**Indirekte Rede** (Figurenrede)
Und damit nahm er den bereitstehenden Leuchter, um in seine Giebelstube hinaufzusteigen. Nur als er die Türklinke schon in der Hand hatte, wandte er sich noch einmal	**Erzählerbericht**
und sagte zu Hradscheck:	**Inquit-Formel**
«Also vier Uhr, Hradscheck. Um fünf muss ich weg. Und versteht sich, ein Kaffee. Guten Abend, ihr Herren.» [...]	**Direkte Rede**
«Dat's joa groad, as ob de Bös kümmt»,	**Direkte Rede**
sagte die Alte	**Inquit-Formel**
und richtete sich in die Höh, wie wenn sie aufstehen wolle. Das Herausklettern aus dem hochstelligen Bett aber schien ihr zuviel Mühe zu machen, und so klopfte sie nur das Kopfkissen wieder auf und versuchte weiterzuschlafen. Freilich umsonst.	**Erzählerkommentar**
Der Lärm draussen [...] liess sie mit ihrem Versuche nicht weit kommen, und so	**Erzählerkommentar**
stand sie schliesslich doch auf und tappte sich an den Herd hin [...] Zugleich warf sie reichlich Kienäpfel auf, an denen sie nie Mangel litt,	**Erzählerbericht** (Kommentar auktorial)
seit sie letzten Herbst dem vierjährigen Jungen von Förster Nothnagel, drüben in der neumärkischen Heide, das freiwillige Hinken wegkuriert hatte.	**Rückblende**
Das Licht und die Wärme taten ihr wohl, und als es ein paar Minuten später in dem immer bereitstehenden Kaffeetopfe zu dampfen und zu brodeln anfing, hockte sie neben dem Herde nieder und vergass über ihrem Behagen den Sturm, der draussen heulte.	**Charakterisierung**
Mit einem Mal aber gab es einen Krach, als bräche was zusammen, [...] und so ging sie denn mit dem Licht ans Fenster [...] um zu sehn, was es sei.	**Erzählerbericht**
Richtig,	**Erlebte Rede** (die Alte denkt das)
ein Teil des Gartenzauns war umgeworfen, und als sie das niedergelegte Stück nach links hin bis an das Kegelhäuschen verfolgte, sah sie,	**Erzählerbericht** (Aussensicht, darin eingebettet Innensicht)
zwischen den Pfosten der Lattenrinne hindurch, dass in dem Hradscheckschen Hause noch Licht war. [...]	**Erzählerbericht** (Innensicht der Figur)

Theodor Fontane, Unterm Birnbaum (1885), Kapitel VI

Moderne Prosa: Checkliste

Moderne Literatur, d.h. die Literatur ab etwa 1880, besonders aber seit 1945, verwendet in hohem Masse neue Formen bzw. Varianten des herkömmlichen Erzählens. Deshalb ist es manchmal so, dass gerade neue Literatur schwerer zugänglich ist als die Romane des 19. Jahrhunderts. Diese Doppelseite gibt einen Überblick über häufig gebrauchte ästhetische Mittel der modernen erzählenden Literatur.

Auflösung der festen Erzählerposition

Moderne Formen wie erlebte Rede oder innerer Monolog drängen den Erzähler zurück. Das Verschwinden des Erzählers aus der Erzählung widerspricht eigentlich der Erzählsituation, in der ein Erzähler einem Publikum eine Geschichte erzählt. Moderne Formen ohne festen Erzähler sind:

Multiperspektivisches Erzählen Es wird aus der Sicht mehrerer Figuren erzählt. Das ermöglicht die Auflösung des reinen Erzählerberichtes, der durch Dialog oder Innensicht einer oder mehrerer Figuren ersetzt wird.

Paradoxer Erzähler Jemand erzählt, der gar nicht erzählen kann, z. B. ein Kleinkind, oder in Kafkas «Verwandlung» der nicht sprachfähige Käfer.

Entpersönlichung des Erzählers In mehreren modernen Erzählformen verschwindet der persönliche Erzähler, z.B. in der neutralen Perspektive (siehe S. 32) oder im Bewusstseinsstrom (siehe S. 44).

Unzuverlässiger Erzähler Die Glaubwürdigkeit des Erzählers ist in Frage gestellt, z.B. weil er Dinge erzählt, die er als personaler Erzähler nicht wissen kann.

Figuren

Traditionelle Figuren verfügen über Individualität und Persönlichkeit und durchlaufen eine Entwicklung. Moderne Figuren hingegen sind gekennzeichnet von einer unsicheren Identität und dem Fehlen einer Entwicklung.
Typisch für Figuren in moderner Prosa sind:

Identitätsproblematik Die Figur ist nicht gefestigt, sucht die eigene Persönlichkeit oder den Sinn des Lebens.

Antiheldentum Die Hauptfigur bietet sich für eine Leseridentifikation nicht an.

Verzicht auf einen Protagonisten Im Zentrum steht eine Vielzahl von Figuren (Multiperspektivität) und kein einzelner Protagonist.

Milieubedingtheit Im Mittelpunkt steht nicht der Charakter des Helden, sondern die gesellschaftlichen Verflechtungen der Figuren.

Selbstwidersprüchlichkeit Die Figuren widersprechen sich in ihren Handlungen und Ansichten selbst.

Erzählweise/Darstellungsweise

Während das traditionelle Erzählen gekennzeichnet ist durch chronologisches Erzählen vom Anfang bis zum Schluss, setzt modernes Erzählen mitten in der Handlung ein und springt in der Handlung vor und zurück.

Typische Bauformen des modernen Erzählens sind:
- Diskontinuierliches Erzählen (nichtchronologisches Erzählen mittels Rückblenden und Sprüngen zwischen Handlungs- und Erzähler-Ebene)
- Vorwiegend personales Erzählen (als Ausdruck einer komplexen, undurchschaubaren Welt), häufig Ich-Erzähler

- Perspektivenwechsel (z. B. von Ich- zu Er-Erzähler oder von personalem Erzähler für Figur A zu personalem Erzähler für Figur B)
- Abkehr vom Präteritum zugunsten des Präsens
- Dialog (häufig ohne Anführungszeichen)
- Experimentelle Formen (Zeitdeckung, Bewusstseinsstrom, Montage usw.)

Die Montage

Von Montage wird gesprochen, wenn unterschiedliche Textelemente miteinander kombiniert werden und/oder die einzelnen Textelemente nicht in einer chronologischen Abfolge angeordnet sind.

Homo Faber, Anfang (schematische Darstellung der Montage)

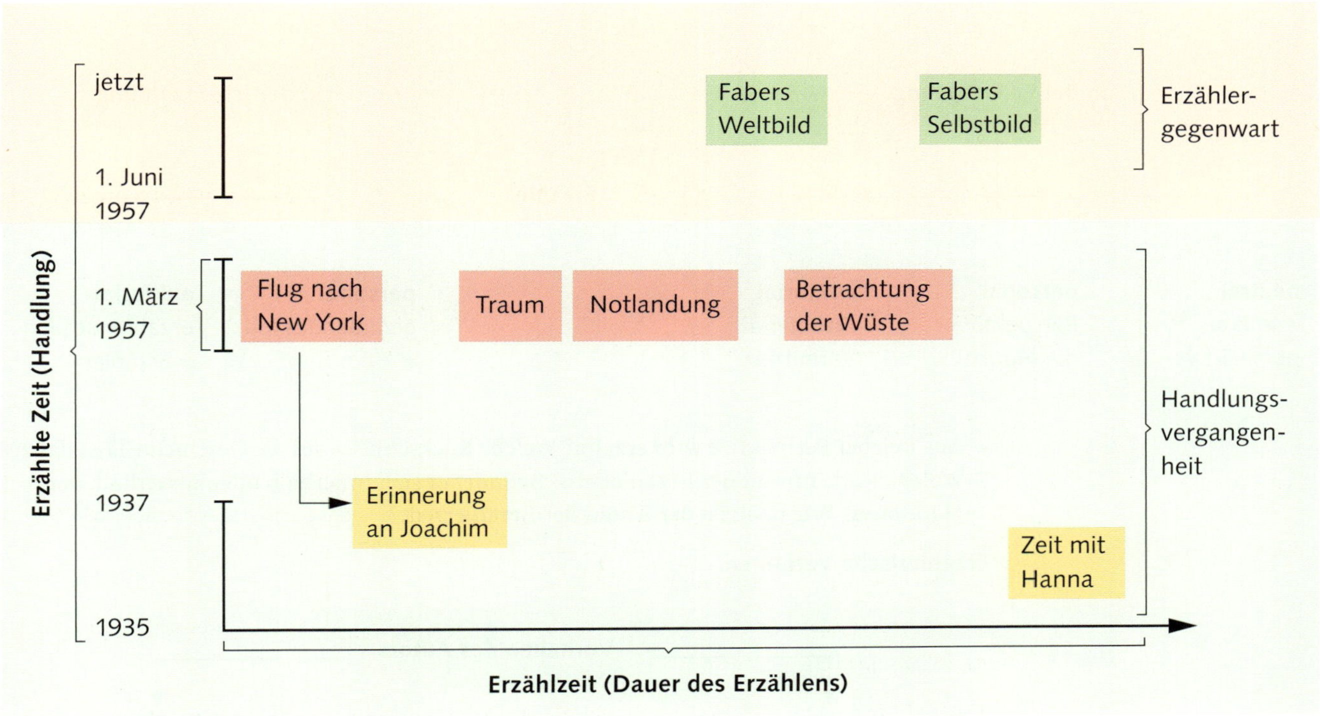

Max Frischs Roman «Homo Faber» ist als Montage konzipiert: Er kombiniert Rückblicke in Fabers frühe Erwachsenenzeit – seine Beziehung mit Hanna und seine Freundschaft mit Joachim – mit einer Handlung, die einsetzt mit der Notlandung in der Wüste 22 Jahre später. Die Erinnerungen mischen sich mit Betrachtungen des Ich-Erzählers in der Erzählergegenwart.

Die Montage in der modernen Prosa

Die Montage ist ein wichtiges Stilprinzip der modernen Prosa. Kernmerkmale der Montage sind:

- Diskontinuierliches Erzählen (d. h. die Auflösung des chronologischen Erzählens vom Anfang bis zum Ende)
- Zurückdrängen der Erzählerrede zugunsten der Figurenrede (d. h. der Anteil der Figurenrede gegenüber der Erzählerrede steigt.)
- Die Kombination verschiedener Elemente der Figurenrede (erlebte Rede, innerer Monolog usw.) und von Innen- und Aussenperspektive
- Die Aufsplitterung der Handlung auf viele Erzählebenen (Handlungsebene, Erzählergegenwart, Rückblende, Vorausdeutungen, Innensicht, Bewusstseinsstrom usw.)
- Die Kombination verschiedener erzählfremder Textsorten (Kinoprogramm, Auszug aus dem Telefonbuch, Zeitungsbericht usw.)

Analyse erzählender Prosa: Checkliste

Erzählen

- Was ist das Thema des Werkes?
- Welcher Untergattung gehört das erzählende Werk an?
- Wann erzählt der Erzähler und warum? Wem?

Erzähler

- Wer ist der Erzähler der Geschichte? Handelt es sich um eine Ich-Erzählung oder um eine Erzählung in der dritten Person?
- Welche Position nimmt der Erzähler ein? Verfügt er über Innensicht?

Möglichkeiten des Erzählerverhaltens

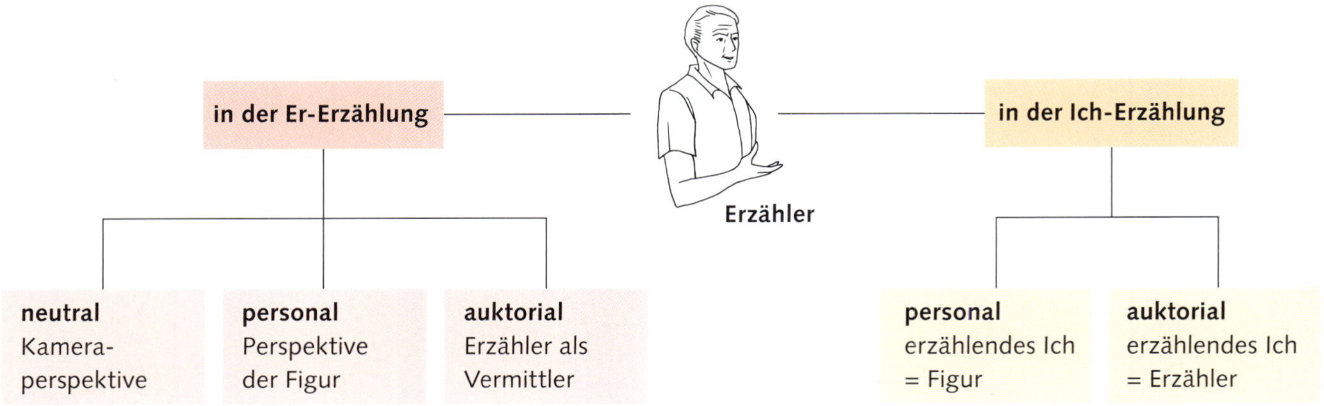

- Aus welcher Perspektive wird erzählt? Welche Rückschlüsse auf die Geschichte lässt das zu?
- Welche Rolle nimmt der Erzähler ein? Befindet er sich innerhalb oder ausserhalb der Handlung? Wie hoch ist der Anteil der Erzählerrede?

Erzählerische Verfahren

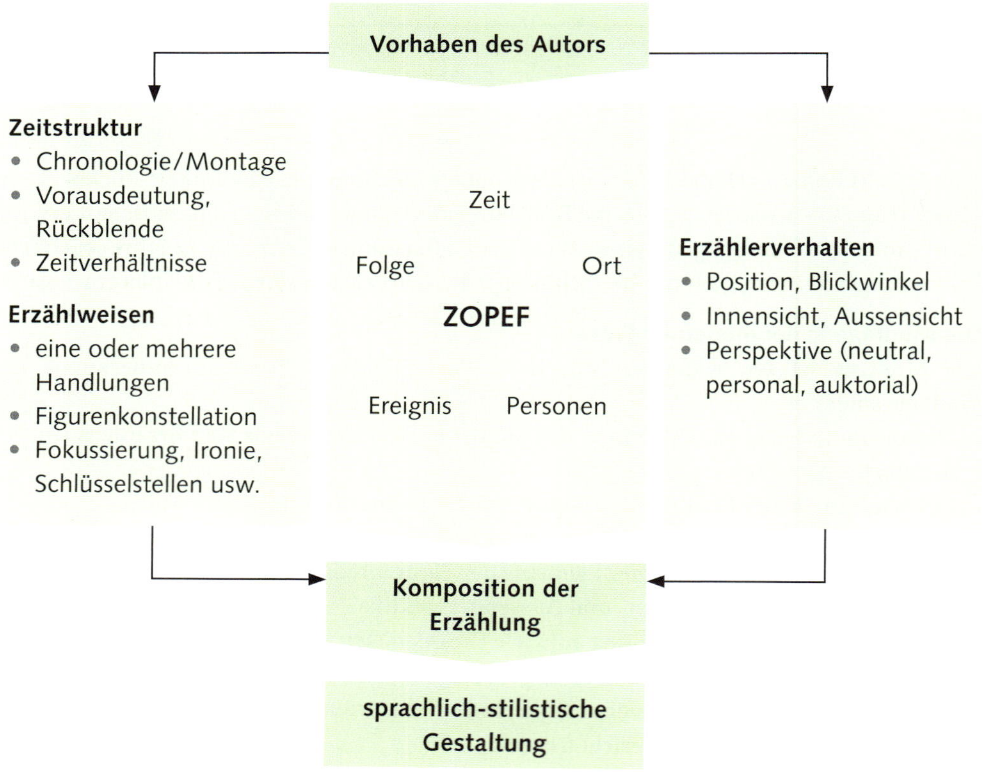

• Wie viele Zeitebenen (Erzählergegenwart; Handlungsvergangenheit[en]) sind zu unterscheiden? • Welche Zeitverhältnisse kommen vor? • Wie ist die Zeitstruktur der Erzählung gebaut? Gibt es Rückblenden oder Vorausdeutungen? Wie sind die verschiedenen Zeitebenen miteinander verbunden? • In welcher historischen Zeit spielt die Handlung? • Wirken sich die historischen Vorgänge auf die Figuren aus? • Wo werden Tempuswechsel eingesetzt? Wieso?	**Zeit**
• Wie sind Raum und Milieu der Geschichte gestaltet? • Welche Stimmung (Atmosphäre) erzeugt die Raumbeschreibung? • Welche symbolische Bedeutung haben die Schauplätze? • Welche Rolle spielt der Schauplatz für den Handlungsverlauf? • Werden durch die räumliche Ausstattung Figuren indirekt charakterisiert? • Kommt der Tages- oder der Jahreszeit eine – symbolische – Bedeutung zu?	**Ort**
• Welche Figuren kommen vor und in welcher Beziehung stehen sie zueinander? • Verändert sich die Konstellation? • Was ist innere, was äussere Charakterisierung? • Was ist direkte, was indirekte Charakterisierung? • Welche Hierarchien, Gruppen, Bekanntschaften und Gegnerschaften gibt es? • Was erfährt man von den Motiven und dem Charakter der Figuren? • Verändert sich der Charakter einer Figur? • Wie werden Rede und Gedanken der Personen wiedergegeben (z. B. durch indirekte Rede, inneren Monolog oder erlebte Rede)?	**Personen**
• Was sind die entscheidenden Ereignisse und Handlungen? Wie ist der Handlungsablauf? • Wie ist die Erzählung aufgebaut? Gibt es z. B. einen unvermittelten Anfang oder ein offenes Ende? • Wie hängen Binnengeschichte und Rahmenhandlung bzw. Haupt- und Nebenhandlung zusammen? • Wie wird die Spannung gebaut? • Kommen Schlüsselsätze, Leitmotive, Metaphorik, Ironie vor? Was sagen sie aus?	**Ereignis/Folge**
• Wird im Dialekt gesprochen? Gibt es zeittypische Wörter? • Herrscht Hypotaxe oder Parataxe vor? • Gibt es Besonderheiten in der Sprache, z. B. verschiedene Stilmittel, Metaphern und Vergleiche, Wiederholungen? • Welches Sprachniveau schlägt die Wortwahl an? • Welche Motive kommen vor? • Welche Wortfelder tauchen auf? Wieso diese? • Welche Stimmungen erzeugen die Beschreibungen?	**Sprache und Stil**

Wichtig: Benutzen Sie immer das Fachvokabular.

Fragen zur erzählenden Prosa

Wer erzählende Texte analysiert und verstehen will, was ihren Charakter ausmacht, darf nicht bloss den Inhalt erfassen. Vielmehr kommt es darauf an, die erzählerischen Mittel eines Textes zu bestimmen und nach deren Wirkung zu fragen.
Analyse erzählender Prosa heisst nicht zu fragen: «Was passiert?»; «Wie geht die Geschichte aus?»; «Wer ist der Täter?» usw.
Wer erzählende Prosa untersucht, muss literarisch fragen. Hier eine Auswahl möglicher Fragen:

Erzähler	Wer erzählt? Wieso? Wem? Aus welchem Anlass? Wieso gerade jetzt? Wo befindet sich der Erzähler zum Zeitpunkt des Erzählens? Wo war er zur Zeit der Handlung? Aus welcher Perspektive erzählt er? Wieso ist das wichtig? Welche Wirkung hat das? Wie viel Informationen gibt uns der Erzähler? Ist es wichtig, dass er (nicht) allwissend ist? Welche Informationen verschweigt er uns? Spricht der Erzähler die Leser an? Mit welcher Absicht? Wie charakterisiert er seine Figuren? Wie und wann lässt er die Figuren sprechen? Wie gibt der Erzähler die Innensicht der Figuren wieder (Kommentar, innerer Monolog, erlebte Rede usw.)?
Komposition	Gibt es eine Rahmenhandlung? Welche Rolle hat sie? Gibt es einen oder viele Handlungsstränge? Wie verhalten sie sich zueinander? Wieso erzählt ein distanzierter Erzähler? Oder wieso erzählt ein Ich-Erzähler, der an der Handlung teilhat? Welche Ereignisse stehen im Mittelpunkt? Haben sie mit einem bestimmten Verhalten der Figur zu tun? Woran merkt man das? Wo ist der Höhepunkt? Welche Form (Novelle, Erzählung, Kurzgeschichte usw.) liegt vor? Welche Rolle spielt das?
Zeit	Wie viel Zeit der gesamten Handlungsdauer wird erzählt? Welche Episoden aus der Gesamthandlung wählt der Erzähler aus? Wie variiert der Erzähler den Rhythmus des Erzählens? Was betont der Erzähler durch Zeitdeckung oder Zeitdehnung? Wieso? Wo gibt es Tempuswechsel? Was bezwecken sie?
Ort	Ist der Handlungsort für die erzählte Geschichte wichtig? Welche Stimmung oder Erwartung löst der Handlungsort aus? Welches Milieu zeigt er? Illustrieren oder kontrastieren die Handlungsräume die Handlung? Welche symbolische Ausstrahlung haben die Schauplätze?
Personen	Welche Personen stehen im Blickfeld? Wie nah, vertraut, sympathisch, familiär (oder das Gegenteil) sind einem die Personen? Welche Identifikationspotenziale haben sie? Für wen? Lässt der Erzähler die Personen sprechen? Gibt er das in wörtlicher Rede wieder oder im inneren Monolog? Oder nur in indirekter Rede? Wieso bzw. wann lässt der Erzähler die Personen sprechen?
Ereignis/Folge	Welche Ereignisse mit welchen Folgen werden erzählt – und warum? Welche Handlungsschritte werden erzählt, welche nicht? Wie ist die Handlung aufgebaut, welche ästhetischen Mittel wie Spannung, Ironie, Fokussierung usw. kommen vor? Mit welcher Wirkung? Gibt es eine Rahmenhandlung? Was bezweckt sie?
Sprache/Stil	Welche Motive kann man erkennen? In welcher Weise steuern die Motive die Wahrnehmung? Spricht der Erzähler umgangssprachlich? Oder stilisiert? Wieso? Woran merkt man das? Dominiert die Parataxe oder die Hypotaxe? Welche Wirkung hat das? Wird mit Tempuswechseln gespielt? Welche Funktion haben sie? Welche rhetorischen Figuren setzt der Autor ein? Mit welcher Wirkung? Wie gross ist der Anteil der Figurenrede?

3 Dramatik

Schlüsselbegriffe

- Rolle und Dialog
- Dramaturgie
- Inszenierung
- Akt/Szene
- Konflikt
- Tragik
- Katharsis
- Komik
- Spielfilm

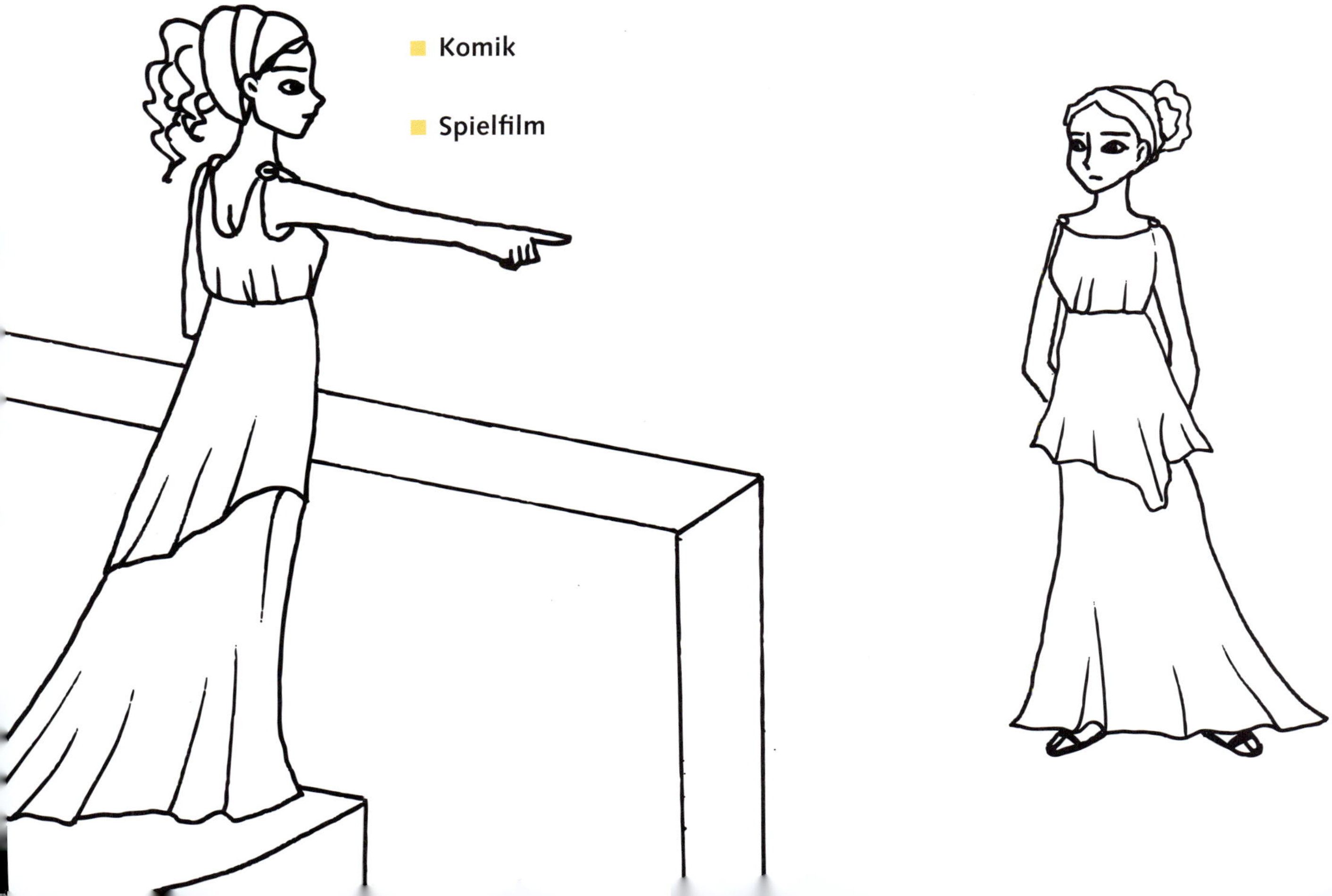

Übersicht

Darstellung auf der Bühne

Figur
- Person
- Rolle
- Protagonist
- Antagonist
- Charakter
- Typus

Reden auf der Bühne
- Dialog
- Stichomythie
- Monolog
- Beiseitesprechen
- Botenbericht und Mauerschau

Handlung
- äussere und innere Handlung
- Haupt- und Nebenhandlung

Komposition der Handlung
- Akt und Szene
- Dramaturgie

Zeit und Raum
- Zeitgestaltung
- Schauplatz

Inszenierung
- Stück
- Autor, Regisseur, Dramaturg
- Schauspieler
- Regieanweisung
- Bühnenbild

Das klassische Drama

Anfänge des Dramas
- Chor
- Prolog
- Episode
- Standlied
- Exodus

Aristotelische Poetik

Die Komödie

Komik
- Situationskomik
- Sprachkomik
- Typenkomik

Komödienhandlung
- Verwirrung
- Verwechslung
- Vertauschung
- Verkleidung

Die Oper

Aristotelische Poetik

Sprache
- hoher Stil
- Vers

Tragischer Konflikt
- Affekt
- Konflikt
- Ständeklausel
- Staatsaktion

Katharsis
- phobos und eleos
- Anagnorisis

Einheiten
- Einheit des Orts
- Einheit der Zeit
- Einheit der Handlung

Aufbau der Tragödie
- Exposition
- Erregendes Moment
- Höhepunkt und Peripetie
- Retardierendes Moment
- Katastrophe

Modernes Drama

- Bürgerliches Trauerspiel
- Naturalistisches Drama
- Dokumentarisches Theater
- Groteske und absurdes Theater
- Episches Theater

Spielfilm/Filmisches Wahrnehmen

- Kamera-perspektive
- Beleuchtung
- Kamera-einstellungen
- Schnitt
- Schwenk, Fahrt, Zoom
- Drehbuch

Dramen analysieren

- Dramentheorie
- Dramenanalyse
- Dialoganalyse
- Fragen zum Drama

Eine Schritt-für-Schritt-Anleitung für das Verfassen eigener Dramen findet sich in «Wege zur Literatur». Deutsch am Gymnasium 4, S. 30–44.

Drama – Stück – Aufführung

Auch im alltäglichen Sprachgebrauch benutzen wir die Wörter «dramatisch», «tragisch» und «komisch». Als «dramatisch» bezeichnen wir üblicherweise einen Vorgang, der unser Herz rührt, unsere Gefühle aufwühlt, uns zum Weinen bringt. In der Dramentheorie haben diese Begriffe allerdings eine andere Bedeutung. Das griechische Wort «drama» bedeutet Handlung. Die Handlung eines Dramas wird auf der Bühne von Schauspielern dargestellt und besteht zu einem wesentlichen Teil aus Rede und Gegenrede.

Oberbegriff und Untergattungen

Die Gattung der darstellenden Literatur heisst «Dramatik». Auch wenn es Dramen gibt, die geschrieben wurden, um sie zu lesen (sogenannte Lesedramen), bezeichnet der Begriff «Dramatik» jene Literatur, die aufgeführt wird. «Drama» ist also der Oberbegriff für jede Form von Theaterstücken. Ursprünglich kannte man nur zwei Formen von Dramen.

Drama (Stück)	
Tragödie **deutsch: Trauerspiel**	**Komödie** **deutsch: Lustspiel**
Die Tragödie befasst sich mit einer allgemein menschlichen Leidenschaft wie Liebe, Hass, Eifersucht, Rache, die einen Helden befällt und ihn in den Untergang (in die «Katastrophe») führt. Sie endet «tragisch» (siehe S. 84 ff.).	Die Komödie befasst sich mit einem alltäglichen Laster wie Geiz, Eitelkeit oder Hochmut, das von einem Typus verkörpert wird, der deswegen ausgelacht wird. «Komisch» handelt der Protagonist (siehe S. 88).

Dramaturg und Aufführung

Ein Dramaturg bereitet die Stücke für die Aufführungen auf der Bühne vor. Viele Dramen müssen gekürzt oder ältere Dramen aktualisiert werden usw. Oder er schreibt zum Beispiel Lesedramen oder auch Erzählungen in Spielvorlagen für das Theater um. Die Umsetzung geschriebener Vorlagen auf der Bühne nennt man Inszenierung. Die Inszenierung wird von einem Regisseur vorgenommen.

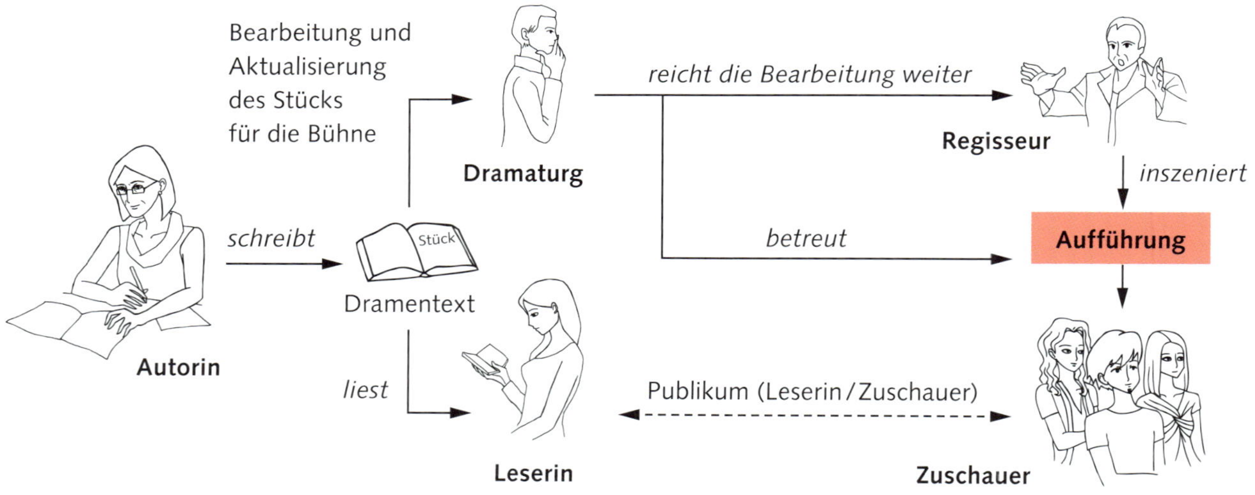

Figur

Figuren sind das zentrale Element eines Dramas. Sie verkörpern Personen und spielen die Handlung, indem sie sich auf der Bühne bewegen und reden.

Figur – Person – Rolle

Im Theater wird die Handlung von Schauspielern aufgeführt. Dazu verkörpern diese eine Figur und spielen deren Rolle auf der Bühne.

Dramenfiguren sind oft historischen Personen nachempfunden. Doch die historische Person, zum Beispiel Maria Stuart (1542–1587), und die Dramenfigur Maria Stuart (in Schillers Tragödie aus dem Jahre 1801) müssen nicht zwingend übereinstimmen. Die Dramenfigur ist eine Rolle, die auf der Bühne von einer Schauspielerin gespielt wird. Weil Schauspieler auf der Bühne die Rollen der Figuren wie echte Menschen spielen, nennt man die dargestellte Figur im Drama (analog zu den Figuren in der erzählenden Prosa) ebenfalls «Person».

Figur	Die vom Autor erfundene Gestalt eines Dramas
Person (historische)	Die hinter der Dramenfigur stehende historische Person (besonders häufig in der Tragödie)
Person (dramatische)	Die innerhalb eines Dramas wie ein Mensch handelnde Figur
Rolle	Die von einem Schauspieler gespielte Handlung und gesprochene Rede der Figur

Protagonist und Antagonist

Die Hauptperson – den Helden – eines Dramas nennt man Protagonist. Häufig hat er einen Gegenspieler, den Antagonisten. Beide sind für den Fortgang der Handlung wichtig.

Charaktere

Protagonist und Antagonist sind in der Tragödie immer Charaktere. Charaktere besitzen in der Regel Affekte (Leidenschaften), die ihr Tun und Sprechen beeinflussen wie Eifersucht, Gier, Liebe, Rache, Stolz usw. Auch die Protagonisten von Komödien können Charaktere sein, sofern sie differenziert gestaltet sind. Protagonist und Antagonist sind genauer charakterisiert, haben mehr Auftritte und sprechen mehr als die Nebenpersonen. Manche Nebenfigur kann ebenfalls ein Charakter sein.

Merkmale von Charakteren:

- Charaktere tragen einen unverwechselbaren Namen.
- Charaktere spielen die Haupthandlung eines Dramas.
- Charaktere haben eine Lebensgeschichte, ein Schicksal.
- Charaktere sind vielschichtig.
- Charaktere zeigen individuelle Eigenschaften.

Typen

Nebenfiguren oder Figuren, die nur eine bestimmte Eigenschaft verkörpern, nennt man Typen. Sie sind auf eine Funktion reduziert. Typen sind eindeutig und leicht erkennbar. Sie eignen sich gut, um menschliche Schwächen widerzuspiegeln, und kommen deshalb in der Komödie besonders häufig vor. Typen sind nur soweit beschrieben, dass man ihre Funktion erkennen kann: der Geizige, die Stolze, der Künstler, der gehörnte Liebhaber usw.
Oft tragen Typen nicht einmal einen eigenen Namen. Typen haben den Vorzug, bestimmte Eigenschaften besonders auffällig zu verkörpern, was in der Wirklichkeit selten oder gar nicht vorkommt. Sie wirken dadurch komisch oder übertrieben.

Charakter – Typus
Oft erkennt man bereits anhand der Personenliste, die jedem Theaterstück vorangestellt ist, ob Charaktere oder Typen zu erwarten sind:

Charaktere in Shakespeares «Macbeth»	Typen in Dürrenmatts «Der Besuch der alten Dame»
Personen • DUNCAN (König von Schottland) • MALCOLM und DONALBAIN (seine Söhne) • MACBETH und BANQUO (die Anführer des königlichen Heeres) • MACDUFF, LENNOX und CAITHNESS (schottische Edelleute) • LADY MACBETH • LADY MACDUFF • Eine Kammerfrau der Lady Macbeth	Personen • CLAIRE ZACHANASSIAN (geborene Wäscher) • Ihre Gatten VII–IX • Der Butler • Toby, Roby, Koby, Loby • ILL • Seine Frau, seine Tochter, sein Sohn • Der Bürgermeister • Der Pfarrer • Der Lehrer • Der Arzt • Erster, zweiter, dritter, vierter Bürger • Erste Frau, zweite Frau

In Shakespeares Tragödie «Macbeth» treten fast ausschliesslich Charaktere auf. Nur die Kammerfrau ist ein Typus. Bei Dürrenmatts Komödie verhält es sich gerade umgekehrt. Nur Claire Zachanassian und ihr Gegenspieler Ill sind Charaktere. Ihre Gatten, die Diener und auch die städtischen Behörden sind Typen.

Figuren im modernen Drama

Moderne Autoren stellen nicht das Allgemeine, Typische einer dramatischen Figur in den Mittelpunkt, sondern arbeiten die Individualität der dramatischen Person heraus. Die Figur agiert nicht entsprechend einem bekannten und erwarteten Verhaltensmuster. Vielmehr wird der Frage nachgegangen, welche individuellen Besonderheiten das Handeln einer Figur bestimmen.

Beispiel
Dea Lohers (geboren 1964) Stück «Tätowierung» geht der Frage nach, warum eine von ihrem Vater missbrauchte junge Frau, Anita, sich auch nach dem Auszug aus dem Elternhaus nicht von ihrem Vater lösen kann. Dabei steht Anita im Mittelpunkt – im Gespräch mit ihrem Verlobten, mit der Mutter, der Schwester. Alle Dialoge weisen darauf hin, dass sich Anita aufgrund ihrer psychischen Prägung gar nicht anders verhalten kann, als sie sich eben verhält.

Charakterisierung von Figuren

Damit die Figuren im Drama lebendig werden, stattet sie der Autor mit möglichst unverwechselbaren und authentischen Merkmalen aus.

Charakterisiert werden unter anderem:		
Geistige und charakterliche Eigenschaften (wie Klugheit, Tapferkeit, Gerechtigkeit)	Körperliche Eigenschaften (wie Schönheit, Hässlichkeit, Stärke)	Äussere Umstände und soziale Verhältnisse (wie Herkunft, Familie, Reichtum)

Man unterscheidet zwischen:		
der Figur zugeschriebenen Eigenschaften körperlicher und geistiger Natur	moralischen Verhaltensweisen der Figur	Sympathie, Antipathie, Faszination oder Mitgefühl weckenden Verhaltensweisen und Eigenschaften der Figur

Charakterisierung im Drama

Man unterscheidet zwischen auktorialer und figuraler Charakterisierung.

Auktoriale Charakterisierung (Autor → Zuschauer)	**Figurale Charakterisierung** (Figur → Zuschauer)
Beschreibung der Figur in Nebentexten (wie Regieanweisung und durch sprechende Namen)	Figur erklärt sich im Dialog und insbesondere in Monologen selbst (Charakterisierung durch andere Figuren im Dialog in An- oder Abwesenheit der Figur)

Frau John, über die Mitte der Dreissig hinaus, und das blutjunge Dienstmädchen Piperkarcka sitzen am Mitteltisch. Die John, den Oberkörper weit über den Tisch gelehnt, redet lebhaft auf das Dienstmädchen ein. Die Piperkarcka, dienstmädchenhaft aufgedonnert, mit Jackett, Hut und Schirm, sitzt aufrecht. Ihr hübsches rundes Lärvchen ist verweint.

Gerhart Hauptmann, Die Ratten, Anfang, Regieanweisung

In der Regieanweisung (siehe S. 81) gibt Hauptmann eine auktoriale Charakterisierung zweier Figuren. Sie enthält Angaben zu äusseren Merkmalen (z. B. «über die Mitte der Dreissig hinaus»), zu Verhaltensweisen (z. B. «den Oberkörper weit über den Tisch gelehnt») und zu sozialer Zugehörigkeit (z. B. «dienstmädchenhaft aufgedonnert»).

Fremddarstellung	**Selbstdarstellung**
Direkte Charakterisierung (Was andere über eine Person aussagen)	Indirekte Charakterisierung (Was eine Person selbst äussert, welche Werte sie vertritt, wie sie sich verhält und welche Gewohnheiten sie hat)

Reden auf der Bühne

Die Dramenhandlung besteht zur Hauptsache aus Gesprächen der Figuren untereinander (Dialog) oder einer Figur mit sich selber (Monolog). Das Reden auf der Bühne ist der wichtigste Bestandteil eines Dramas.

Dialog

Dialoge finden zwischen zwei oder mehreren Figuren statt. Die Aussage einer Figur entspricht dabei einer sprachlichen Handlung, die die Reaktion einer anderen Figur provoziert. Der Dialog

- treibt die Handlung voran,
- charakterisiert die Figuren (figurale Charakterisierung, siehe vorangehende Seite),
- gibt Auskunft über die Handlungsmotive und Beweggründe der Figuren.

Varianten von Dialogen

Dialog ist nicht gleich Dialog. Dialoge verfolgen ganz unterschiedliche Absichten:

- Dialog treibt die Handlung voran.
- Dialog verhandelt einen Konflikt.
- Dialog dient der Manipulation (Einschüchterung).
- Dialog führt zu einem Entscheid.

Stichomythie

Eine besondere Form des Dialogs ist die sogenannte Stichomythie. Rede und Gegenrede wechseln in sehr schneller Folge ab. Die Gesprächspartner sprechen oft nur eine Zeile oder sogar noch weniger. Dabei fallen sie einander ins Wort oder nehmen einen Gedanken des anderen auf, um ihn selber zu Ende zu sprechen. Die Stichomythie ist ein Spannungselement. Sie dient dazu, einen Höhepunkt anzukündigen. Im Beispiel will Graf Lerma Carlos' Vertrauen in seinen Freund Posa untergraben.

CARLOS. Von wem
ist denn die Rede?
LERMA. Marquis Posa –
CARLOS. Nun?
LERMA. Wenn etwa mehr, als jemand wissen darf,
Von Eurer Hoheit ihm bewusst sein sollte,
Wie ich beinahe fürchte –
CARLOS. Wie Sie fürchten?
LERMA. – Er war beim König.
CARLOS. So?
LERMA. Zwo volle Stunden
Und in sehr heimlichem Gespräch.
CARLOS. Wahrhaftig?
LERMA. Es war von keiner Kleinigkeit die Rede.
CARLOS. Das will ich glauben.
LERMA. Ihren Namen, Prinz,
Hört' ich zu öftern Malen.
CARLOS. Hoffentlich kein schlimmes Zeichen.

Friedrich Schiller, Don Carlos, V. 3527–3537

Monolog

Der Monolog ist neben dem Dialog der Hauptbestandteil des Dramas. Ausgehend von den Funktionen, die Monologe für die Handlung haben, kann man folgende Arten von Monologen unterscheiden.

Varianten von Monologen:
- Die Figur charakterisiert sich selbst (figurale Charakterisierung, siehe S. 73).
- Die Figur ringt um eine Entscheidung (sogenannter Reflexionsmonolog).
- Die Figur kommentiert eine Handlung.
- Die Figur äussert Gefühle, meistens die innere Zerrissenheit.
- Die Figur appelliert an das Publikum.

Beiseitesprechen

Eine besondere Form des Monologs ist das Beiseitesprechen. Zwar sind andere Figuren auf der Bühne anwesend, das Gesagte ist aber nicht für sie bestimmt. Das Beiseitesprechen ist eine Möglichkeit, das Publikum über Gedanken, Gefühle oder Handlungsabsichten der sprechenden Person zu informieren.

Botenbericht und Mauerschau

Auf der Bühne gibt es zwei Redeformen, die sich auf eine Handlung beziehen, die nicht zu sehen ist oder vorher stattgefunden hat.

Botenbericht
Der Botenbericht ermöglicht es, wichtige Informationen auf die Bühne zu bringen. Boten berichten von einem Geschehen, das anderswo oder früher stattgefunden hat. Sie informieren die Personen mittels mündlicher oder schriftlicher Mitteilung (z. B. durch einen Brief). In antiken Dramen war der Botenbericht wesentlich, weil so die Einheit des Ortes gewährleistet werden konnte (siehe S. 87).

Mauerschau
Bei der Mauerschau oder Teichoskopie beobachtet eine Person (oder betrachten mehrere Personen) auf der Bühne ein zeitgleich ablaufendes Geschehen ausserhalb der Bühne, das das Publikum nicht sehen kann. Mit der Teichoskopie lässt sich ein wichtiges Geschehen (z. B. eine Schlacht) in die Handlung integrieren, ohne dass es auf der Bühne inszeniert werden muss. Die Mauerschau hat also in etwa die Funktion eines Fussballmoderators am Radio.

→ Checkliste: Analyse der Redesituationen im Drama (Dialoganalyse) siehe S. 114.

Handlung

Die Handlung eines Dramas entsteht zur Hauptsache in der Rede und der Gegenrede der Personen. Gotthold Ephraim Lessing spricht im 38. Stück der «Hamburgischen Dramaturgie» von einer «Verknüpfung von Begebenheiten» zu einem zusammenhängenden Geschehensablauf.

Elemente der dramatischen Handlung

Das vorherrschende Element der Dramenhandlung ist die Rede, also die gesprochene Sprache, im Gegensatz zur erzählenden Sprache der Epik. Die Rede bringt auch Vorgänge im Inneren der Personen (wie Gefühlsregungen) auf die Bühne. Flankiert wird das Sprechen durch drei Elemente:

- Gestik, Mimik, Körperhaltung, Gangart der Figur (Die Figur kann beispielsweise auf der Bühne weinend zusammenbrechen.)
- Auf- und Abtritt der Figur (Die Häufigkeit der Präsenz einer Figur auf der Bühne entscheidet beispielsweise über deren Wichtigkeit für die Zuschauer.)
- Einzelhandlungen der Figur (Die Tätigkeiten der Figur – z. B. mit einem Dolch drohen – begleiten die Rede und die Körpersprache.)

Sichtbare – unsichtbare Handlung

Im Drama ist die Handlung üblicherweise sichtbar bzw. hörbar. Die sichtbare Handlung ist die sogenannte «Aktion». Neben der sichtbaren äusseren gibt es eine innere Handlung. Ausserdem tragen in den meisten Dramen auch Geschehnisse zur Handlung bei, die nicht gezeigt werden, die aber für die Dramenhandlung wichtig sind.

Äussere Handlung	Auf der Bühne sichtbare und hörbare Handlung oder berichtetes Geschehen: die «Aktion»
Innere Handlung	Vorgänge und Entwicklungen im Inneren der Figuren (Gefühlsregungen, Handlungsabsichten usw., die für ihre Handlungen wichtig sind); meist in Monologen vorgetragen
Offene Handlung	Auf der Bühne sichtbare Handlung (Die Handlung eines Dramas ist überwiegend offene Handlung.)
Verdeckte Handlung	Auf der Bühne nicht sichtbare Handlung (Sie wird dem Zuschauer im Dialog oder durch Botenbericht oder Teichoskopie vermittelt.)

Haupt- und Nebenhandlung

Haupthandlung	Dreht sich um die Protagonisten (in der Tragödie immer Staatsaktion)
Nebenhandlung	Dreht sich um die Nebenfiguren (erklärt oder kontrastiert die Haupthandlung)

In Kleists Lustspiel «Amphitryon» spiegelt das Schicksal des Dieners Sosias dasjenige seines Herrn Amphitryon. Beide erleiden dasselbe Unglück: Ihre Frauen betrügen sie ungewollt mit einem Doppelgänger von ihnen. Während allerdings die Nebenhandlung um Sosias komisch ist und gut ausgeht, endet die Haupthandlung um Amphitryon tragisch.

Komposition der Handlung (Dramaturgie)

Die Komposition von einzelnen Handlungsschritten zu einer Dramenhandlung entscheidet über das Tempo und die Spannung des Dramas. Man nennt das Dramaturgie. Die Dramaturgie ist die sinnvolle, abwechslungsreiche und glaubwürdige Anordnung der Dramenhandlung.

Akt und Szenen

Die einzelnen Handlungsschritte baut der Dramenautor zu einer Dramenhandlung zusammen. Er teilt sie auf in Akte und Szenen.

Akt (deutsch: Aufzug)	Jeder der traditionellen fünf Akte hat eine genau definierte Aufgabe.
Szene (deutsch: Auftritt)	Jede Handlungseinheit innerhalb eines Aktes nennt man Szene. Eine Szene wird in der Regel durch den Auf- oder Abtritt einer oder mehrerer Figuren begrenzt.

Für Zitate aus Dramen gibt es eine konventionelle Zitierweise:
Akte werden in römischen, Szenen in arabischen Ziffern wiedergegeben – II.5 bedeutet also: 2. Akt, 5. Szene bzw. 2. Aufzug, 5. Auftritt.

Moderne Dramen verzichten häufig auf die Akteinteilung. Sie gliedern ihr Stück nur in Szenen.

Dramaturgische Grundsätze

Die Herausforderung für den Dramenautor liegt darin, eine Abfolge der Szenen zu finden, die dem Zuschauer die Gesamthandlung glaubwürdig, nachvollziehbar und unterhaltsam vor Augen führt. Aus ganz praktischen Gründen (eingeschränkte Bühnentechnik, ein auf die Schauspieltruppe begrenztes Personal, auf maximal etwa drei Stunden beschränkte Aufführungszeit) kann der Autor eine Geschichte nie von Anfang bis zum Ende dramatisch fassen. Er muss geeignete Episoden auswählen und sie sinnvoll anordnen.

Grundsätze der Handlungskomposition			
Figurenkonstellation	**Konzentration**	**Auswahl**	**Gliederung**
Die Bedeutung einer Figur lässt sich nur aus der Beziehung zu anderen Figuren erkennen.	Nur die Schwerpunkte einer Geschichte können auf der Bühne dargestellt werden.	Zur Darstellung wählt der Autor bestimmte Einzelhandlungen aus.	Die Gesamthandlung muss er in Segmente zerlegen, die repräsentativ für das Ganze sind.

Dramatische Ironie

Manche Dinge wissen die Zuschauer, aber die Figuren nicht. Diesen Unterschied nennt man tragische oder dramatische Ironie. Die Figur handelt deshalb vielleicht nicht so, wie man es als Zuschauer erwarten würde. Daraus können Verwechslungen und/oder Komik entstehen. Die dramatische Ironie ist ein wichtiges Spannungselement der Tragödie bzw. Ursache von Situationskomik in der Komödie.

Zeit und Raum

Die gezeigte Handlung repräsentiert die Wirklichkeit. Allerdings entspricht weder die Dauer der Aufführung der Dauer der Handlung noch der Bühnenraum dem Handlungsort. Zeit und Ort haben im Drama vorwiegend symbolische Bedeutung.

Zeitgestaltung im Drama

Die dramatische Handlung zeigt einen Ausschnitt aus dem Leben der handelnden Figuren. Es ist also entscheidend, welchen Handlungszeitpunkt der Dramenautor wählt. Er legt die zeitliche Gestaltung insbesondere in folgenden Einzelheiten fest:

Zeitgestaltung im Drama		
Das Verhältnis von Spielzeit (Dauer der Aufführung) und gespielter Zeit (Dauer der Handlung)	Aufeinanderfolge der Handlungsschritte bzw. Abweichen davon durch Zeitsprünge, Unterbrechungen usw.	Simultaneität (gleichzeitige Darstellung von verschiedenen Handlungsschritten)

Auf die Darstellung des Stoffes bezogen ergeben sich noch weitere Vorentscheidungen:
- Wann, allenfalls zu welcher Jahreszeit spielt die Handlung?
- Welche historische Epoche bildet den Rahmen der Handlung?
- Welcher Ausschnitt aus der Handlung wird dargestellt? Wie lange dauert er?

Aus der zeitlichen Situierung einer Dramenhandlung können sich symbolische Bedeutungen ergeben. Spielt ein Drama etwa zur Zeit der Französischen Revolution, wie beispielsweise Arthurs Schnitzlers «Der grüne Kakadu», rechnet der Zuschauer von sich aus mit revolutionären Aufruhren. Ähnliches gilt für Dramen, die an einem besonderen Tag (wie z. B. Weihnachten) spielen.

Schauplatz

Die Theaterbühne bietet verhältnismässig wenige Möglichkeiten der Raumgestaltung. Es ist beispielsweise nicht möglich, einen freien Himmel zu simulieren. Die Ausstattung des Bühnenbildes deutet deshalb den gemeinten Raum, den Schauplatz, immer nur an – das heisst, der Schauplatz wird «stilisiert». Oft weiss man sogar nur aus der Regieanweisung, wo die Handlung spielt, beispielsweise in Gerhart Hauptmanns «Vor Sonnenaufgang», das im Kohlebergbaurevier spielt. Auf der Bühne allerdings befindet man sich im Wohnzimmer der Familie Krause.

Beispiel
Wenn Faust sich auf seinen Osterspaziergang macht (Goethe, «Faust I»), ist weder Ostersonntag noch Morgen noch schönes Wetter, und er spaziert nicht im Freien. Der Osterspaziergang kann auf der Bühne nur stilisiert angedeutet werden.

Spaziergang	Symbolraum: Die Bühne symbolisiert den Schauplatz «Vor dem Tor» (Titel der Szene).
Morgen	Symbolzeit: Frische, Unverbrauchtheit
Ostersonntag	Tag der Auferstehung Christi (Symbol für Neuanfang, Frühling für Wiederbelebung)

Inszenierung

Die Inszenierung eines Dramas ist immer auch eine Interpretation des dramatischen Textes, bei der verschiedene Gestaltungselemente ineinandergreifen. Zu den Aufgaben der Regie gehören (in Zusammenarbeit mit dem Dramaturgen) die Proben mit den Schauspielerinnen und den Schauspielern, die Festlegung des Bühnenbildes, der Kostüme, der Requisiten und der Technik (Licht und Ton).

Stück – Inszenierung – Aussage

Vom Stück bis zur Aufführung auf der Bühne fallen viele Einzelentscheidungen. Der Text des Stücks muss für die Bühne aufbereitet werden. Das Stück erhält durch die Aufbereitung und die Inszenierung eine Aussage.

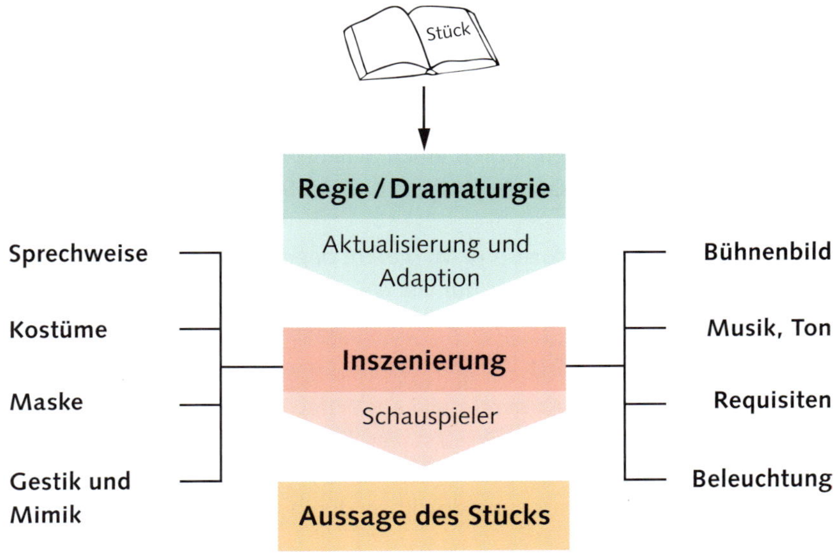

Autor – Regisseur – Dramaturg

Von Ausnahmen abgesehen ist es nicht der Dramenautor, der sein Drama inszeniert, sondern ein Regisseur. Dieser wiederum ist nicht bei jeder Aufführung anwesend, um nach dem Rechten zu sehen. Er delegiert diese Aufgabe an einen Dramaturgen.

Autor	Verfasst das Drama.
Regisseur	Studiert mit den Schauspielern das Stück ein, gibt Anweisungen zur Umsetzung des Textes auf der Bühne, entscheidet über die Aktualisierung der Vorlage und über die Aussage der Inszenierung.
Dramaturg	Quasi die rechte Hand des Regisseurs. Assistiert dem Regisseur, überwacht die Umsetzung von dessen Anweisungen, ist bei den Aufführungen anwesend. Häufig adaptiert der Dramaturg ein Stück für die aktuelle Inszenierung, d. h. er kürzt, schreibt um, ändert allenfalls sogar ab.

Uraufführung – Erstaufführung – Premiere

Uraufführung

Wird ein Drama zum allerersten Mal überhaupt auf einer Bühne aufgeführt, bezeichnet man dies als die Uraufführung. Das Datum der Uraufführung und das Datum des Erstdrucks des Dramas können beträchtlich voneinander abweichen.

Erstaufführung

Wird ein Drama in einem Land oder einem Sprachraum zum ersten Mal aufgeführt, spricht man von Erstaufführung, z. B. Schweizer Erstaufführung oder deutschsprachige Erstaufführung.

Premiere

Die erste Aufführung einer neuen Inszenierung eines Dramas an einem Theater nennt man Premiere.

Schauspieler

Die Darstellung einer Bühnenfigur durch einen Schauspieler oder eine Schauspielerin geschieht vor allem durch den Einsatz des Körpers und der Stimme.

Bewegung (im Raum und im Verhältnis zu den anderen Figuren)	Faust und Margarete begegnen sich zum ersten Mal. Der Text hat nur vier Verse, doch die Bewegung der Figuren wird eingesetzt, um «Liebe auf den ersten Blick» darzustellen.
Gestik (Körperhaltung, Bewegung der Arme und Hände)	Margarete, die aus einfachen Verhältnissen stammt, findet ein Kästchen mit Schmuck, das ihr Faust und Mephisto in den Schrank gestellt haben. Ihre Überraschung drückt sie durch Gestik aus.
Mimik (Mienenspiel des Gesichts)	Gretchen leidet unter den Einflüsterungen des bösen Geistes. Ihr Gesichtsausdruck verfinstert sich.
Sprechweise	Gretchen sitzt in ihrer Stube allein am Spinnrad. Sie redet über ihre Liebe zu Faust. Ihr Ton wechselt von traurig zu leidenschaftlich erregt.
Maske	«Verkleidung» der Schauspielerin, die Gretchen spielt. Zur Maske gehören die Kostümierung, die Frisur, die Schminke.

Beispiele nach Johann Wolfgang Goethe, Faust. Der Tragödie erster Teil

Regieanweisung

Regieanweisungen sind der Teil des Dramentextes, der nicht von den Figuren gesprochen wird, sondern Angaben zur Inszenierung enthält, sich also an den Regisseur und den Dramaturgen richtet. Deshalb nennt man sie auch «Nebentext». In der Regel sind Regieanweisungen kursiv (und kleiner) gedruckt, damit man sie von den Sprechtexten unterscheiden kann. Sie enthalten unter anderem Informationen

- zum Bühnenbild und zur Szenenausstattung
- zu Licht- und Toneffekten
- zum Aussehen und zum Kostüm (Maske) der Schauspieler
- zum Verhalten und zu den Bewegungen der Schauspieler (z. B. an wen sich ihre Rede richtet, ihre Auf- und Abgänge)
- zu Spiel- und Sprechweise

Erster Akt

Ein gemütlich und geschmackvoll, aber nicht luxuriös eingerichtetes Zimmer. Rechts im Hintergrund führt eine Tür in das Vorzimmer; eine zweite Tür links im Hintergrund führt in Helmers Arbeitszimmer. Zwischen diesen beiden Türen ein Pianino. Links in der Mitte der Wand eine Tür und weiter nach vorn ein Fenster. […] Teppich durchs ganze Zimmer. Im Ofen ein Feuer. Wintertag.

Im Vorzimmer klingelt es; gleich darauf hört man, wie geöffnet wird. Nora tritt vergnügt trällernd ins Zimmer; sie hat den Hut auf und den Mantel an und trägt eine Menge Pakete, die sie rechts auf den Tisch niederlegt. Sie lässt die Tür zum Vorzimmer hinter sich offen, und man gewahrt draussen einen Dienstmann […].

NORA. Tu den Tannenbaum gut weg, Helene. Die Kinder dürfen ihn jedenfalls erst heut Abend sehen, wenn er geputzt ist. *(Zum Dienstmann, indem sie ihr Portemonnaie hervorzieht.)* Wie viel –?

Henrik Ibsen, Nora oder ein Puppenheim, 1879

Bühnenbild

Das Bühnenbild oder die Kulisse ist das, was der Zuschauer auf der Bühne sieht, also die Anordnung der Aufbauten, die Möblierung und die Requisiten. Zum Bühnenbild zählt man auch die Beleuchtung der Bühne.

Die Anfänge des Dramas

Das Theaterspielen entstand im antiken Griechenland. Wenn auch die genaue Herkunft der griechischen Tragödie nicht exakt nachzuweisen ist, so dürfte doch feststehen, dass sie im Zusammenhang mit dem Kult des Fruchtbarkeitsgottes Dionysos entstanden ist.

Der Stoff des antiken griechischen Dramas

Der Stoff der Dramen entstammt – von wenigen Ausnahmen abgesehen – dem Mythos. Er schöpft also aus den Abenteuern der Götter und Helden der Sagenwelt. Dem Inhalt nach sind die Tragödien dem Publikum schon vor der Aufführung bekannt. Die Herausforderung für den Dichter bestand darin, einzelne Handlungen zu verflechten, Nebenfiguren ins Zentrum zu rücken, die Konflikte für das Publikum anschaulich und das Leiden und Ertragen von Schicksalsschlägen erlebbar zu machen.

Zwischen dem Drama und der Polis, dem Staatswesen, bestand eine enge Wechselwirkung. Was sich auf der Bühne abspielte, war nicht blosse Zeremonie oder Unterhaltung, sondern enthielt Probleme, die die Stadt und deren Bewohner angingen.

Die Entwicklung von Tragödie und Komödie aus dem Dionysoskult

Athen feierte seit dem 6. Jahrhundert v. Chr. einen Kult zu Ehren des Gottes Dionysos. Im Mittelpunkt dieser Feierlichkeiten stand ein Wettkampf der Tragödiendichter. Als Kontrast zu den Tragödien wurden Satyrspiele aufgeführt, also heitere Stücke um Satyrn (halbmenschliche Walddämonen), die sich um Dionysos scharen. Daraus hat sich vermutlich die Komödie entwickelt.

Der Chor

Der Chor bildet die Gegenposition zur Handlung. Er kommentiert die dramatische Handlung, deutet und wertet sie als «idealisierter Zuschauer». In späteren Dramen greift er auch in den Vorgang selbst ein.

Die Aufgaben des Chors im antiken Drama waren:
- Dialog zwischen Chorführer und Chor
- Rolle eines Refrains
- Rolle des Mahners und Warners
- Stimme des Publikums

Der Aufbau der antiken Dramen

Ursprünglich gab es im antiken griechischen Drama nur eine handelnde «Person»: den Chor. Erst allmählich löste individuelles Sprechen den Chor ab, zuerst durch die Trennung von Chor und Chorführer. Später kamen dann mehrere Schauspieler dazu. Im Laufe der Entwicklung kristallisierten sich folgende vier dramatische Elemente heraus:

Prolog	und Einzugslied (griechisch Parodos) des Chors
Episoden	die einzelnen Handlungsteile zwischen den Chorliedern
Standlieder (griechisch Stasimon)	des Chors, die jede Episode abschliessen
Exodus	der Abgesang des Chors am Schluss der Handlung

Die aristotelische Poetik

Seinen Ursprung hatte das Drama in der griechischen Antike. In dieser Zeit entstand auch der erste Versuch einer systematischen Beschreibung der dramatischen Kunst: Aristoteles' (384–322 v. Chr.) «Poetik» (um 335). Die aristotelische Poetik hat bis in die Gegenwart hinein die Diskussionen über Ziel und Wirkung von Dramen beeinflusst.

Die Elemente der aristotelischen Tragödie

Die klassische Tragödie, die bis ins 19. Jahrhundert Modell war, hat als Erster Aristoteles beschrieben. Grundlegend bis heute ist seine Poetik. In ihrem Kern ist sie eine Theorie der Tragödie.

Folgende Merkmale kennzeichnen die Tragödie:
- Mythos (Handlung); siehe S. 76 f.
- Ethe (Charaktere); siehe S. 71 f.
- Lexis (Sprache/Rede); siehe S. 74 f.
- Diánoia (Gedanke/Absicht); siehe S. 79
- Opsis (Schau/Inszenierung); siehe S. 79 ff.
- Melopoiía (Gesang/Musik)
  In ihren Anfängen wurden Tragödien als Gesangsspiele aufgeführt. Daraus erklärt sich auch die grosse Bedeutung des Chors; siehe S. 82.

> Die Tragödie ist Nachahmung [Mimesis] einer guten und in sich geschlossenen Handlung von bestimmter Grösse, in anziehend geformter Sprache, wobei diese formenden Mittel in den einzelnen Abschnitten je verschieden angewendet werden – Nachahmung von Handelnden und nicht durch Bericht, die Jammer [eleos] und Schaudern [phobos] hervorruft und hierdurch eine Reinigung [katharsis] von derartigen Erregungszuständen bewirkt.
>
> Aristoteles, Poetik, Griechisch/Deutsch, übersetzt und hg. von Manfred Fuhrmann. Stuttgart (Reclam) 1982, S. 19

Bestandteile einer Tragödie

Die Bestandteile einer Tragödie sind gemäss Aristoteles:
- Eine «geschlossene Handlung» (Spannungsbogen); siehe S. 84
- Eine Handlung von «bestimmter Grösse» (was Auswirkung auf die Herkunft der Protagonisten [Ständeklausel] und ihre Handlungen [Staatsaktion] hat); siehe S. 85
- Eine Gliederung in «Abschnitte» (Akte) mit klarer Aufgabe; siehe S. 84
- «Geformte Sprache» und die drei Einheiten von Ort, Zeit und Handlung; siehe S. 87
- Die Wirkung der Tragödie als eine «Katharsis» aus «phobos» und «eleos»; siehe S. 86

Jede Tragödie ist nach dem tragischen Helden benannt. «Othello» oder «Hamlet» sind also bereits aufgrund des Titels als Tragödien erkennbar.

Der Aufbau der Tragödie

Die klassische Tragödie verfügt über einen genau vorgegebenen Aufbau in fünf Akten. Jeder Akt hat eine eigene, für die Tragödienhandlung unverzichtbare Aufgabe. Die Handlung beschreibt über den Aufstieg und den Fall des Helden eine in sich geschlossene Handlung (Spannungsbogen).

Die Akte auf dem Spannungsbogen

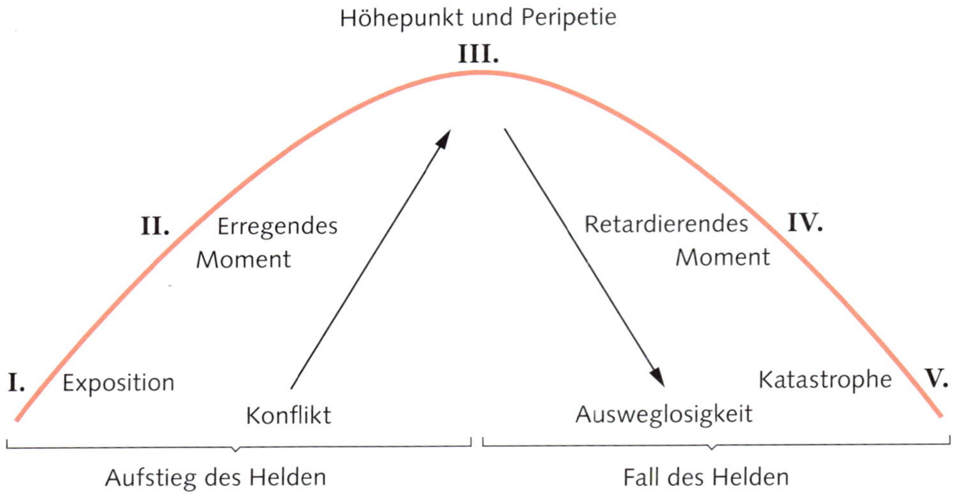

Die Akte auf dem Spannungsbogen

I. Akt	Exposition	Aufgabe der Exposition ist die Darstellung der Voraussetzungen der Handlung, also die Beantwortung der W-Fragen: Wer, wo, wann, warum, was?
II. Akt	Erregendes Moment	Im zweiten Akt entfaltet sich der tragische Konflikt (siehe folgende Seite). Er macht klar, welche Leidenschaft den Helden antreibt und welche Ziele er verfolgt.
III. Akt	Höhepunkt und Peripetie (Umschwung)	Im dritten Akt erreicht der Held das Ziel seines Strebens (Höhepunkt). Seine Leidenschaft schiesst jedoch über das Ziel hinaus und bringt ihn in eine schwierige Lage (Umschwung, Peripetie). Die Peripetie erfolgt manchmal erst im 4. Akt.
IV. Akt	Retardierendes Moment (verzögerndes) Moment	Der vierte Akt ist der wichtigste. Der Held sucht Lösungen, um aus seiner verstrickten Lage zu finden (Verzögerung). Doch er erscheint schicksalhaft in einer ausweglosen Lage gefangen. Das ist das tragische Moment, die Tragik.
V. Akt	Katastrophe	Der Held stirbt. Seine Leidenschaft hat ihn in einen inneren oder äusseren Konflikt getrieben, aus dem er keinen Ausweg mehr fand. Das logische Ende ist der Tod, unabhängig vom Wollen des Helden.

Tragik

Der tragische Konflikt ist der Kern der Tragödie. Er entsteht aus der ungelenkten Leidenschaft, die sich nicht zügeln lässt, und den Helden in den Untergang treibt.

Leidenschaft/Affekt

Jede Tragödie verhandelt eine Leidenschaft (einen Affekt). Sie ist das Thema. Leidenschaften sind allgemeinmenschliche Regungen: Liebe, Hass, Rache, Neid, Stolz, Eifersucht, Machtgier, Sehnsucht, Eifer usw. Sie sind zeitlos und jedem bekannt, was wichtig für die Identifikation des Zuschauers mit dem Helden ist. Man kann sich nur in einem Helden wiedererkennen, wenn dieser von einer Leidenschaft getrieben wird, die man selber auch kennt.

Konflikt

Die Leidenschaft des tragischen Helden ist sehr ausgeprägt. Sie verführt ihn zu Taten, die nur eine ungezügelte Leidenschaft verursacht. Deswegen gerät der Held in einen Konflikt. Zwar gelingt es ihm aufgrund seiner Leidenschaft, ans Ziel seiner Wünsche zu kommen. Die Leidenschaft treibt ihn aber weiter bis in seinen unvermeidlichen Untergang, in die Katastrophe.

Leidenschaft des Helden	**Konflikt** Ringen des Helden um einen Entscheid	**Katastrophe** des Helden

Die wichtigste Herausforderung für den Tragödiendichter ist folgende: Die Katastrophe muss aus innerer Notwendigkeit nachvollziehbar aus dem Konflikt hervorgehen, der wiederum aus der entfesselten Leidenschaft entstanden ist. Die Leidenschaft des Helden treibt ihn in den Tod. Der Tod des Helden muss folgerichtig aus dem ausweglosen Konflikt hervorgehen.

Tragik = kein Ausweg aus dem Konflikt

Ständeklausel, Fallhöhe und Staatsaktion

Die Helden einer klassischen Tragödie sind immer hochgestellte Personen: Staatslenker, historische Persönlichkeiten, mythologische Helden. Sie müssen immer dem Adelsstand entstammen (nicht aus dem Volk oder dem Klerus). Diese Regel nennt man die Ständeklausel. Der Sinn hinter dieser Regel ist folgender: Die persönliche Leidenschaft einer bekannten Person ist von allgemeinerem Interesse als die einer unbekannten Person. Das hängt mit zwei Überlegungen zusammen:

1. Der tragische Fall des Helden ist umso tiefer, je höher sein sozialer Rang ist. Wenn zum Beispiel Prinzessin Diana bei einem Autounfall ums Leben kommt, gibt es nicht nur die private Trauer ihrer Familie, sondern es entsteht eine kollektive Anteilnahme der Öffentlichkeit (man könnte das den «Lady Di-Effekt» nennen).
2. Zum anderen betrifft die Zurechnungsfähigkeit eines Staatslenkers immer die Öffentlichkeit. Deswegen soll die Tragödienhandlung immer eine von allgemeinem Interesse sein (Staatsaktion). Das erhöht die Relevanz der privaten Verirrung des Tragödienhelden. Wenn zum Beispiel ein Staatschef eine persönliche Verfehlung begeht, interessiert dies nicht nur seine Familie, sondern auch die ganze Nation. Diese Verfehlung kann zu grösseren Konsequenzen führen, als wenn eine unbedeutende Person das Gleiche gemacht hätte.

Katharsis

Katharsis ist die Wirkung der Tragödie im Zuschauer.
Nach Aristoteles bewirkt die Tragödie in den Zuschauern eine Reinigung der Seele (Katharsis). Bestimmte Leidenschaften (Affekte) sollen, wenn nicht beseitigt, so doch gezügelt werden. Der Zuschauer lernt in der Tragödie, dass man seiner Leidenschaft nicht freien Lauf lassen darf. Das hat eine stabilisierende Wirkung auf das menschliche Zusammenleben.

Phobos und Eleos

Die Katharsis besteht für Aristoteles aus «phobos» und «eleos». Die Tragödie führt gezielt eine emotionale Erregung (phobos) herbei, die sich dann im Mitleid mit dem sterbenden Helden (eleos) löst. Der Held stirbt also stellvertretend für alle Menschen. Diese können aus seinem negativen Vorbild lernen, wohin es führt, sich den Leidenschaften auszuliefern.

Katharsis	=	phobos	+	eleos
		↓		↓
		Furcht vor Leidenschaft	+	Mitleid mit dem Helden

Man hat nur deswegen Mitleid mit dem Helden, weil er an einer Leidenschaft, die man selber auch kennt, zugrunde geht. Indirekt hat man also Mitleid mit sich selber und man erwirbt deswegen auch eine Furcht vor der Leidenschaft, an welcher der Held zugrunde geht.

Man kann die Wirkung der aristotelischen Katharsis unterschiedlich auffassen:

Katharsis als Befreiung
Der Schreck vor der Leidenschaft führt nach dem Tod des Helden zu einer emotionalen Entspannung des Zuschauers.

Katharsis als warnendes Beispiel
Bis weit in die moderne Zeit verstand man die Tragödie als warnendes Beispiel. Noch im 18. Jahrhundert hielt Gottsched die Tragödie als eine «Schule der Geduld und Weisheit, eine Vorbereitung zu Trübsalen, eine Aufmunterung zur Tugend, eine Züchtigung der Laster» (Johann Christoph Gottsched, 1729, zitiert nach Allkemper/Eke, S. 116).

Anagnorisis

Anagnorisis (griech. Wiedererkennung) ist die plötzliche Offenbarung eines verborgenen Zusammenhangs. Sie bezeichnet entweder die Einsicht des fehlbaren Tragödienhelden in die eigene Schwäche oder sie bezeichnet die Einsicht einer anderen Figur (oft des Antagonisten) in die eigene Fehlbarkeit. In beiden Fällen folgt oft die Reue für die falschen Entscheide oder das schlechte Handeln.

Anagnorisis = Einsicht in ein falsches Verhalten

Die drei Einheiten und der Vers

Ebenfalls auf die Antike zurück gehen zwei weitere Elemente der klassisch-aristotelischen Tragödie: die sogenannten drei Einheiten und der Vers.

Die drei Einheiten

Ursprünglich spielte man Dramen am Tag unter freiem Himmel vor einer nicht veränderbaren Steinmauer. Daraus ergaben sich einige praktische Konsequenzen, aus denen schliesslich dramaturgische Regeln wurden, die drei sogenannten Einheiten.

Einheit des Ortes	• Ein Schauplatz (in der antiken Tragödie vor der Stadtmauer, vor dem Königspalast u. Ä.) • Keine Szenenwechsel
Einheit der Zeit	• (Angestrebte) Kongruenz von Spielzeit und gespielter Zeit (Zeitdeckung) • Zeitdauer höchstens ein Tag (von Sonnenaufgang bis Sonnenuntergang) • Keine Zeitsprünge
Einheit der Handlung	• Beschränkung auf eine Leidenschaft pro Tragödie • Haupthandlung ist Staatsaktion • Nebenhandlung nur im Dienste der Haupthandlung

Vor allem die beiden ersten Einheiten hatten ursprünglich ganz praktische Gründe. Im neuzeitlichen Theater mit veränderbaren Bühnen und Lichtgestaltung wurden sie bald unnötig. Vor allem die Einheit des Ortes empfand man als Bevormundung. Die Einheit der Zeit hat allerdings einen dramaturgisch willkommenen Nebeneffekt: Sie beschleunigt und konzentriert die Handlung und ist damit ein Spannungselement. Die Einheit der Handlung wird beispielsweise in Shakespeares Tragödien nicht eingehalten. Er kombiniert Haupt- und Nebenhandlungen frei und scheut auch nicht davor zurück, die Nebenhandlungen der Tragödie komödiantisch zu gestalten.

Der Vers

Die Tragödie ist die Königsgattung. Die Protagonisten sind hochgestellte Persönlichkeiten, Staatslenker, Prinzen und oft Könige. Sie sprechen nicht wie das gewöhnliche Volk. Deshalb ist eine klassische Tragödie immer in Versen verfasst. In der deutschen Tragödie hat sich ein besonderer Vers dafür herausgebildet, der Blankvers. Er besteht aus 5 Jamben (d. h. fünf Abfolgen von unbetonten und betonten Silben, siehe S. 129):

◡– ◡– ◡– ◡– ◡–

Beispiel

KENNEDY. Was mácht Ihr, Sír? Welch néue Dréistigkéit!
Zurück von díesem Schránk!
PAULET. Wo kám der Schmúck her?
Vom óbern Stóck ward ér herábgewórfen,
Der Gärtner hát bestóchen wérden sóllen
Mit díesem Schmúck – Flúch über Wéiberlíst!

Friedrich Schiller, Maria Stuart, Anfang

Blankvers = Häufigster Dramenvers in der deutschen Tragödie

Die Komödie

Die Komödie ist spätestens seit der Barockzeit eine sehr populäre Gattung. Das Bauprinzip der Komödie ist mit der Tragödie vergleichbar.

Tragödie – Komödie

Aus dem Vergleich der Abweichungen lässt sich das Wesen der Komödie gut erkennen.

Tragödie (Trauerspiel)	Komödie (Lustspiel)
Charaktere, Helden	Typen
Menschliche Leidenschaften (Affekte) (Liebe, Trauer, Rache usw.)	Menschliche Laster (Geiz, Einbildung, Arroganz, Menschenfeindlichkeit, Stolz usw.)
Staatsaktion	Alltagshandlung
Leidenschaft, die zu Konflikt führt	Verwechslung, die zu Konfusion, Verwirrung und Verwicklung führt
Ständeklausel (Protagonisten stammen aus dem Adel)	Ständeklausel (Protagonisten stammen aus dem Volk)
Held in einer schicksalhaften Verstrickung	Typus verkörpert alltägliche Laster und Schwächen
Scheitern des Helden	Versöhnlicher Ausgang
Wirkung Katharsis: Reinigung der Affekte	Wirkung Komik: Verspottung der Laster
Hoher Stil, Vers	Umgangssprache, Prosa

Lachen über das Laster

Die Wirkung der Komödie beruht auf dem Lächerlichmachen von Lastern. Ein gesellschaftlich unerwünschtes Laster – z. B. Einbildung, Schwatzhaftigkeit, Verleumdung – verführt den Helden zu einem ungebührlichen Verhalten. Es führt ihn in Verstrickungen, in denen er sich lächerlich verhält. Der Zuschauer findet sich demnach in einer Rolle wieder, in der er etwas auslacht, wofür er selber nicht ausgelacht werden möchte. Damit wird die Komödie zum Instrument der moralischen Belehrung und der Sozialdisziplinierung.

Verwechslung, Verwirrung, Vertauschung und Verkleidung

Zentrales Handlungselement einer Komödie ist die Verwechslung. Der Konflikt entsteht also nicht wie in der Tragödie aufgrund einer treibenden Leidenschaft. Der Komödienkonflikt kann entstehen durch die Vertauschung der Rollen, das Spielen mehrerer Rollen gleichzeitig, durch Verkleidung, Zerstreutheit, falsche Anschuldigung, Unaufrichtigkeit oder – häufig – durch Intrige.

Komik

Das zentrale Element der Komödie ist die Komik. Während die Wirkung der Tragödie die Katharsis ist, die Furcht vor den Leidenschaften und das Mitleid mit dem Helden, wirkt die Komödie über die Komik, die Verspottung der Laster und Schwächen der Menschen. Die Zuschauer sollen in der Komödie befreiend lachen und damit immer auch ein bisschen sich selber meinen.

Formen der Komik

Alltägliche Formen der Komik

Komik entsteht erstens durch einen Widerspruch zur Norm, zweitens durch den Kontrast von Erwartung und Entstellung. Komik entsteht drittens aber auch durch peinliche Ereignisse, worüber gelacht wird nach dem Motto: «Gut, dass mir das nicht selber passiert.» Komik führt nicht immer zu einem befreienden Lachen. Manchmal bleibt einem das Lachen auch im Halse stecken.

		Übertretung von Normen
Komik	=	Bruch mit der Erwartung
		Auslachen einer Peinlichkeit

Erwartungsbruch	• Es geschieht etwas, was man nicht erwartet hat.
Regelbruch	• Jemand tut etwas, was man eigentlich nicht darf. • Jemand tut oder sagt etwas, wozu er nicht befugt ist.
Peinlichkeiten	• Jemandem passieren Dinge, die einem selber peinlich sind.

Literarische Formen der Komik

Man unterscheidet drei Grundformen der Komik in der Komödie:

Situationskomik	Entsteht durch unangemessenes Verhalten in einer bestimmten Situation: • Falsche Person platzt herein. • Jemand sagt etwas Unpassendes. • Ein Scherz, eine Handlung oder eine Geste werden mehrfach wiederholt (sog. Running Gag) usw.
Sprachkomik	Entsteht durch das Spiel mit Worten: • Versprecher • Verwechslung der Wörter • Ironie • Sprachspiele (z. B. durch Mehrdeutigkeit) usw.
Typenkomik	Entsteht durch die Figur entweder als Rollentypus: • betrogener Betrüger, umsonst Eifersüchtiger usw. • Spassvogel wie Tollpatsch, Harlekin, Hanswurst, Kasper, Clown usw. oder als Funktionstypus: • durch Kontrast im Verhalten zu anderen handelnden Figuren, etwa durch besondere Ernsthaftigkeit, Engstirnigkeit, Unbeholfenheit, Unwissenheit usw.

Die Oper

Das Musiktheater variiert seit dem 17. Jahrhundert die traditionellen Muster von Tragödie und Komödie in Oper und Operette oder seit dem 20. Jahrhundert im sogenannten Musical.

Bestandteile einer Oper

Die Oper (von italienisch «opera in musica», musikalisches Werk) entstand im 17. Jahrhundert. Sie vereint eine szenisch-dramatische Handlung und Musik. Die Musik wird zum Träger der Handlung und zur simultanen Untermalung der Gefühle. Zu einer Oper gehören folgende Bestandteile:

Libretto	Der Text, welcher der Oper zugrunde liegt
Partitur	Die Noten, nach der die Musik gespielt wird
Rezitativ	Deklamation: Sprechgesang (im Gegensatz zum gesungenen Lied)
Arie	Sologesang (entspricht Monolog), begleitet durch Orchestermusik
Duett, Terzett	Komposition für zwei resp. drei Singstimmen (entspricht Dialog), begleitet durch Orchestermusik
Ballett	Tanz auf der Bühne, begleitet durch Orchestermusik
Kulisse	Opulentes, prächtiges Bühnenbild

Beispiel
Die Oper «Figaros Hochzeit» von Wolfgang Amadeus Mozart (1756–1791) geht auf die Komödie «La Folle Journée ou le Mariage de Figaro» (Uraufführung 1784) des populären Pierre-Augustin Caron de Beaumarchais (1732–1799) zurück. Lorenzo da Ponte schrieb für die Opernumsetzung das Libretto. Beaumarchais' Komödie wurde auch von Gioacchino Rossini zu einer Oper vertont.

Komposition	Libretto	Oper
Wolfgang Amadeus Mozart	Lorenzo da Ponte auf der Grundlage von Beaumarchais' Komödie	Le nozze di Figaro (Figaros Hochzeit), 1786
Gioacchino Rossini	Cesare Sterbini auf der Grundlage von Beaumarchais' Komödie	Il barbiere di Siviglia (Der Barbier von Sevilla), 1816

Operette/Musical

Die Operette (frz. «kleine Oper») richtet sich besonders an ein breites Publikum und will unterhalten. Sie erreichte ihren Höhepunkt im 19. Jahrhundert als «niederes» Genre für die breite Allgemeinheit, auch unter der Bezeichnung «komische Oper». Die Weiterentwicklung der Operette im populären Musiktheater führte zu Beginn des 20. Jahrhunderts zur Entwicklung des sogenannten «Musicals».

Geschlossenes und offenes Drama

Der deutsche Germanist Volker Klotz (geb. 1930) fasste die modernen Dramenformen 1960 in seiner Abhandlung «Geschlossene und offene Form im Drama» unter dem Begriff «Offene Form» zusammen. Vorläufer der offenen Formen des Dramas entstanden ab der Sturm-und-Drang-Zeit. Seit dem 20. Jahrhundert überwiegen die offenen Formen.

Geschlossene und offene Form

Muster der geschlossenen Form ist die Tragödie mit ihrer Regelhaftigkeit und der Konzentration auf einen Helden, einen Affekt und einen Konflikt. Die offene Form unterscheidet sich in vielerlei Hinsicht von der geschlossenen; die Liste gibt nur eine Auswahl an Aspekten.

Geschlossene Form	Offene Form	
• Klassisch-regelstreng • Konzentration auf wenige Figuren • Einheit von Zeit und Ort	• Weniger regelhaft • Vielzahl der Figuren • Ausschnitte aus der Handlung, Vielzahl von Schauplätzen	**Komposition**
Katharsis, moralische Belehrung	Aufruf zur Problemlösung	**Wirkung**
Zeitlose Themen	Zeittypische Probleme	**Themen**
• Einsträngige Handlung • Kontinuität • Abgeschlossene Handlung	• Mehrere Handlungsstränge • Sprünge über grosse Zeiträume • Plötzlicher Beginn der Handlung • Offener Schluss	**Handlung**
• 5 Akte • Betonung des Aktes	• Unbestimmte Anzahl Akte • Betonung der Szene	**Aufbau**
Kunstsprache/Vers	Zeitgenössische Umgangssprache/Prosa	**Sprache**
• Ausschnitt als Ganzes • Einheit	• Das Ganze in Ausschnitten • Vielheit	**Fazit**

Vorläufer der offenen Form

Volksstück	• Volkstümliches Theaterstück für ein breites Publikum (ohne künstlerischen Anspruch) • Zeittypische menschliche Schwächen oder Alltagssorgen als Thema • Meist derbe Sprache und Handlung • Meist von Laien gespielt • Seit dem frühen Mittelalter bekannt (Marienspiel, Fastnachtsspiel usw.)
Soziales Drama (z. B. Lenz, Büchner, Hauptmann)	• Fokus auf die Psychologie (innere Handlung) • Prosa • Protagonisten aus dem Gross- und dem Kleinbürgertum • Auflösung des Spannungsbogens, starke Betonung der Szene

Bürgerliches Trauerspiel

Die klassische Tragödie geht davon aus, dass der Sturz besonders imponierend wirke, wenn der Held adelig sei. Diese Theorie der Fallhöhe korrigierte Gotthold Ephraim Lessing. Seine Überlegungen zielten dahin, dass sich die Zuschauer leichter in den Helden einfühlen können, wenn er von gleicher Herkunft ist wie sie.

Bürgerliche Protagonisten und bürgerliche Werte

Das bürgerliche Trauerspiel entsteht im 18. Jahrhundert aus einem neuen Selbstbewusstsein des städtischen Bürgertums, das Kritik an der Ständegesellschaft übt und der Aristokratie eine «bürgerliche» Moral entgegenstellt. Das bürgerliche Trauerspiel schafft die Ständeklausel ab, wonach Tragödienhelden aus dem übergeordneten Stand der Aristokratie stammen müssen. Es stellt die Standeskonflikte zwischen Bürgertum und Adel oder zwischen Klein- und Grossbürgertum dar.

Höfische Unmoral versus bürgerliche Moral

Das Trauerspiel «Emilia Galotti» von Gotthold Ephraim Lessing (1729–1781) aus dem Jahr 1772 schildert den hinterhältigen Versuch des lustfixierten Prinzen, die Bürgerstochter Emilia Galotti zu erlangen. Dazu sind ihm bzw. seinem Berater Marinelli alle Mittel recht. Emilias Vater ist der rechtschaffene Odoardo, der seine Tochter zu strengem Gehorsam und frommer Lebensführung erzogen hat. Ihre Mutter Claudia hingegen fühlt sich zum höfischen Leben hingezogen. Emilia ist sich nicht sicher, ob sie dem Werben des Prinzen standhalten kann, und bittet ihren Vater, sie zu töten. Lessings Trauerspiel prangert den verdorbenen Adel ebenso an wie die zu strenge Moral des Bürgertums.

Empathie (Einfühlung)

Gotthold Ephraim Lessing interpretiert den Begriff «Katharsis», den Aristoteles geprägt hat, neu: Für ihn entsteht die reinigende Wirkung über die Identifikation mit dem Helden. Erst wenn sich der Zuschauer im Helden wiedererkennen kann, weil er sich in ihn hineinversetzt, vermag die Tragödie ihre Wirkung entfalten. Der Zuschauer verspürt zwar auch Furcht vor der Leidenschaft, weil er sie in sich selber ebenfalls erkennt. Die Katharsis liegt aber nicht so sehr in der Furcht vor der Leidenschaft. Sie soll vielmehr Rührung (eleos) im Sinne von Mitgefühl für den Helden einüben. Die Tragödie ist für Lessing also eine Schule der Empathie. Die Katharsis schult demnach für Lessing die Fähigkeit, Mitgefühl zu empfinden und sich mit den Mitbürgern zu solidarisieren.

> Die Namen von Fürsten und Helden können einem Stücke Pomp und Majestät geben; aber zur Rührung tragen sie nichts bei. [...] Wenn wir mit Königen Mitleiden haben, so haben wir es mit ihnen als mit Menschen, und nicht als mit Königen. Macht ihr Stand schon öfters ihre Unfälle wichtiger, so macht er sie darum nicht interessanter.
>
> Gotthold Ephraim Lessing, Hamburgische Dramaturgie, 14. Stück, 16. Juni 1767

Mit der Forderung, die Tragödienhelden sollen Identifikation ermöglichen, interpretiert Lessing nicht nur die Katharsis neu, sondern schafft damit auch die Ständeklausel und damit verbunden die Fallhöhe und die Staatsaktion ab.

Mitleid mit dem unschuldigen Helden

Der Zuschauer empfindet Mitleid mit dem Helden des bürgerlichen Trauerspiels, weil er sich in ihm wiedererkennen kann. Im Gegensatz zur klassischen Tragödie stirbt der Held des bürgerlichen Trauerspiels allerdings unschuldig. Das erhöht das Mitleid des Zuschauers noch zusätzlich. In Lessings «Emilia Galotti» beispielsweise ist die Heldin ein heranwachsendes Mädchen. Emilia stirbt, obwohl sie sich – anders als die von Leidenschaften gesteuerten Helden der klassischen Tragödie – nichts hat zuschulden kommen lassen.

Neuerungen des bürgerlichen Trauerspiels

Das bürgerliche Trauerspiel weist im Vergleich zur klassischen Tragödie eine Reihe von Änderungen auf:

- Verlagerung der tragischen Handlung in die Welt des Bürgertums
- Abschaffung der Ständeklausel, Verzicht auf Fallhöhe und Staatsaktion (siehe S. 85)
- «Natürliche Personen» (Figuren mit Identifikationspotential für die Zuschauer)
- Thema: zeittypische Probleme (weniger die zeitlosen Affekte)
- Figuren sprechen Prosa statt Vers
- Neuinterpretation der Katharsis (siehe S. 86)

Das naturalistische Drama

Die Abschaffung der Ständeklausel im bürgerlichen Trauerspiel findet im Drama des Naturalismus ihre logische Fortsetzung: Das naturalistische Drama verlegt das tragische Geschehen ins kleinbürgerlich-proletarische Milieu. Beabsichtigt ist eine genaue Milieuzeichnung. Es geht nicht um Aufstieg und Fall eines Helden, sondern um die misslichen Lebensumstände der Figuren. Das naturalistische Drama schildert diese möglichst realitätsgetreu, eben naturalistisch.

Die innere Dramatik

Das naturalistische Drama zeigt keine äusseren Vorgänge, sondern die Reaktion der Betroffenen darauf. Die Personen handeln nicht, sondern sind Opfer ihrer Lebensumstände und neigen zu Verzweiflungstaten. Die Personen erscheinen als von ihrem Milieu bestimmt, d. h. ohne Wahlfreiheit in ihren Handlungen.
Frau John in Gerhart Hauptmanns Tragikomödie «Die Ratten» zum Beispiel schwatzt dem unehelich schwangeren und noch sehr jungen Dienstmädchen Pauline Piperkarcka deren Kind ab, um das verstorbene eigene zu ersetzen. Nicht der Kauf des Kindes wird allerdings dargestellt, sondern die um die Mutterschaft ringende Frau John und der Kampf des Dienstmädchens um ihr eigenes Kind.

Wirkung

Naturalistische Dramen zielen nicht auf eine kathartische Wirkung. Sie wollen das Publikum über die realitätsgetreue Schilderung der Lebensumstände der Unterschicht aufrütteln.

Ungeschminkte Darstellung des Milieus → Aufschreckung und Aufrüttelung des Publikums → Ziel: Verbesserung der Umstände

Neuerungen des naturalistischen Dramas

Das naturalistische Drama neigt zur geschlossenen Form. Es führt allerdings viele Neuerungen ein: In Hauptmanns «Die Ratten» werden zwei voneinander unabhängige Handlungsstränge dargestellt. Die Komödie «Der Biberpelz», ebenfalls von Gerhart Hauptmann, enthält vier Akte. Der 5. Akt und damit der Schluss fehlen.

Sekundenstil

Die weitestreichende Neuerung ist der «Sekundenstil». Damit wird die vom Naturalismus entwickelte Technik bezeichnet, die Wirklichkeit möglichst getreu abzubilden. Um dem natürlichen Sprechen möglichst nahezukommen, bildet der Sekundenstil auch Stottern, Stammeln, Dialekt, Ausrufe, Atempausen, unvollständige Sätze usw. ab. Sekundenstil zeigt sich auch in den langen, exakten Regieanweisungen, die auf eine möglichst realitätsgetreue Bühnengestaltung abzielen.

Das naturalistische Drama im Überblick
- Genaue Darstellung des Milieus von Personen aus der Unterschicht
- Die Personen reden, wie ihnen der Schnabel gewachsen ist (also je nachdem stottern sie, sprechen Dialekt usw.).
- Die Personen haben keine oder nur eine sehr begrenzte Einsicht in ihre Abhängigkeiten. Sie sind ohnmächtige Opfer und nicht handelnde Helden. Sie erscheinen als von ihren Lebensumständen geprägt.
- Sekundenstil

Das epische Theater

Die wichtigsten Neuerungen für das moderne Drama schuf Bertolt Brecht (1898–1956) mit dem «epischen Theater». Es «verfremdet» die Handlung auf der Bühne mit der Absicht, den Zuschauer zu verblüffen, damit er die Welt hinterfragt.

Dramatische und epische Form

Brecht geht davon aus, das herkömmliche «dramatische Theater» würde vom Publikum passiv konsumiert. Dem stellt er sein «episches Theater» gegenüber. Das wichtigste Prinzip des epischen Theaters ist die Vermeidung der Identifikation mit dem Dargestellten. Dazu setzt es Elemente der Epik ein, d. h. es erzählt Handlung auf der Bühne und verfremdet damit die dargestellte Realität.

Dramatische Form	Epische Form	
Zuschauer wird in eine Handlung hineinversetzt	Zuschauer wird der Handlung gegenübergesetzt	**Darstellung**
Mitgefühl mit Helden	Distanz zu Figuren	**Zuschauer**
Ermöglicht Gefühle und Erlebnis	Erzwingt Nachdenken und Erkenntnis	**Wirkung**
Suggestion und Illusion	Desillusionierung und Verfremdung	**Funktion**
Szenen beziehen sich linear aufeinander	• Jede Szene für sich • Sprünge zwischen Szenen	**Aufbau**
Zeitlose Affekte	Veränderbarkeit der Situation	**Inhalt**

nach Brechts Anmerkung zu seiner Oper «Aufstieg und Fall der Stadt Mahagonny», 1931

Wirkung des epischen Theaters

Die Wirkungsweise des epischen Theaters stellt die folgende Abbildung dar:

Brechts Ziel: Verstörung statt Einfühlung

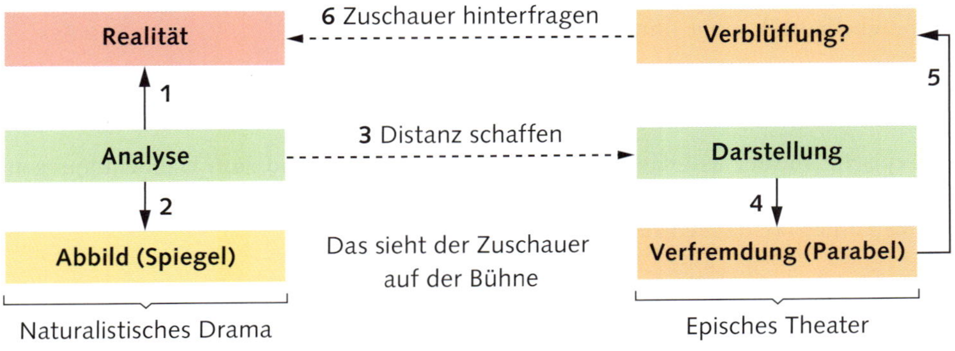

Die Aufgabe des Dramendichters ist es, die Realität zu analysieren **1**. Wenn er sie allerdings auf der Bühne so wiedergibt, wie er sie antrifft **2** (was das naturalistische Drama macht), schafft er keine Distanz zwischen Publikum und Darstellung. Distanz schafft er nur **3**, indem er die auf der Bühne gezeigte Darstellung verfremdet **4**, was im Zuschauer Verblüffung, Ratlosigkeit oder Verstörung auslöst **5**. Der Zuschauer beginnt über das Dargestellte nachzudenken und findet dadurch einen kritischen Zugang zur Realität **6**.

Verfremdung

Verfremdung ist nach der Definition des Philosophen Georg Wilhelm Friedrich Hegel (1770–1831) «die Negation der uns bekannten Wirklichkeit». Prinzipiell kann jedes Mittel als Verfremdungs-Effekt, kurz V-Effekt dienen. Brecht selber arbeitet unter anderem mit folgenden Mitteln:

V-Effekte im Dramenganzen

- Sprache: Die Gangster in «Arturo Ui» etwa sprechen reinen Blankvers, die Mutter in «Mutter Courage und ihre Kinder» wiederum übelste Gossensprache.
- Versetzung der Handlung in eine fremde und unpassende Umgebung (z. B. in «Die Heilige Johanna der Schlachthöfe»)
- Reduktion auf wenige Merkmale (z. B. in «Spitzköpfe und Rundköpfe»)
- Charakterisierung der beliebten und geachteten Hauptperson als unsympathisch (wie z. B. Galilei in «Galileo Galilei»)

V-Effekte innerhalb des Stücks

- Überspitzung, Satire, Übertreibung, Komik
- Musik und Gesang kommentieren die Handlung wie der antike Chor. Beide, Musik wie Gesang, klingen absichtlich schrill und falsch (wie z. B. in der «Dreigroschenoper»).
- Am Anfang oder am Ende von Szenen geben Tafeln Erklärungen oder Interpretationen. In «Arturo Ui» verweisen die Tafeln auf die Etappen der nationalsozialistischen Machtergreifung.
- Ein Schauspieler spricht im Prolog oder Epilog direkt zum Publikum.

Lehrstück

Indem das epische Theater die Realität verfremdet darstellt, löst es die Realität aus ihrer Zeitgebundenheit und wird zur Parabel. Brecht erzählt seine Stücke parabelhaft, d. h. anhand eines gleichnishaften Geschehens. Die Erzählung ist nur vordergründig fiktional. (Der «Aufhaltsame Aufstieg des Arturo Ui» ist derjenige Hitlers.) Brecht erzählt anhand zugespitzter Modelle. Seine Stücke wollen etwas zeigen, etwas bewirken. Er nannte sie deshalb Lehrstücke. Brecht war ein politischer Mensch. Das epische Theater ist ein «proletarisches Theater» insofern, als Brecht für den «kleinen Mann» Stellung bezieht. Dementsprechend ist die parabelhafte Aussage immer auch eine politische Aussage.

Offener Schluss

Das epische Theater will das Publikum zum Nachdenken und zum Handeln anregen. Indem sogar der Schluss offenbleibt, hat der Zuschauer die Möglichkeit, sich über die Vorführzeit hinaus Gedanken zu machen.

Das epische Theater im Überblick

- Vermeidung von Identifikation mit Personen und Handlung
- Spiegel der Realität, aber nicht wirklichkeitsgetreu, sondern mittels Verfremdung (um als erwünschte Wirkung eine Verstörung des Publikums auszulösen)
- Lehrstück (also Parabolik)
- Offener Schluss

Dokumentarisches Theater

Aus der Protesthaltung der Literatur der 60er-Jahre des 20. Jahrhunderts heraus entstand das dokumentarische Theater oder Dokumentartheater. Es geht von der Idee aus, Stoffe von gesellschaftspolitischer Brisanz den Zuschauern ungefiltert vor Augen zu führen. Es bezweckt eine Auseinandersetzung mit gesellschaftlichen Realitäten.

O-Ton

Das Dokumentartheater verarbeitet Originalton, der aus Erfahrungsberichten, Interviews, Gerichtsverhandlungen usw. gesammelt wird. Es scheint realitätsnah, da es auf authentischen Quellen beruht. Die künstlerische Leistung der Autoren besteht in der Auswahl und Anordnung des Materials. Die Aufgabe des Dokumentarautors ist die Archivarbeit. Als Schöpfer eines künstlerischen Werks tritt er zurück.

Das Stück von Heinar Kipphardt (1922–1982) «In der Sache J. Robert Oppenheimer» aus dem Jahr 1964 nimmt den Hochverratsprozess gegen den amerikanischen Physiker und Vater der Atombombe Oppenheimer auf.

MORGAN. Wollen Sie einem alten Praktiker sagen, Doktor Oppenheimer, dass Sie die Atombombe gebaut haben, um irgendein Schlaraffenland zu machen? Oder haben Sie sie gebaut, um sie zu verwenden und mit ihr den Krieg zu gewinnen?
OPPENHEIMER. Wir haben sie gebaut, um zu verhindern, dass sie verwendet wird. Ursprünglich jedenfalls.
ORGAN. Sie haben zwei Milliarden Steuergelder verbraucht, um zu verhindern, dass sie verwendet wird?
OPPENHEIMER. Um zu verhindern, dass sie von Hitler verwendet wird. Es stellte sich am Ende heraus, dass es ein deutsches Atombombenprojekt nicht gab. – Wir haben sie dann trotzdem verwendet. –
MORGAN. Ich bitte um Entschuldigung, Sir, wurden Sie in einer bestimmten Phase der Entwicklung nicht wirklich gefragt, ob die Bombe gegen Japan verwendet werden sollte?
OPPENHEIMER. Wir wurden nicht gefragt ob, sondern ausschliesslich wie sie verwendet werden sollte, um die beste Wirkung zu haben.

Heinar Kipphardt, In der Sache J. Robert Oppenheimer, Frankfurt [Suhrkamp] 1989, S. 15

Suggestion

Dokumentarische Theaterstücke wirken durch ihre Unmittelbarkeit stark suggestiv. Sie werfen weitreichende Fragen auf, denen sich die Zuschauer unweigerlich ausgesetzt sehen. In Kipphardts Stück sind dies:

- die Frage nach der Rolle eines Wissenschaftlers, nach seiner Verantwortung, seiner Macht, aber auch nach seiner Bewältigung von Schuld
- die grundsätzliche Frage nach der Vereinbarkeit von Wissenschaft und Politik, besonders in den umstrittenen Bereichen der Friedens- und der Energiepolitik
- die entscheidende Frage nach dem Problem von Loyalität zum Staat und den sich daraus ergebenden Konflikten von Macht und Gewissen

Indem dokumentarische Stücke den Zuschauer zum Zeugen des Dargestellten machen, vereinnahmen sie ihn stark.

Das dokumentarische Theater im Überblick

- Möglichst unmittelbare Darstellung historischer Ereignisse
- Auf der Grundlage authentischer Dokumente wie Gerichtsakten, Parlamentsprotokolle, Interviews
- Keine literarische Kunstsprache, sondern die Sprache der verwendeten Akten
- Keine unmittelbare Aussage der Stücke, sondern Aufwerfen von Fragen

Groteske und absurdes Theater

Die deutschsprachige Dramatik wurde in den 50er- und frühen 60er-Jahren von den Schweizern Max Frisch (1911–1991) und Friedrich Dürrenmatt (1921–1990) dominiert. Während Frisch sich stark an Brecht anlehnte, erfand Dürrenmatt eine neue Form der Komödie, die Groteske.

Die Groteske

Die klassische Tragödie hat einen Helden im Mittelpunkt, den seine Leidenschaft in einen schicksalhaften Konflikt stürzt. Sie geht also von einem Menschen im Zentrum des Geschehens aus. Die moderne Zeit prägen aber keine Einzelmenschen mehr, sondern Umstände und Sachzwänge. Wer trägt Schuld, wenn ein Flugzeug abstürzt: der Pilot, der Flugzeug-Ingenieur, das Flugzeugwerk, die Fluggesellschaft, das Wartungspersonal? Wenn es aber keine persönliche Verantwortung mehr gibt, so Dürrenmatt, lässt sich auch keine Tragödie schreiben. Übrig bleibt die Komödie.

> Die Tragödie setzt Schuld, Not, Mass, Übersicht, Verantwortung voraus. In der Wurstelei unseres Jahrhunderts [...] gibt es keine Schuldigen und auch keine Verantwortlichen mehr. Alle können nichts dafür und haben es nicht gewollt. [...] Uns kommt nur noch die Komödie bei.
>
> Friedrich Dürrenmatt, Theaterprobleme, 1952, in: F. D.: Theaterschriften und Reden, Zürich 1966, S. 122

Dürrenmatts neuer Komödienbegriff

Dürrenmatt nennt seine Stücke Komödien. «Wir können die Welt nicht mehr verstehen, sie nicht mehr beeinflussen, aber wir können über sie lachen.»

> Distanz wird durch den Humor möglich.
> Der Humor ist die Maske der Weisheit.
> Maskenlos ist die Weisheit unerbittlich.
> Der Humor macht das Unerbittliche erträglich.
>
> Friedrich Dürrenmatt, 55 Sätze zur Kunst und Wirklichkeit, 1977

Ihm schwebt aber nicht die Komödie im klassischen Sinne vor. Es geht nämlich nicht um das Lächerlichmachen einer menschlichen Schwäche, sondern um eine Art Galgenhumor in einer unbegreifbar gewordenen Welt. Dieser Humor ist eine Möglichkeit, die Wirklichkeit zu verzerren und so indirekt doch zu begreifen. Indem er Distanz schafft und den Zuschauer objektiv auf die Realität blicken lässt, gleicht Dürrenmatts Humor dem V-Effekt Brechts. Dürrenmatt prägte dafür den Begriff «Groteske».

In der Literatur verwendet man das Wort «Groteske» als Bezeichnung für die Technik der Schriftsteller, die bekannte Wirklichkeit zu überzeichnen, zu verfremden, lächerlich zu machen. Besonders stark wirkt die Groteske, wenn sie scheinbar durchschaubare Verhältnisse als verwirrend und undurchschaubar darstellt und sie somit hinterfragt.

Die schlimmstmögliche Wendung

Die «schlimmstmögliche Wendung» ist nicht schicksalhaft. Sie wird vom Menschen selber herbeigeführt, und zwar dadurch, dass er sich so verhält, als liessen sich alle Eventualitäten und Gefahren voraussehen. «Schlimmstmöglich» ist diese Wendung deshalb, weil sie letztlich unausweichlich wird.

> Ich gehe nicht von einer These aus, sondern von einer Geschichte. Geht man von einer Geschichte aus, muss sie zu Ende gedacht werden. Eine Geschichte ist dann zu Ende gedacht, wenn sie ihre schlimmstmögliche Wendung genommen hat. Die schlimmstmögliche Wendung ist nicht voraussehbar. Sie tritt durch Zufall ein.
>
> Friedrich Dürrenmatt, 21 Punkte zu den Physikern, 1962

In der Komödie «Der Besuch der alten Dame» verlangt eine Millionärin, die als Mädchen das Städtchen verlassen hat, den Tod ihres früheren Geliebten Ill als Gegenleistung für die wirtschaftliche Unterstützung der Region. Nach anfänglichem Zögern verschulden sich alle Städter dermassen, dass ihnen nichts übrig bleibt, als Ill tatsächlich zu töten (schlimmstmögliche Wendung).

Die Groteske im Überblick
- Vermischung von tragischem Stoff und lächerlicher Darstellung
- Humor als Demaskierung der Wirklichkeit
- Das Verhalten der Menschen führt zur schlimmstmöglichen Wendung.

Absurdes Theater

Hauptsächlich im französischen (Eugène Ionesco, Jean Genet, Alfred Jarry) und im englischen Sprachraum (Samuel Beckett, Harold Pinter) entstand um die Mitte des 20. Jahrhunderts das sogenannte «Absurde Theater» oder «Theater des Absurden». Es zeigt eine verzerrte Alltagswelt. Die Figuren nehmen die Aussenwelt nur durch die Brille ihrer Ängste, Zweifel, Zwangsvorstellungen und Wahnbilder wahr. Sie selber verhalten sich wie Marionetten. Eine äussere Handlung, die aus dem freien Willen der Figuren hervorginge, gibt es nicht. Die Figuren kommunizieren nicht miteinander, sondern kauen inhaltslose Sprachmuster und Klischees wieder.

«Die Nashörner» (Original: «Rhinocéros») ist ein Stück des rumänisch-französischen Dramatikers Eugène Ionesco (1909–1994) aus dem Jahr 1957. Es zeigt die fortschreitende «Vernashornung» einer Gesellschaft, eine Verwandlung, die allerdings nur von ganz wenigen wahrgenommen wird. Das Stück besteht im Wesentlichen in der Wiedergabe der sinnlosen und sich wiederholenden Kommentare der Figuren: Die scheinbar sinnlosen Ausrufe sind ein typisches Merkmal des absurden Theaters.

LOGIKER:	Oh, ein Nashorn!
ÄLTERER HERR:	Oh, ein Nashorn!
BEHRINGER:	Ein Nashorn! In umgekehrter Richtung!
KELLNERIN:	Oh, ein Nashorn!
WIRT:	Was ist das?
KELLNERIN:	Ein Nashorn.
LOGIKER:	Ein Nashorn, in vollem Lauf auf dem Bürgersteig gegenüber!

Eugène Ionesco, Rhinocéros

Das Hörspiel

Um die Mitte des 20. Jahrhunderts entwickelte sich mit der Popularisierung des Radios eine neue Form des Dramas: das Hörspiel.

Besonderheiten des Hörspiels

Im Unterschied zum aufgeführten Drama sieht man im Hörspiel keinen Schauplatz, keine äussere Handlung, keine Requisiten usw. Die Handlung muss noch intensiver als im Drama ausschliesslich durch die Figurenrede hergestellt werden.
Hörspiele werden ähnlich wie Dramen inszeniert. Allerdings verfügt der Hörspielregisseur nur über akustische Möglichkeiten:

- Rollen (aufgeteilt auf verschiedene Sprecherstimmen)
- Dialoge, Monologe (auch innere Monologe sind möglich)
- Erzählerrede möglich (im Gegensatz zum Drama)
- Geräusche (Klangfetzen wie das Abstellen einer Glasflasche auf einen Tisch, Alltagsgeräusche wie Wind in den Bäumen, vorbeifahrende Autos usw.)
- Ton- und Klangeffekte (wie verzerrte Stimmen, überschnelles Abspielen der Tonaufnahme, Überlagern der Tonspuren usw.)
- Musik und Gesang

Das Hören von Hörspielen verlangt eine hohe Konzentration. Aus diesem Grunde sind Hörspiele kürzer als Dramen. Die maximale Dauer liegt bei rund 90 Minuten.

Formen des Hörspiels

Hörstück	Das traditionelle Hörspiel spielt auf einer virtuellen «inneren Bühne». Verschiedene Sprecherrollen verkörpern Figuren, die allerdings körperlos bleiben, sodass die Hörspielästhetik viel mehr auf das Vorstellungsvermögen des Zuhörers einwirken muss. Beispiele: • Wolfgang Borchert, Draussen vor der Tür, 1947 • Günter Eich, Träume, 1950 • Friedrich Dürrenmatt, Die Panne, 1956 • Ingeborg Bachmann, Der gute Gott von Manhattan, 1958
Radio-Feature	Damit wird eine Sendeform des Radios bezeichnet, die ohne geschlossene Spielhandlung auskommt. Es handelt sich um eine Form des Berichts, die die besonderen Vorteile des Radios ausnutzt. Das Feature kombiniert Originaltöne wie Interviews, Gespräche und Geräusche mit den Kommentaren des Reporters. Das Feature ist mit dem dokumentarischen Theater verwandt.
Hörbuch	Ein professioneller Sprecher liest ein – allenfalls gekürztes oder adaptiertes – Werk vor, das ursprünglich nicht als Hörspiel geschrieben wurde.

Der Spielfilm

Ab Beginn des 20. Jahrhunderts entwickelte sich der Spielfilm, der im Gegensatz zu Dokumentarfilmen eine Handlung zeigt, als eigenständige dramatische Gattung. Bis heute hat er nicht wie befürchtet zum Untergang des Theaters geführt, ihm aber den Rang abgelaufen. Der Spielfilm ist zwar eine Form der Dramatik, doch er enthält auch wesentliche Elemente der erzählenden Prosa.

Gemeinsamkeiten des Spielfilms mit Dramatik und Epik

Der Spielfilm ist nicht einfach ein Drama, das auf Film aufgenommen wurde. Er verfügt über wesentlich mehr technische Möglichkeiten und verbindet die Dramenkunst mit dem Erzählen.

Elemente der Drameninszenierung	Elemente des Erzählens
• Schauspieler spielen in Figurenrollen. • Vorherrschendes Handlungselement ist der Dialog, selten der Monolog. • Die Handlung erfolgt im Wesentlichen über Bewegungen der Schauspieler. • Der Film kann akustische und visuelle Zeichen verwenden. • Der Film wird durch einen Regisseur inszeniert.	• Der Film kann die Handlung linear, mit Vorausdeutungen und Rückblenden oder als Montage darbieten. • Der Film verfügt über nahezu dieselben Möglichkeiten der Zeitgestaltung (siehe S. 37 ff.). • Verschiedene Erzählperspektiven simuliert der Film mit Kameraperspektiven. Allerdings bleibt die Sicht von aussen auf ein Geschehen in der Regel dominant. • Der Film kann aus der Sicht der handelnden Person erzählen oder von einem unsichtbaren Erzähler erzählt werden.

Unterschiede zwischen Drama und Spielfilm

Vom Drama, insbesondere von dem auf der Bühne inszenierten Stück, unterscheidet sich der Film in der Art und Weise, wie er den Zuschauer in die Illusion der erzählten Welt einbezieht.

Drama	Spielfilm
Der Theaterbesucher befindet sich immer ausserhalb der Handlung, …	Durch den Wechsel der Kameraperspektiven und den Schnitt der Szenen entsteht ein Wechsel von Distanz und Nähe, die …
… er sieht eine gespielte Handlung aus gleichbleibender Distanz.	… den Zuschauer unmittelbar in den Handlungsraum einbezieht. Er befindet sich zwar ausserhalb des Films, erlebt die Handlung aber weitgehend als eigene Erfahrung.
Die Schauplätze sind stilisiert.	Die Schauplätze sind real.
Die Handlungszeit ist stilisiert: Die aufgehende Sonne ist ein Scheinwerfer.	Die Handlungszeit ist real: Die aufgehende Sonne ist die Sonne.

Das Hollywood-Modell

Heute schreibt man keine Komödien und Tragödien nach klassischem Modell mehr. Ihren Platz hat der Spielfilm eingenommen. Das Grundmuster des klassischen Dramas ist in ein Spielfilmmodell übergegangen.

Der klassische Tragödienheld verstrickt sich in eine ausweglose Situation, in die er sich, getrieben von seinen Leidenschaften und seinem Streben, selber gebracht hat. Im Unterschied dazu gerät der moderne Spielfilmheld meist eher widerwillig in ein Abenteuer, das er zu bestehen hat. Die Spielfilme, jedenfalls die meisten aus der amerikanischen Filmtradition, bedienen sich eines Modells, das schon sehr alt ist.
Viele Mythen setzten es um, beispielsweise Homers «Odyssee», die Mythen von Parzival oder der Nibelungen. Es handelt sich um ein Modell, in dem ein noch ungeformter Held aufbricht, sich in Prüfungen bewährt, in Krisen zu scheitern droht und schliesslich lebenserfahren zurückkehrt.

Struktur von Spielfilmen

Spielfilme unterteilen die Handlung nicht in Akte wie die Dramen. Trotzdem orientieren sie sich an der traditionellen Akteinteilung. Die Spielfilmhandlung hat drei Erzählphasen und zwei Wendepunkte.

Phase 1 (1. Akt)	Wendepunkt A	Phase 2 (2. Akt)	Wendepunkt B	Phase 3 (3. Akt)
Neue Aufgabe und Trennung von der gewohnten Welt	Endgültiger Aufbruch von zuhause, der keine Rückkehr erlaubt	Reise bzw. Prüfungen in der fremden Welt	Erfolgreiches Meistern der Krise	Ankunft bzw. Rückkehr in die gewohnte Welt

Das Abenteuer macht den Helden erfahrener, erwachsener, er gewinnt Anerkennung. Er hat es also nach oben geschafft. Weil er eine schlimme Krise überwunden hat, spricht man deshalb auch von «Auferstehung».

Besonderheit von Spielfilmhelden
Mehr als im traditionellen Drama ist im Spielfilm die Vorgeschichte des Helden von Bedeutung. Häufig sind die Helden im Hollywood-Film nämlich auf irgendeine Art traumatisiert. Das heisst, sie werden getrieben von einem Erlebnis, das in ihrem früheren Leben stattgefunden hat. Dieses Trauma erklärt die Motive des Helden, die im Laufe der Handlung offengelegt werden.

Verlust	**Tod**	Eltern, Söhne, Töchter, Freunde, Lebensgefährten, Geschwister
	Trennung	Eltern, Lebensgefährten
Gewalterfahrung (selber erfahren oder beobachtet)		Vergewaltigung, Schläge, Mordversuch, Folter/Gefangenschaft
Berufliches oder persönliches Versagen		

Quelle: M. Krützen, Dramaturgie des Films, Frankfurt/Main 2006, S. 50

Episodenmodell des Spielfilms

Aufbruch und Rückkehr des Helden

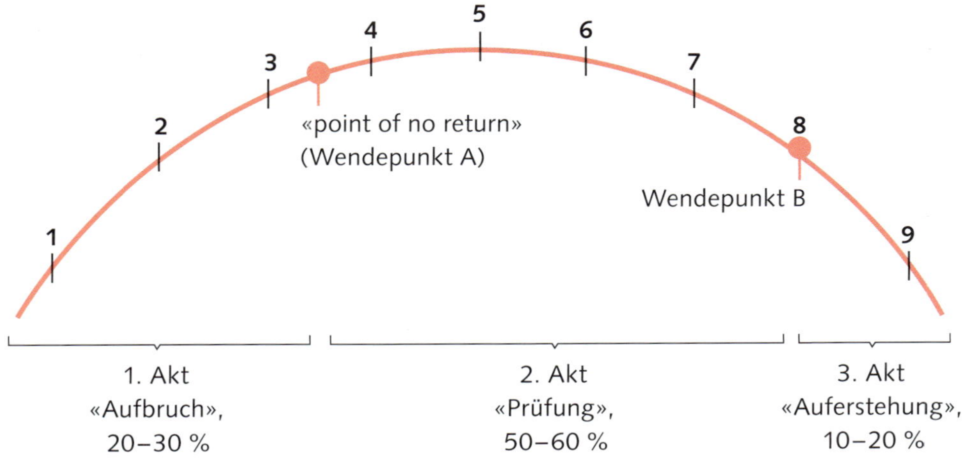

1. Held in seiner gewohnten Umgebung
2. Herausforderung, Auftrag resp. Sehnsucht. Held will/traut sich nicht, die Herausforderung anzunehmen
3. Ermutigung durch Umstände
4. Eintritt in die fremde Welt
5. Verbündete, Feinde: Konflikt
6. Entscheidende Prüfung; Krise durch drohendes Scheitern
7. Belohnung (muss nicht materiell sein, sie kann in einer Zunahme der Erfahrung bestehen. Häufig besteht sie in der Erfüllung eines Wunsches oder im Gelingen eines Vorhabens.)
8. Flucht, Verfolgung, neue Krise: «Abschlussprüfung»
9. Rückkehr mit Gewinn (Wissen, Erfahrung, Schatz usw.)

Spielfilme adaptieren das Tragödienmodell von Aufstieg und Fall eines Helden zu einem Modell von Aufbruch und Rückkehr des Helden. Die Tragik besteht nicht mehr im Scheitern des Helden, sondern darin, dass der Held knapp grosser Gefahr entronnen ist.

Grundmuster von Dramen und Spielfilmen

Das traditionelle Dramenmodell und das Episodenmodell des Spielfilms haben etliche Gemeinsamkeiten. Es zeichnet sich in der abendländischen Kultur ein Grundmuster aller dramatischen Handlungen ab.

- Im Mittelpunkt steht immer ein Held (Protagonist), der Herausforderungen gegenübersteht.
- Tragödie: Einem ersten Bestehen folgen die Krise und das endgültige Scheitern.
- Moderner Spielfilm: Einem ersten Scheitern folgen die Krise und das endgültige Bestehen.
- Dramatische Handlungen haben immer einen klaren Schlusspunkt (Katastrophe oder Auflösung der Verstrickungen mit Happy End).

Filmisches Wahrnehmen

Die Einbindung des Zuschauers in den Handlungsraum ist das entscheidende Wirkungsprinzip des Films. Es wird erzeugt durch:

- Kameraperspektiven
- Beleuchtung und Akustik
- Kameraeinstellung/Fokus
- Einstellungslänge und Schnitt resp. Blende
- Schwenk, Fahrt, Zoom

Die Nähe und die Distanz der Kamera zum Dargestellten steuern die emotionale Einbindung des Zuschauers. Man unterscheidet zwischen Kameraperspektive und Kameraeinstellung (Fokus).

Kameraperspektiven

Normalansicht
Diese Perspektive entspricht den normalen Sehgewohnheiten. Sie vermittelt das Gefühl neutraler Beobachtung.

Froschperspektive
Die Sicht von unten erweckt den Eindruck von Wucht und Grösse des Objekts. Die dargestellte Figur wirkt überlegen; die Zuschauer fühlen sich ihr unterlegen. Diese Perspektive kann Ehrfurcht, Einschüchterung und ähnliche Gefühle auslösen.

Vogelperspektive
Die Zuschauer sehen auf das Geschehen herab. Die dargestellten Objekte wirken kleiner, harmloser. Diese Perspektive kann Gefühle wie Geringschätzung, Verachtung, Mitleid hervorrufen.

Beleuchtung und Akustik

Der Film verfügt über ähnliche Beleuchtungsmöglichkeiten wie das Drama: Licht und Schatten. Licht kann aus vier Richtungen auf ein Geschehen fallen und dient unterschiedlichen Belangen:

Ausleuchtung Das Licht dient der Beleuchtung des Schauplatzes. Das Licht – künstliches oder Tageslicht – fällt von oben und beleuchtet alles gleichmässig.

Stimmungslicht Das – meist künstliche – Licht dient atmosphärischen Belangen. Dazu können z. B. Kerzen oder Fackeln o. ä. eingesetzt werden.

Fokuslicht Licht fällt aus der Richtung der Kamera auf die Szene (beleuchtet eine Person oder ein Detail vor meist dunklem Hintergrund).

Führungslicht Licht fällt seitlich auf die Darsteller (Licht betont den Darsteller und seine Bewegungen).

Die akustischen Möglichkeiten des Films entsprechen denen des Hörspiels (siehe S. 100), spielen aber eine weniger tragende Rolle. Der Film arbeitet dagegen stark mit musikalischer Untermalung (Filmmusik).

Kameraeinstellung/Fokus

Die Kameraeinstellung (der Fokus) bezeichnet die Einstellungsgrösse, also die Nähe der Kamera zum dargestellten Geschehen.

Weite Totale (Panorama-Einstellung)
Sie bietet einen Gesamtüberblick über den Schauplatz, meist von oben. Details sind keine zu erkennen. Die weite Totale dient dazu, die Zuschauer auf eine Handlung einzustimmen.

Totale
Sie gibt einen vollständigen Überblick über den Schauplatz des Geschehens. Die Darsteller sind in ihrer Umgebung erkennbar.

Halbtotale
Die Zuschauer sehen die Darsteller von Kopf bis Fuss. Diese Einstellung dient hauptsächlich dazu, Personengruppen oder bewegte Handlung zu zeigen (z. B. rennende Menschen).

Halbnah
Diese Einstellung zeigt die ganze Person. Sie ist die übliche Einstellungsgrösse für Menschen im Gespräch.

Amerikanisch
Diese Einstellung stammt aus dem Westernfilm. Sie zeigt den Darsteller vom Kopf bis zum (Revolver-)Gürtel.

Nah
Diese Einstellung zeigt das Brustbild des Darstellers (Kopf und Schultern). Die Umgebung spielt kaum eine Rolle. Diese Einstellung betont die gestischen Elemente. Gespräche werden oft aus solchen Einstellungen zusammengesetzt.

Gross
Die Grossaufnahme zeigt das Gesicht des Darstellers. Sie betont den Gesichtsausdruck und macht Nuancen der Mimik sichtbar.

Detail
Bei dieser Einstellung ist nur ein Ausschnitt zu sehen (z. B. des Gesichts, der Abzugshahn des Revolvers usw.). Diese Einstellung dient vor allem der Spannungssteigerung.

Einstellungslänge und Schnitt

Die Länge der einzelnen Kameraeinstellungen bestimmt den Rhythmus, das Tempo und die Spannung des Films. Ein Mittel, das besondere visuelle Wirkungen erzielt, ist die Verlangsamung der Bildfolge (Zeitlupe) oder deren Beschleunigung (Zeitraffer).

Die Montage der einzelnen Kameraeinstellungen zum Filmganzen ist ein wesentliches künstlerisches Merkmal des Films. Man bezeichnet sie als Schnitt. Der Schnitt ist die Kunst der Verknüpfungen und der Übergänge. Er sorgt für eine dem Zuschauer einsichtige Einheit. Ein normaler Film hat mehrere hundert Schnitte. Ziel ist ein ununterbrochener Handlungsfluss.

Harter Schnitt	Eine Einstellung hört plötzlich auf, die nächste folgt unmittelbar.
Überblende	Ende der einen und Anfang der nächsten Einstellung überlappen sich.
Abblende/Aufblende	Eine Einstellung verschwimmt und endet bzw. kommt langsam aus dem Dunkeln.

Schwenk, Fahrt, Zoom

Nicht nur die Darsteller bewegen sich, auch die Kamera selber kann sich bewegen. Bei der Kamerabewegung unterscheidet man zwischen Schwenk, Fahrt und Zoom.

Schwenk	Die Kamera wird in horizontaler oder vertikaler Richtung bewegt. Das dient unter anderem dazu, die Bewegungsrichtung des Kopfes oder die Blickrichtung des Darstellers zu verfolgen. (Schwenke in diagonaler Richtung wirken experimentell und sind deshalb selten.)
Fahrt	Die Kamera bewegt sich (meist auf Schienen) zusammen mit dem Darsteller. Die Kamerafahrt lässt den Darsteller scharf, den Hintergrund hingegen verschwommen aussehen, was Geschwindigkeit erzeugt.
Zoom	Beim Zoom bewegt sich die Kamera nicht. Die Brennweite des Objektivs verändert sich fliessend entweder von der Totale zur Nähe oder umgekehrt.

Drehbuch

Das Drehbuch ist die Vorlage für die Produktion eines Filmes. Es enthält den Text, den die Darsteller zu sprechen haben, Angaben für die Kameraführung und Regieanweisungen. Es ist in die einzelnen Szenen (Kameraeinstellungen) gegliedert.

Die Fernsehserie

Fernsehserien sind Filmproduktionen von Fernsehstudios oder von spezialisierten Streaming-Diensten. Die Serie war ursprünglich im Medium Radio angesiedelt, seit den 1960er-Jahren gehören TV-Serien zu den populärsten Formen der Unterhaltungsindustrie. Allgemein umfasst der Begriff Serie eine über mehrere Folgen dargestellte fiktive Handlung mit mehr oder weniger gleichbleibendem Figurenarsenal.

Die Dramaturgie von Serien

Die Dramaturgie der Serien kombiniert Muster, die sich in jeder Folge wiederholen, mit Handlungsbögen, die über die Länge einer Episode hinausgehen. Beispielsweise hat in Kriminalserien in jeder Folge ein Kriminalkommissar einen neuen Fall zu lösen; gleichzeitig entwickelt sich über viele Folgen hinweg als eine Nebenhandlung eine Liebesbeziehung zu einer Ermittler-Kollegin.

Hohe Zuschauerbindung

Die Folgen unterscheiden sich durch mehr oder weniger Variation des Inhalts. Die Variation erhöht die Spannung und Neugier auf weitere Folgen. Hohe Zuschauerbindung wird gerade in Serien neueren Datums auch durch eine hohe Komplexität der Erzählstränge erzielt. «Dabei bleiben» bildet somit ein Attraktivitätsmerkmal. Wiederholende oder gleichbleibende Elemente tragen zur Wiedererkennung der Serie bei und erhöhen die Bindung des Zuschauers. Zusätzlich trägt eine hohe Identifikation des Zuschauers mit einer oder mehreren Figuren wesentlich zur Popularität von Serien bei.

Vielfalt der Identifikationsangebote
- Hohe Vielfalt der Figurencharaktere
- Häufiges Auftreten der Figuren
- Hohe Identifikation mit Figuren durch langsames Erzähltempo
- Wesentlich ausgeprägtere Charakterzeichnung als in Spielfilmen

Wiederholungseffekt
- Hoher Wiedererkennungsfaktor durch Wiederholung der Schauplätze, des Personals und der Konflikte
- Hohe Zuschauerbindung durch gelegentlich eingestreute Anspielungen auf vorangegangene Ereignisse
- Wiedererkennung durch Titelmelodie und Vorspann
- Bindung durch Gewöhnung (Einbindung in den persönlichen Tagesablauf) und hohe Zahl der Folgen

Der Aufbau von Serienfolgen

Der typische Aufbau einer Folge ist folgender:
- Prolog (*Teaser*): Eine relativ kurze Szene, die mit einem Cliffhanger endet. Hier wird das Thema der jeweiligen Folge meist bereits angerissen, manchmal aber auch eine kleine eigenständige Geschichte gezeigt.
- Vorspann: Der Schauplatz und die Hauptfiguren der Serie werden, untermalt durch die Erkennungsmusik, vorgestellt, was einen hohen Wiedererkennungswert besitzt.
- Handlung: Die Handlung der Folge wird dargestellt. Hierin unterscheiden sich die verschiedenen Formen der Serien wie auf der nächsten Seite beschrieben.
- Abspann: Im Abspann läuft oft noch einmal die Musik aus dem Vorspann und neben den *Credits* werden gelegentlich *Outtakes* oder ein Standbild aus der Folge im Hintergrund gezeigt.
- Nachklapp (*Tag*): In einigen Sitcoms wird ein Nachklapp genutzt, eine kurze Szene, die während des Abspanns läuft und die eine Situation aufgreift und einen Schlussgag setzt. Dieser Nachklapp hat nichts mit dem Ende der Handlung zu tun.

Erscheinungsformen der Fernsehserie

Im Hinblick auf die Erzählstruktur unterscheidet man *Serials* (Fortsetzungsserien), *Series* (Episodenserien), *Soap Operas* (Seifenopern) und *Sitcoms* (Situationskomödien).

Fortsetzungsserie

Bei Fortsetzungsserien bleibt die Handlung einer Folge offen, mehrere parallel laufende Handlungsstränge überschneiden sich in verschiedenen Stadien und werden erst in späteren Folgen fortgeführt.

- Damit die Zuschauer der Handlung auch dann folgen, wenn sie zuvor einige Folgen verpasst haben, ist es notwendig, ein langsames Erzähltempo einzuhalten.
- Das Vermeiden von Zeitsprüngen vermittelt dem Zuschauer den Eindruck, bei allem, was die Figuren erleben, dabei zu sein.
- Eine Variante der Fortsetzungsserie stellt die Anthologieserie dar, die jeweils in einer Staffel eine abgeschlossene Geschichte erzählt und in der nächsten Staffel eine andere Geschichte mit gleicher Thematik und allenfalls komplett neuem Personal enthält.

Episodenserie

Episodenserien weisen pro Folge eine in sich abgeschlossene Handlung auf. In jeder Folge wird der Ursprungszustand gestört, im Laufe der Folge aber wiederhergestellt bis zum Happy End in jeder Folge. Die Charaktere entwickeln sich im Unterschied zur Fortsetzungsserie kaum.

- Episodenserien zeigen üblicherweise Protagonisten, die auf einer Beziehungsebene (Beruf, Familie, Freundschaft, Hobby) permanent miteinander zu tun haben, was Möglichkeiten für Gefühls- und Beziehungsverwicklungen schafft.
- Da sich das Publikum in jeder Folge sofort zurechtfinden soll, darf sich das Grundprinzip der Serie nie ändern. Allgemein folgt das Geschehen einer «zirkulären Dramaturgie» – die Figuren sind am Ende der Episode so klug wie zuvor.

Soap Opera

Werden pro Folge mehrere Handlungsstränge gezeigt, so dass sich ein Geflecht aus nicht abgeschlossenen Handlungen ergibt, entsteht eine Spezialform der Episodenserie, die sogenannte *Soap Opera* (Seifenoper).

- Seifenoper weisen eine hohe Zahl von Folgen auf, denn häufig werden sie täglich oder mehrfach wöchentlich ausgestrahlt.
- Jeder Handlungsstrang befindet sich auf einem unterschiedlichen Entwicklungsniveau: Während ein Strang sich entfaltet, hat der zweite schon in der vorangegangenen Folge begonnen, der dritte strebt seinem Ende zu usw.
- Einzelne Folgen enden in der Regel nicht mit einem Happy End, sondern mit einer Zuspitzung der entstandenen Konflikte (Cliffhanger), die die Zuschauer dazu animiert, auch die nächste Folge anzuschauen.
- Seifenopern weisen einen offenen Handlungsverlauf auf und werden deshalb oft als «Endlosserien» bezeichnet.

Sitcom

Sitcom (*situation comedy*, «Situationskomödie») bezeichnet die humorvolle Auseinandersetzung mit einer momentan vorliegenden Situation durch die Beteiligten. Sie unterscheidet sich von der Episodenserie hauptsächlich in der Darstellungsweise.

- Die Darsteller einer Sitcom agieren auf einer Guckkastenbühne; für die Handlung folgt daraus eine Beschränkung der Schauplätze auf wenige, stets wiederkehrende Orte.
- Im Unterschied zu Fortsetzungsserien verändern sich die Charaktere in der Regel kaum.
- Ein Kennzeichen der Sitcom ist die schnelle Abfolge von Gags.
- Die Bühnenwirkung kann durch das Spiel der Darsteller zur Bühnenrampe und das für das Fernsehpublikum hörbare Gelächter des Studiopublikums verstärkt werden (in der deutschen Synchronisierung meistens durch Lachkonserven ersetzt).

Comic

Comic ist der gängige Begriff für die Darstellung einer Geschichte in einer Folge von Bildern. In der Regel sind die Bilder gezeichnet und werden mit Text kombiniert. Das Medium Comic vereint Aspekte von bildender Kunst und Literatur, konkret vor allem aus der Malerei und der Dramatik.

Comic als dramatische Form

Gleich wie Dramen stellen Comics eine Handlung durch Figuren, die dialogisch sprechen, dar. Weitere Gemeinsamkeiten von Comics mit dem Drama:

- Verteilung der Handlung auf Rollen
- Dialog als die wichtigste Form der Darstellung
- Handlung wird dargestellt (nicht geschildert oder erzählt)
- Schauplätze sind stilisiert (und verhältnismässig unwichtig)
- Handlung wird «inszeniert» durch Bühnenbild, Kostüme, Mimik, Gestik, allenfalls Regieanweisungen
- Im Gegensatz zum Drama und zum Film gibt es in Comic naturgemäss keinen Ton. Der Ton wird durch Sprechblasen, Onomatopoesie, Interjektionen ersetzt resp. gezeichnet (z. B. Staubwolke einer Explosion).

Grafisches Erzählen

Im deutschsprachigen Raum gelten alle «Bildgeschichten» als Comic. In der Regel werden dafür mehrere Bilder für die Darstellung der Handlung verwendet, je nachdem, wie viele Sequenzen die Handlung hat. Auch eine Darstellung, die formal nur aus einem Bild besteht, kann mehrere Sequenzen enthalten – etwa durch Einsatz von mehreren Sprechblasen oder mehreren Handlungen in einem Bild, die nicht zeitgleich stattfinden können.
Für das Erzählen von Comics ist die Art zentral, wie die Inhalte der Geschichte in Bilder aufgeteilt werden, welche Ausschnitte und Perspektiven der Autor wählt und wie die Panels angeordnet werden. Im Unterschied zum Beispiel zu antiken Wandmalereien teilen moderne Comics die Handlung in der Regel auf verschiedene Bilder (sogenannte Panels) auf.

Panel (Einzelbild)
Die Panels stellen die Handlung nicht kontinuierlich (wie im Film) dar, sondern sequenziell (mit Lücken). Die Leserin folgt den Geschehnissen, ohne dass jeder Moment einzeln dargestellt wird. Je nachdem, ob zwischen den Panels mehr oder weniger Zeit vergeht, wird dem Leser verschieden grosser Interpretationsspielraum gewährt. Die Übergänge von Panel zu Panel symbolisieren nicht nur die vergehende Zeit, sondern bedeuten häufig auch Zeitsprünge, Ortswechsel, neue Personen und Gegenstände. Die Panelübergänge beeinflussen damit sowohl die Wahrnehmung von Zeitdauer und Abfolge der Handlungssequenzen als auch die vom Leser gefühlte Zeit und den Lesefluss.

Seite
Für die Wahrnehmung von Zeit und Bewegung ist darüber hinaus das Layout der Seiten von Bedeutung. Der Leser des Comics nimmt zum einen das Gesamtbild einer Seite als Einheit wahr. Zum anderen folgt er den einzelnen Panels, den einzelnen Bildern und Texten, in der Regel geführt durch Seitenlayout und Bildaufbau. Stärker noch als der Übergang von einem zum nächsten Panel bedeutet ein Seitenwechsel den – vorläufigen – Schluss einer Handlung, das Ende einer Sequenz, den Übergang zu einem neuen Schauplatz usw. Die meisten Comicautoren resp. Comiczeichner achten deshalb stark auf den Seitenumbruch.

Formensprache

Zur Darstellung der Handlung hat sich im Comic eine eigene Formensprache entwickelt, da das Medium besonders auf bildhafte Symbole angewiesen ist. Diese dienen unter anderem zur Verdeutlichung von Gemütszuständen. Gerade die stilisierte, karikaturhafte Darstellung der handelnden Figuren ist bedeutend, da sie der Identifikation des Lesers mit diesen Figuren dient. Durch verschiedene Massnahmen der Bildgestaltung kann die Identifikation und Sympathie des Lesers beeinflusst werden.

Form	Funktion und Wirkung
Sprechblase	Darstellung der Sprache
Speedlines	symbolhafte Darstellung von Bewegung
Striche und Schraffur	Mittel zur Vermittlung von Emotionen
Farbe	flächige Kolorierungen lassen Bilder statisch erscheinen, deshalb wird Farbe nur gezielt zur Betonung von Figuren oder Gegenständen eingesetzt
Stilisierung	Figuren und Schauplätze werden stark vereinfacht (stilisiert) dargestellt.
Onomatopoesie und Interjektion	Nachbildung von Umgebungsgeräuschen oder Emotionen

Comic-Strip und Comic

Der Begriff Comic stammt aus dem Englischen, wo es als Adjektiv allgemein «komisch», «lustig», «drollig» bedeutet. Mit dem 20. Jahrhundert kam der Begriff «Comic-Strip» für die in Zeitungen erscheinenden, kurzen Bildgeschichten auf. Die in Streifen (engl. *strip*) angeordneten Bilder erzählen lustige, auf eine Pointe fokussierte Bildwitze. Der Begriff Comic hingegen ist im deutschen Sprachraum – im Gegensatz zum englischsprachigen Raum (*graphic novel*) – auch gebräuchlich für umfangreiche Bild-Erzählwerke.

Comicstrip

In diesem Beispiel sind viele Formen der comic-typischen Darstellungsweise erkennbar: eine Abfolge von Sequenzen in einzelnen Bildern (in der Regel von Hand gezeichnet), die Sprechblase (mit in der Regel handgeschriebenem Text), der karikiert übertrieben dargestellte Gesichtsausdruck, der Einsatz von Fettschrift als Ausdruck der gehobenen Lautstärke der Stimme. Der Schauplatz ist nur ganz leicht mittels Wandtafel stilisiert. Bedeutsam sind die Wahl des Bildausschnitts, der Perspektive und der Pose.

Dramentheorie: Übersicht

Aufbau	Absicht	Wirkungsweise	
• Geschlossene Form • 5 Akte: Exposition bis Katastrophe • Spannungsbogen • 3 Einheiten • Ständeklausel • Staatsaktion und Fallhöhe	• Katharsis (moralische Besserung der menschlichen Seele) • Held in Aufstieg und Fall • Reinigung der Affekte beabsichtigt	• Schlechtes Beispiel soll abschrecken und zur Besserung beitragen • Fall des Helden zeigt Schicksalsgebundenheit menschlichen Lebens • Abscheu vor Affekten	**Aristotelische Poetik**
• Anlehnung an geschlossene Form • Abschaffung der Ständeklausel aus Gründen der Identifikation • Verzicht auf Staatsaktion und Fallhöhe	• Publikum auf Probleme der bürgerlichen Gesellschaft aufmerksam machen • Empathie mit Helden beabsichtigt	• Aufklärung • Katharsis über Einfühlung und Identifikation • Mitgefühl für Helden	**Bürgerliches Trauerspiel**
• Tendenziell geschlossene Form • Zeitdeckung von Handlungs- und Aufführungsdauer • Sekundenstil • Phonografische Methode (Dialekt, Umgangssprache)	• Psychologie des Menschen zeigen (Mensch in seiner Blösse) • Soziale Thematik • Schockwirkung beabsichtigt	• Eindringen ins menschliche Bewusstsein mit höchster Wirklichkeitstreue • Abbild der Realität • Aufrüttelung	**Naturalistisches Drama**
• Offene Form • Keine Akte, sondern Szenen/Bilder • Betonung der Szene • Nebenhandlungen • Zeitsprünge zwischen den Szenen • Verfremdung	• Analyse der gesellschaftlichen Missstände und Aufruf zur Änderung derselben • Lehrtheater • Verblüffung beabsichtigt	• Verfremdung (Realität nicht abbilden, sondern überzeichnen) • Publikum direkt ansprechen und bei seiner Verantwortung packen • Erstaunen	**Episches Theater**
• Offene Form • Keine Akte, nur Szenen • Keine Handlung	• Unmittelbare Darstellung der historischen Akten • Keine Aussage, sondern Aufwerfen von Grundsatzfragen	• Suggestive Wirkung durch Authentizität der Dokumente • Indirekter Aufruf zur politischen Tat • Betroffenheit	**Dokumentartheater**
• Offene Form • Komödie • Typen, keine Charaktere	• Distanz des Zuschauers zum Gezeigten • Allgemein Bekanntes wird so übertrieben, dass es auffällt	• Das Publikum zum eigenständigen Denken anregen • Humor	**Groteske und absurdes Theater**

Dramenanalyse: Checkliste

Die meisten Dramen werden geschrieben, um sie auf der Bühne aufzuführen. Auch sogenannte Lesedramen unterscheiden sich nicht grundsätzlich von aufgeführten Dramen. In jedem Fall wird eine Handlung aufgeteilt auf verschiedene Rollen und vorwiegend in der Personenrede wiedergegeben. Es lohnt sich, für die Dramenanalyse diese grundlegenden Gattungskennzeichen vor Augen zu halten.

Ratschläge für die Dramenanalyse

1. **Zuerst nach der Gattungsintention fragen** Tragödien, Komödien, Grotesken, epische Theaterstücke usw. haben unterschiedliche Wirkungsweisen. Das epische Theaterstück will anders auf den Zuschauer wirken als die klassische Tragödie.
2. **Die Grundstruktur des Stückes freilegen** Bestimmen Sie den oder die Protagonisten, den zentralen Konflikt bzw. die Verirrung. Unterscheiden Sie die Haupthandlung von den Nebenhandlungen. Bestimmen Sie das Thema möglichst konkret (Ängste, Affekte, Ziele usw.).
3. **Das Drama als Spielvorlage lesen** Im Kino schaut man sich den Film an, das zugrundeliegende Drehbuch liest man aber nicht. Dramen liest man allerdings oft. Doch Dramen werden in aller Regel für die Aufführung in einem Theater geschrieben. Dem sollte man Rechnung tragen. Das bedeutet: Bevor man einem Sachverhalt eine Bedeutung beimisst, sollte man immer zuerst fragen, welche bühnentechnische Funktion er hat. Wenn der Hauptdarsteller zwei Szenen lang nicht auftritt, kann das unter Umständen daran liegen, dass er nach kräfteraubenden Dialogen und Monologen eine Pause benötigt.

Checkliste Makroanalyse

Die Makroanalyse untersucht das Stück als Ganzes. Darunter fallen unter anderem folgende Aspekte:

Dramenform	• Gattung: Tragödie, Komödie, moderne Form usw. (Untertitel ernst nehmen) • Geschlossene oder offene Form, aristotelisches oder episches Theater • Anzahl Akte
Figur	• Anzahl Figuren • Figurenkonstellation • Emotion: Identifikation mit der Figur oder Distanz zur Figur
Raum und Zeit	• Schauplatz der Handlung (Bühnenbild, Requisiten) • Zeitpunkt der Handlung (es ist auch möglich, dass ein Zeitpunkt der Handlung nicht bestimmbar ist) • Verhältnis Spielzeit (Dauer der Aufführung) zur gespielten Zeit (Dauer der Handlung) • Zeitgestaltung: Kontinuität, Sprünge, Gleichzeitigkeit
Sprache	• Sprache: Vers oder Prosa • Hoher, mittlerer oder niedriger Stil • Kunstvoll stilisierte oder naturalistische Sprache
Handlung	• Haupt- und Nebenhandlung, Staatsaktion • Regieanweisungen • Stoff, Thema, Aussage, Wirkung

Checkliste Mikroanalyse

Die Mikroanalyse betrachtet den einzelnen Akt und/oder die Szene und die Aufeinanderfolge der einzelnen Handlungsschritte (Szenen). Sie untersucht folgende Elemente:

• Funktion im Dramenaufbau (Spannungsbogen: Exposition – Verwicklung/Konflikt/Irrtum – Höhepunkt/Peripetie – Lösung/Katastrophe), Happy End, Anagnorisis • Fortsetzung oder Gleichzeitigkeit (allenfalls Vorzeitigkeit) • Erwartung (aufgrund des Dramenbaus und der Publikumslenkung) • Erfüllung der Erwartung bzw. Regelverstösse	**Szene**
• Soziale Zugehörigkeit der Figur (Beruf, Geschlecht, Stand usw.) • Bedeutung der einzelnen Figuren (Rolle, Aufgabe) • Charaktere oder Typen • Handlungsweise der Figur (in einer Aufführung: Mimik, Gestik, Gang, Haltung) • Beziehung zu anderen Figuren • Charakterisierung der Figur (Fremddarstellung – Selbstdarstellung, auktorial – figural) • Dramatische Ironie (Weiss die Figur mehr, gleich viel oder weniger als andere Figuren und/oder das Publikum?)	**Figur**
• Schauplatz, Schauplatzwechsel • Bühnenbild (in einer Aufführung: Requisiten, Licht- und Tonführung, besondere Effekte) • Zeitpunkt, Dauer der Szene (Zeitsprung zur vorangehenden Szene?)	**Raum und Zeit**
• Aufgabe und Wirkung von Dialog, Monolog, Beiseitesprechen, Botenbericht und Mauerschau • Stilhöhe: Idealisierende Rede, Dialekt oder Umgangssprache usw. (in einer Aufführung: Tonfall, Sprechtempo, Lautstärke, Akzentuierung) • Bildhaftigkeit, Formelhaftigkeit der Sprache (Gemeinplatz, Klischee, Plattitüde usw.), ausweichendes oder konkretes Sprechen, beredtes Schweigen → Die Anleitung zur Dialoganalyse finden Sie auf den folgenden zwei Seiten.	**Dialog**
• Haupt- oder Nebenhandlung • Regieanweisungen • Zusammenhang der Szene mit anderen Szenen, Bedeutung für das Dramenganze • Schlüsselstellen (siehe S. 51) • Geschehen auf der Inhaltsebene (äussere Handlung), auf der Beziehungsebene (innere Handlung), auf der Dialogebene	**Handlung**

Wichtig: Benutzen Sie immer die Fachbegriffe.

Dialoganalyse: Checkliste

Der Dialog bestimmt die Dramenhandlung. Die Vorgeschichte der Handlung, die Charaktere der Personen, deren Absichten, das Geschehen auf und abseits der Bühne: Alles wird dem Zuschauer durch Dialog vermittelt.

Absichten der Personen

Durch ihr sprachliches Handeln wirken die Figuren aufeinander, verursachen Konflikte und geben Anlass zu Reaktionen. Der Dialog kann unterschiedliche Aufgaben wahrnehmen:

- Er lässt das Beziehungsgefüge der Personen untereinander erkennen.
- Im Dialog verraten die Personen ihre Absichten und Ziele.
- Die Rede lässt die Taktik durchscheinen, mit der die Person ihre Absichten durchzusetzen versucht.
- Die Rede lässt Rückschlüsse über den Charakter der Person zu.
- Manchmal sprechen die Personen aber auch etwas anderes aus als das, was sie denken. Sie sprechen je nach Dialogpartner anders, oder sie sagen im Dialog etwas anderes als im Monolog.
- Die Sprache einer Person verrät ihre Gefühle.
- Die Redeweise verdeutlicht die soziale Herkunft der Person.

Auch das Schweigen einer Person in einer bestimmten Situation sagt viel aus.

Folgende Beobachtungen helfen, die Absichten der Person aus den Dialogen zu erkennen.

1. Man achte insbesondere auf Unterschiede in der Rede einer Person in verschiedenen Situationen mit unterschiedlichen Gesprächspartnern.
2. Man achte besonders auf Beiseitesprechen und Monologe. Beide Redeformen dienen dazu, die Zuschauer über den wahren Sachverhalt bzw. die wahren Motive der Person aufzuklären.
3. Man achte auf Sprechakte, also Handlungen, die sprachlich vollzogen werden, zum Beispiel Drohungen oder Versprechen (siehe «Sprache und Kommunikation». Deutsch am Gymnasium 1, S. 27).

Rhetorische Kniffe in Dialogen

Selten ist der Dialog ein sachliches Gespräch. Je nach Motiven und Zielen wirken die Personen im Dialog ganz unterschiedlich aufeinander ein. Im Dialog
- tauschen die Personen ihre Ansichten aus,
- wägen die Personen das Für und Wider einer Entscheidung ab, ringen die Personen um einen Entscheid,
- erzählen die Personen einander die Vorgeschichte und geben Hintergrundinformationen,
- überrumpeln sich die Personen gegenseitig mit Beweisen und Enthüllungen,
- streiten sich die Personen usw.

Stichomythie

Die schnelle Wechselrede im Dialog (Stichomythie, siehe S. 74) eignet sich in besonderer Weise für manipulative Absichten des einen Dialogpartners, zum Beispiel, wenn es darum geht, den anderen auszuhorchen, ihm ein Versprechen abzuringen, ihn zu überreden, ihn ins Verhör zu nehmen usw.

Kampfrhetorik

Wie in jedem Gespräch auch ausserhalb der Literatur können die dramatischen Personen rhetorische Kniffe anwenden, um das zu bekommen, was sie wollen:
- Sie stellen sich stur, reden aneinander vorbei, vertuschen.
- Sie schüchtern den anderen ein.
- Sie drohen, schmeicheln, versprechen, beleidigen.
- Sie überrumpeln den anderen, bedrängen ihn.
- Sie täuschen, verschleiern, verdrehen Tatsachen oder dem anderen das Wort im Munde usw.

→ Informationen über Kampfrhetorik, Gesprächsblocker und Manipulationstechniken finden sich in «Sprache und Kommunikation». Deutsch am Gymnasium 1, S. 54 f. und S. 96.

Folgende Tipps helfen, manipulative Absichten in Dialogen zu erkennen.
1. Manipulation geht meistens von der dominantesten Person aus: Finden Sie heraus, ob eine Person dominant ist durch ihren Charakter, ihre soziale Stellung, ihr Alter usw.
2. Machen Sie es sich zunutze, dass man als Zuschauer bzw. Leser in der Regel mehr weiss als die handelnden Figuren.

Funktionen des Dialogs im Überblick

Gespräch	Handlungsführung	Entscheidfindung	Manipulation
• Personengefüge zeigen • Absichten der Person kennen lernen • Personen charakterisieren	• Vorgeschichte erzählen • Hintergrundinformationen geben • Botenbericht und Mauerschau (siehe S. 75)	• Diskussion • Verhandlung • Verhör • Streit	• Einschüchterung • Täuschung • Vertuschung • Aushorchung • Überrumpelung

Man kann Dialoge auch auf ihren argumentativen Gehalt untersuchen (siehe «Sprache und Kommunikation». Deutsch am Gymnasium 1, S. 88–94).

Fragen zum Drama

Wer Dramen analysiert und verstehen will, was ihren Charakter ausmacht, darf nicht bloss nach dem Inhalt fragen (Was passiert? Wie geht es aus? Wer ist der Held?). Vielmehr kommt es darauf an, die ästhetischen Mittel eines Dramas zu bestimmen und sie auf ihre Wirkung zu befragen.
Deshalb lohnt es sich, literarisch zu fragen. Hier eine Auswahl möglicher Fragen:

Komposition	Wie viele Akte hat das Drama? Welche Funktion hat jeder Akt? Wo gibt es retardierende Momente? Durch welche Umstände kommt es zur Katastrophe? Sind diese Umstände einsichtig und folgerichtig? Wie entwickelt sich die Verstrickung in der Komödie? Welche Umwege nehmen die Protagonisten? Ist das einsichtig so? Welche Wirkung haben diese Umwege? Ist der Schluss unverhofft und unerwartet, oder ist er logisch motiviert? Wieso wählt der Autor die offene Form? Welche Absicht steckt dahinter?
Szene	An welcher Stelle des Dramas steht diese Szene? Wäre sie an anderer Stelle denkbar? Warum (nicht)? Was ist die Ausgangssituation? Wie bringt die Szene die Handlung weiter? Welche Entwicklung ist sichtbar? Gehört die Szene zur Haupt- oder zur Nebenhandlung? Wann und wo spielt sie? Welche Rolle haben Zeit und Ort? Verändert sich die Aussage der Szene, würde sie an einem anderen Ort spielen? Welche Personen treten auf? Warum diese? Wie bezieht sich diese Szene auf die vorangehende bzw. folgende?
Figur	Wer sind die handelnden Figuren? Welche Personen stellen sie dar? Gehören sie zur Haupt- oder zur Nebenhandlung? Woran erkennt man das? Welches Handlungsziel haben die Personen? Wie sind die Figuren gestaltet? Überwiegen Charaktere oder Typen? Warum? Wie arrangiert der Autor die Charakterisierung? Aus welchen Handlungen oder Aussagen erkennt man die Absichten der Figur, ihren Charakter, ihre Motive? Welche Leidenschaft treibt die Figur?
Konflikt	Worin liegt der dramatische Konflikt bzw. die Verwechslung? Woran erkennt man das? Wie verhalten sich die Personen? Schüren sie Konflikte oder was tragen sie zur Vermeidung bei? Welche Absichten verfolgen die Personen im Konflikt? Wie schafft es der Autor, den Konflikt eindeutig und einsichtig zu vermitteln? Geht es im Konflikt um allgemeinmenschliche Werte oder um zeittypische Probleme? Oder geht es um etwas anderes? Spiegelt der Konflikt die Entstehungszeit oder die Handlungszeit des Dramas wieder?
Wirkung	Wie kommt die Komik zustande? Auf welche Weise wirkt die Katharsis? Sollen sich die Zuschauer in die Protagonisten einfühlen? Sollen sie von der Handlung mitgerissen werden? Oder werden sie gewissermassen Zeugen eines Vorfalls? Wird man zum Handeln aufgefordert? Wie? Wieso? Welche konkrete Verhaltensweise der Zuschauer wird provoziert? Welche Idee bzw. Absicht liegt dem zugrunde? Wie realisiert das Drama diese Wirkung?
Sprache/Stil	Sprechen die Personen in Versen? Wieso tun sie das? Welche Wirkung hat das? Welchen Ton bzw. Stil schlagen die Personen an? Sprechen sie Umgangssprache oder Dialekt? Aus welchem Grund? Mit welcher Wirkung? Sprechen alle Personen in derselben Stillage? Wer nicht, warum nicht? Was signalisiert das? Wie erzeugt der Autor Witz, Komik, Groteske? Wieso wirken Groteske und Sprachwitz?

4 Lyrik

Schlüsselbegriffe

- Gebundene Sprache
- Vers/Strophe
- Jambus/Trochäus
- Metrum
- Assonanz/Reim
- Lyrische Bildsprache
- Sonett

Übersicht

Lyrik

Gedichte
- Lied
- Gelegenheitsvers

Sprache der Lyrik
- Vers und Strophe
- Versmass
- Klang
- Bildhaftigkeit

Subjektivität der Lyrik
- Das lyrische Ich
- Das lyrische Gegenüber (Lyrisches Du)

Das Gedicht als Kunstwerk

- **Vers**
- **Reim**
- **Klang**
- **Lyrische Bilder**
- **Gegenstände und Formen**

Vers

Versbau

Versfuss
- Jambus
- Trochäus
- Anapäst
- Daktylus
- Auftakt und Kadenz

Versmass
- Rhythmus und Metrum
- Zäsur
- Häufige Versmasse

Akzentuierende Verse
- Knittelvers
- Freie Rhythmen

Klang

Reim
- Anfangsreim
- Binnenreim
- Stabreim
- Endreim
  - Reiner und unreiner Reim
  - Reimschemata
  - Waise
  - Kehrreim (Refrain)

Assonanz

Wiederholung
- Anapher
- Epipher

Parallelismus

Lautmalerei

Lyrische Bilder

- Assoziation
  - Umschreibung
  - Metapher
    - Synästhesie
    - Oxymoron
  - Symbol
  - Allegorie

Moderne Lyrik

- Freie Rhythmen
- Hakenstil
- Starke Bilder
  - Oxymora
  - Metaphern
- Auflösung der Strophe
- Verdichtung

Lyrik

Strophenformen
- Ode
- Lied
- Stanze
- Distichon
- Terzine

Gedichtformen
- Ballade
- Epigramm
- Elegie
- Hymne
- Sonett

Konkrete Poesie
- Lautgedichte
- Visuelle Poesie

Lyrik analysieren

Beispielgedicht
- Struktur
- Metrum
- Klang
- Bilder

Lyrik analysieren
- Checkliste

Fragen zur Lyrik

Eine Schritt-für-Schritt-Anleitung für das Verfassen eigener Gedichte findet sich in «Wege zur Literatur». Deutsch am Gymnasium 4, S. 46–60.

Lyrik: Gedichte

Die Lyrik ist die Gattung der Gedichte. Sie verdichtet Sprache. Auch gesungene Gedichte (Lieder), Gelegenheitsverse zu Festanlässen oder Sprachspielereien mit Reimen gehören zur Lyrik.
Folgende Gedichte stammen nicht nur aus verschiedenen Zeiten, sie unterscheiden sich optisch voneinander und behandeln ihr Thema auf unterschiedliche Art.

Christian Hofmann von Hofmannswaldau Beschreibung vollkommener Schönheit (ca. 1678)	Ein haar so kühlich trotz der Berenice spricht / Ein mund / der rosen führt und perlen in sich heget / Ein zünglein / so ein gifft vor tausend hertzen träget / Zwo brüste / wo rubin durch alabaster bricht / Ein hals / der schwanen-schnee weit weit zurücke sticht Zwey wangen / wo die pracht der Flora sich beweget / Ein blick / der blitze führt und männer niederleget / Zwey armen / derer krafft offt leuen hingericht /
Christian Morgenstern Du bist mein Land (1902)	Du bist mein Land, ich deine Flut, die sehnend dich ummeeret; Du bist der Strand, dazu mein Blut ohn' Ende wiederkehret.
Erich Fried Was es ist (1983)	Es ist Unsinn sagt die Vernunft Es ist was es ist sagt die Liebe Es ist Unglück sagt die Berechnung Es ist nichts als Schmerz sagt die Angst Es ist aussichtslos sagt die Einsicht Es ist was es ist sagt die Liebe
Ingeborg Bachmann Erklär mir, Liebe! (1954)	Wasser weiss zu reden, die Welle nimmt die Welle an der Hand, im Weinberg schwillt die Traube, springt und fällt. So arglos tritt die Schnecke aus dem Haus! Ein Stein weiss einen andern zu erweichen! Erklär mir, Liebe, was ich nicht erklären kann: sollt ich die kurze schauerliche Zeit …
Trummer Nöcher (2007, Pop-Song)	Chumm doch no chli nöcher · Ghörsch gad no chli meh · Chumm doch no chli nöcher · Würdsch's de o besser gseh · Gib där Sach es Chance · Weisch ja no nid wie's wird · Chumm doch no chli nöcher · I bysse di nid

Die Sprache der Lyrik

Bis heute ist die Lyrik die Gattung, deren Sprache am stärksten von Regeln und Mustern geleitet wird. Man nennt deshalb die lyrische Sprache «gebundene Sprache».

Musik und Lyrik

Musik und Lyrik haben gemeinsame Wurzeln. In der griechischen Antike bezeichnete man als Lyrik alle Lieder, die von der Lyra begleitet wurden. Die lyrische Sprache wirkt durch ihren Klang und ihren Rhythmus besonders musikalisch. Werden Gedichte laut vorgetragen oder in Liedern gesungen, wirken sie am stärksten.

Pop- und Rocksongs sind moderne Ausdrucksformen der Lyrik, auch wenn es Unterschiede gibt: Songs reimen sich beispielsweise seltener und kommen mit einem weniger strikten Metrum aus.

Elemente der gebundenen Sprache

Die gebundene Sprache folgt sprachlich-ästhetischen Mustern. Man unterscheidet vier Bereiche:

• Eine Zeile in einem Gedicht bezeichnet man als Vers. • Innerhalb eines Gedichtes befolgen die Verse bestimmte Versmasse. • Die Verse beziehen sich aufeinander. Die auffälligste Verbindung der Verse ist der Endreim. • Den Bau der einzelnen Verse zu einem Ganzen nennt man «Strophe».	**Vers**
• Das Metrum (Versmass) gibt die Abfolge von betonten und unbetonten Silben innerhalb eines Verses wieder. • Harmoniert das Metrum mit der natürlichen Betonung der Wörter, dem Rhythmus, wirkt das Gedicht kunstvoll und abgerundet. Andernfalls ergibt sich eine fühlbare Unruhe. • Der Dichter kann bewusst auf ein Metrum verzichten und «freie Rhythmen» einsetzen.	**Metrum**
• Das auffälligste Sprachmerkmal der Lyrik ist der Klang. • Die lyrische Sprache bevorzugt Klangelemente wie Vokalgleichklang oder sich wiederholende Konsonanten. • Klangelemente verleihen jedem Gedicht eine Klangfülle und eine Klangfarbe.	**Klang**
• Gedichte sind verdichtete Texte. Sie sagen mit wenigen Worten viel. • Der Dichter wählt die Wörter nicht zuletzt nach ihrer Bildhaftigkeit aus. Dadurch unterscheidet sich der lyrische Wortschatz in aller Regel beträchtlich vom alltäglichen.	**Sprachbilder**

Das Schwinden der Verssprache

Anfänglich benutzten auch die beiden anderen Gattungen der Literatur (Prosa und Dramatik) Verse. Das antike oder mittelalterliche Epos als Urtypus der erzählenden Literatur benutzte den Vers ebenso wie die antiken Dramen. Auch heute noch gibt es epische und dramatische Texte, die Verse benutzen, üblich ist das jedoch nicht mehr. Eine ähnliche Tendenz kann man in der Lyrik selbst beobachten. Bis zum Ende des 19. Jahrhunderts war Lyrik noch gebundene Sprache. Seither verdrängen die sogenannten «freien Verse» in den Gedichten allmählich die gebundene Sprache.

Die Subjektivität der Lyrik

Lyrische Werke sind insbesondere durch die Subjektivität ihrer Aussage bestimmt. Das Gedicht beinhaltet einen Ausdruck der innersten und persönlichsten Empfindungen und Stimmungen. Das Merkwürdige an der lyrischen Subjektivität ist, dass sich der Sprecher in aller Regel gar nicht an ein Gegenüber wendet.

Das lyrische Ich

Gedichte haben einen Sprecher: ein sogenanntes lyrisches Ich. Es betrachtet und empfindet die Welt und drückt die gewonnenen Vorstellungen subjektiv aus. Das lyrische Ich ist vom Autor zu unterscheiden.

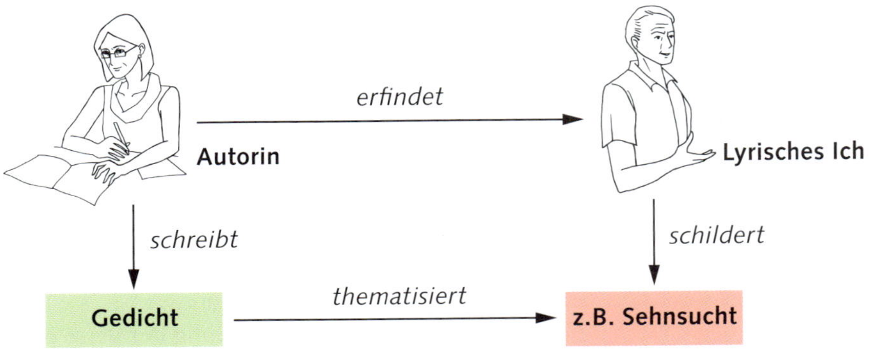

Es ist falsch, die persönliche Schilderung des lyrischen Ichs mit der Sicht des Autors gleichzusetzen. Auch wenn viele Stimmungen und Gefühle für den Autor biografisch nachgewiesen werden können, gilt doch: Der Autor muss nicht alles, was er schreibt, selbst erlebt und empfunden haben.

Autor und lyrisches Ich sind nicht identisch.

Das lyrische Ich kann

- als Sprecher im Gedicht vorkommen (Ich-Form).
- zwar nicht als Sprecher vorkommen, aber ganz subjektiv Gefühle und Eindrücke schildern (siehe Beispielgedicht, S. 150).
- ein aussenstehender Beobachter sein (das wirkt nüchtern, objektiv und sachlich).

Ein Hauptcharakteristikum der Lyrik ist die besondere Kommunikationssituation, die nicht erzählend oder darstellend, sondern schildernd ist. Die Aufgabe des lyrischen Ichs ist die Wiedergabe von subjektiven Empfindungen, Gefühlen usw. Damit nähert sich das Gedicht der Textsorte «Schilderung» (siehe «Einfach schreiben». Deutsch am Gymnasium 2, S. 41).

Das lyrische Gegenüber

Das lyrische Ich richtet sich an einen unsichtbaren (imaginären) Adressaten, der auch es selber sein kann. Dieses «lyrische Du» wird nur manchmal ausdrücklich angesprochen.

- Das lyrische Ich spricht zu einem lyrischen Du (z. B. zur Geliebten, zu Gott, zum König).
- Das lyrische Ich spricht ein Gegenüber nicht direkt an, stellt es sich aber vor.
- Das lyrische Ich spricht zu sich selbst.
- Das lyrische Ich spricht den Leser an.

Das Gedicht als Kunstwerk

«Ein Gedicht entsteht überhaupt sehr selten – ein Gedicht wird gemacht.» Das schreibt der Lyriker Gottfried Benn (1886–1956) in seiner Rede «Probleme der Lyrik» 1951 (zitiert nach Allkemper/Eke, S. 133). Er betont damit, dass trotz aller Subjektivität, die sich im Gedicht ausdrückt, ein Gedicht von seinem Autor bewusst gebaut werden muss – durch Wahl der Wörter, des Metrums, der Stilmittel. Dass ein weiter Weg von einer Stimmung bis zur sprachlichen Schilderung dieser Empfindung führt, zeigen zum Beispiel die vielen Varianten, die einem Gedicht vor dessen Vollendung vorangehen: An Gedichten wird gearbeitet, es wird gestrichen, ersetzt, ein anderes Wort, ein anderer Reim ausprobiert usw.

Gedichte sind Kunstprodukte, hergestellt durch den bewussten Einsatz sprachlich-stilistischer Mittel.

Es lohnt sich deshalb, die Bauweise von Gedichten zu analysieren und sich zu fragen, welche ästhetischen Mittel der Dichter verwendet hat und welche Wirkung er damit erzielen will. Dabei genügt es allerdings nicht festzustellen, dass ein Gedicht zum Beispiel aus Kreuzreimen und Alexandrinern besteht. Die Analyse von Gedichten muss immer auch fragen, wieso der Lyriker gerade diesen Formen den Vorzug gegeben und damit andere Möglichkeiten abgewählt hat.

Lyrikanalyse = Erkennen der lyrischen Mittel und deren Wirkung

Die vier Schritte der Lyrikanalyse

Gedichte sind künstlerisch gefertigt. Man darf deshalb in der Regel nicht davon ausgehen, dass man ein Gedicht nach erstmaligem Lesen schon verstanden hat oder man seine Feinheiten sofort begreift. Daher soll man schrittweise an ein Gedicht herangehen.

1. **Das Gedicht laut vorlesen** Gedichte müssen klingen, sonst können sie nicht wirken. Lesen Sie ein Gedicht deshalb laut – und zwar so oft, bis Sie es flüssig lesen können. Am besten wäre es, Sie lernten es auswendig (oder zumindest eine Strophe davon), so dass Sie es ohne Vorlage sprechen können, so, als wären es Ihre eigenen Worte.
2. **Die ästhetischen Mittel finden** Analysieren Sie das Gedicht gemäss den Anleitungen auf den nächsten Seiten dieses Lehrbuches.
   «Man sieht nur, was man weiss». Oder: Erst nachdem Sie erkannt haben, welche Mittel der Dichter eingesetzt hat, leuchten Ihnen der Aufbau, das Versmass, die Strophenform, die Bildsprache usw. ein.
3. **Nach der Wirkung der ästhetischen Mittel fragen** Belassen Sie es auf keinen Fall bei der Feststellung der ästhetischen Mittel. Man kann nichts über ein Gedicht aussagen, indem man feststellt, es weise ein trochäisches Metrum und eine Terzinenstruktur auf. Fragen Sie nach der Wirkung der vielfältigen Mittel der lyrischen Sprache.
4. **Das Gedicht mit sich selbst in Verbindung setzen** Finden Sie einen persönlichen Bezug zum Gedicht, aber nicht in dem Sinne: Was habe ich daraus gelernt?, sondern: Wie wirkt das Gedicht auf mich? Was löst es aus? Wieso gefällt es mir? Oder wieso gefällt es mir nicht?

Der Vers

Gedichte sind in der Regel in Versen geschrieben. Im Unterschied zur Prosa, dem fortlaufend geschriebenen Text, folgen Verse eigenen – mehr formalen als inhaltlichen – Regeln. Die Sinneinheit von Versen ist nicht der abgeschlossene Satz, sondern die einzelne Zeile, auch dann, wenn der Satz auf der folgenden Zeile fortgesetzt wird.

Prosa – Vers

Im Prinzip kann jeder Prosasatz in Versform gesetzt werden und umgekehrt.

Prosafassung:
Erst die Zeit, dann eine Fliege, vielleicht eine Maus, dann möglichst viele Menschen, dann wieder die Zeit.

Versfassung:
Erst die Zeit
dann eine Fliege
vielleicht eine Maus
dann möglichst viele Menschen
dann wieder die Zeit

Erich Fried, Totschlagen, 1964

Prosazeile Die Prosazeile ist eine Wortreihe, die bei der Niederschrift oder beim Druck eines Textes entsteht. Das Druckbild hat keine Bedeutung.

Verszeile Bei der Verszeile handelt es sich um eine vom Autor bewusst geformte Wortreihe, deren Anordnung eine Bedeutung hat.

Man unterscheidet echte Verse von solchen, die nicht in Verssprache gehalten sind:

Echte Verse Ein echter Vers zeichnet sich durch eine bewusste Zeilenanordnung, durch ein Versmass und durch andere lyrische Elemente aus (z. B. einen Reim).

Freie Verse (Unechte Verse) Freie Verse unterscheiden sich nur durch das Druckbild von der Prosa. Sie haben in der Regel weder Versfuss noch Reime. (Freie Verse sind typisch für die moderne Lyrik. Das Beispielgedicht von Erich Fried hat freie Verse.)

Vers und Zeile

Nicht alle Verse enden am Schluss einer Zeile. Manche Verse umfassen einen Satz, der über mehrere Zeilen hinweg verläuft. Man unterscheidet:

Zeilenstil Satzende und Versende stimmen überein. Der Vers schliesst am Ende der Zeile ab. Es entsteht eine Pause (siehe Beispielgedicht, S. 150 in V. 1 und 2).

Enjambement (= Zeilensprung) Der Satz überspringt das Zeilenende und setzt sich im folgenden Vers fort. Am Zeilenende entsteht keine Pause. Enjambements wirken beschwingt oder gehetzt, jedenfalls temporeich (siehe Beispielgedicht, S. 150 in V. 3 und 4).

Moderne Gedichte gehen mit Vers, Zeile und Satz anders um, siehe S. 142.

Bauformen von Versen

Der Bau von Versen weicht vom Bau der Sätze in der Prosa ab. Durch auffällige Wiederholungen und ungewöhnliche Satzstellungen entstehen Bauformen, die das Gedicht nicht nur gliedern, sondern auch seine Bedeutung hervorheben.

Folgende Bauformen von Sätzen finden sich in Gedichten häufig:

Inversion (lat. «Umkehrung»)	Abweichung von der üblichen Wortstellung, Umstellung der Wörter im Satz
Anakoluth	Abweichung zum grammatischen Satzbau
Prolepse	Unterbrechung des Satzes mit einem Komma. Danach wird oft das Wort vor dem Komma wiederholt.

Inversion

Im Aussagesatz steht das konjugierte (finite) Verb an zweiter Stelle. Davor befindet sich normalerweise das Subjekt, dahinter folgen die Objekte:

Die Wasser I singen I noch I im Schlafe I vom heutigen Tage.

Die Inversion stellt die Satzglieder um und verlagert so die Aufmerksamkeit.

Es singen im Schlafe noch fort die Wasser
Vom heute gewesenen Tage.

Eduard Mörike, Mitternacht, siehe S. 140

Inversionen sind oft nötig, um ein bestimmtes Versmass einzuhalten oder passende Reime zu erzeugen. Sie erschweren manchmal das Verständnis, wirken aber auch poetisch. Besonders auffällig sind sie, wenn das Subjekt am Satzende steht.

Anakoluth

Der Anakoluth ist eine Abweichung vom üblichen – grammatisch korrekten – Satzbau. Er fällt manchmal nicht auf, denn in der Umgangssprache sind solche Abweichungen häufig. Im folgenden Beispiel entsteht der Anakoluth dadurch, dass ein eigenständiger Fragesatz in den Aussagesatz eingefügt wurde.

Ich weiss nicht, **was soll es bedeuten,**
Dass ich so traurig bin.

Heinrich Heine, Die Loreley

Die grammatisch richtige Satzstellung wäre: Ich weiss nicht, was es bedeuten soll, dass ich so traurig bin.

Prolepse

Die Prolepse unterbricht einen Satz mit einem Satzzeichen. Danach nimmt sie den Satz wieder auf (im Beispiel mit einem Pronomen). Die Prolepse betont ein Wort vor der Unterbrechung (im Beispiel: «… Märchen, …»).

Ein Märchen aus alten Zeiten,
das kommt mir nicht aus dem Sinn.

Heinrich Heine, Die Loreley

Die normale Satzstellung wäre: Ein Märchen aus alten Zeiten kommt mir nicht aus dem Sinn.

Der Versfuss

Die kleinste rhythmische Einheit der Lyrik ist der Versfuss. Er besteht aus einer Abfolge von betonten und unbetonten Silben. In der Musik bezeichnet man das als Takt.

Betonte und unbetonte Silben

In einem gesprochenen Satz betonen wir die einzelnen Silben unterschiedlich, nach Stammsilben (Schl**ü**'ssel), Vor- und Nachsilben (verschw**ú**nden) und Satzbetonung (g**é**stern). Beim Sprechen ergibt sich eine unregelmässige Folge von betonten und unbetonten Silben.

> Der Wohnungsschl**ü**'ssel ist seit g**é**stern verschw**ú**nden.

Im Gegensatz zur Prosa wird der Wechsel von betonten und unbetonten Silben in der Lyrik gezielt eingesetzt. Das erzeugt regelmässige Abfolgen von betonten und unbetonten Silben. Die verschiedenen Möglichkeiten dieser Abfolgen nennt man Versfüsse.

Hebung	eine betonte Silbe im Vers	—
Senkung	eine unbetonte Silbe im Vers	◡

Steigend	Versfuss, der von einer unbetonten zu einer betonten Silbe übergeht	◡—
Fallend	Versfuss, der von einer betonten zu einer unbetonten Silbe übergeht	—◡

Die vier Versfüsse

Jambus (pl. Jamben)	besteht aus unbetonter und betonter Silbe, steigend	Betr**ú**g	◡—
Trochäus (pl. Trochäen)	besteht aus betonter und unbetonter Silbe, fallend	L**í**ebe	—◡
Anapäst (pl. Anapäste)	bestehend aus zwei unbetonten und einer betonten Silbe (Das Wort «Anapäst» ist selber ein Anapäst.) Steigend	Parad**í**es	◡◡—
Daktylus (pl. Daktylen)	bestehend aus einer betonten und zwei unbetonten Silben (Das Wort «Daktylus» ist selber ein Daktylus.) Fallend	K**ö**nigin	—◡◡

Auftakt und Kadenz

Zum Bau von Versen gehören auch Auftakt und Kadenz von Versen. Auftakt bezeichnet den Versanfang. Beginnt er mit einer (oder zwei) unbetonten Silbe vor der ersten Hebung, hat er einen Auftakt. Jambische Verse und Anapäste haben also immer einen Auftakt. Auch Trochäen und Daktylen können einen Auftakt haben: Sie haben dann eine zusätzliche unbetonte Silbe am Beginn des Verses.

Kadenz bezeichnet das Versende. Verse können mit einer betonten oder einer unbetonten Silbe enden.

Männliche Kadenz	Der Vers endet auf einer betonten Silbe. Das wirkt bestimmt, hart, abschliessend.	… ans **La**nd. … ◡—
Weibliche Kadenz	Der Vers endet auf einer unbetonten Silbe. Das wirkt vage, weich, abgerundet.	… vom gewesenen **Ta**ge. … ◡—◡

Das Versmass (Metrum)

Aneinandergereihte Versfüsse bilden ein «Versmass» oder «Metrum».
Das Metrum darf man nicht verwechseln mit dem Rhythmus, der natürlichen Betonung der Wörter innerhalb eines Satzes. Allerdings wirkt das Gedicht umso kunstvoller, je näher sich das Metrum dem Rhythmus annähert.
Das Versmass beruht auf dem Wechsel von betonten und unbetonten Silben. Die Metrik ist wortwörtlich die Kunst des Messens (griech. metriké techné). Der Dichter muss also darauf bedacht sein, die Wörter so zu wählen, dass das Metrum eingehalten werden kann, er muss «Silben zählen».

Rhythmus und Metrum

Der Rhythmus ist die natürliche Betonung des Satzes. Das Metrum hingegen setzt sich zusammen aus den einzelnen Versfüssen. Das Beispiel zeigt den Unterschied:

Metrum (fünfhebige Jamben)

Kennst **du** das **Land**, wo **die** Zi**tro**nen **blühn**,
Im **dun**klen **Laub** die **Gold**-O**ran**gen **glühn**,
Ein **san**fter **Wind** vom **blau**en **Him**mel **weht**,
Die **Myr**te **still** und **hoch** der **Lor**beer **steht**?
Kennst **du** es **wohl**?
Da**hin**, da**hin**
Möcht **ich** mit **dir**, o **mein** Ge**lieb**ter, **ziehn**!

Rhythmus (natürliche Betonung)

Kennst du das Land, wo die Zi**tro**nen **blühn**,
Im dunklen **Laub** die **Gold**-O**ran**gen **glühn**,
Ein sanfter **Wind** vom blauen **Him**mel **weht**,
Die Myrte **still** und **hoch** der **Lor**beer **steht**?
Kennst du es **wohl**?
Da**hin**, da**hin**
Möcht ich mit **dir**, o mein Ge**lieb**ter, **ziehn**!

Johann Wolfgang Goethe, Mignon

Das Beispiel zeigt zwei Dinge:
- In Vers 2, 3 oder 4 weicht das Metrum nicht vom Rhythmus ab. Alle natürlichen Betonungen sind auch im Metrum Betonungen.
- Anders sieht es im ersten oder im letzten Vers aus. Hier verschiebt sich eine Betonung. Es liegt eine Tonbeugung vor.

Tonbeugung

Tonbeugungen – man nennt sie auch Akzentverschiebungen – sind Abweichungen vom Metrum. Vor allem am Versanfang kommt es oft zu Tonbeugungen. Im obigen Beispiel im ersten und im letzten Vers («**Kennst** du» statt «Kennst **du**»; «**Möcht** ich» statt «Möcht **ich**»). Tonbeugungen setzt der Dichter bewusst ein, um durch die Abweichung vom Metrum das «falsch» betonte Wort herauszuheben oder um eine Spannung zu erzeugen.

Zäsur

Zäsur nennt man einen markanten Einschnitt in einem längeren Vers, der durch den Satzbau bedingt ist – z. B. durch Gedankenstrich, Komma, Ausrufezeichen, Punkt. Man zeichnet sie mit zwei senkrechten Strichen (**||**) in Verse ein. Zäsuren bewirken eine Sprechpause und deuten auf inhaltlich bedeutsame Stellen hin.

Was **die**ser **heu**te **baut**, **||** reisst **je**ner **mor**gen **ein**;
Andreas Gryphius, Es ist alles eitel

Spondeus

Das Aufeinandertreffen von zwei betonten Silben bezeichnet man als Spondeus (ausgesprochen: S-ponde-us)

> Überfällt sie der Schlaf || lieg ich und denke mir viel;
> Johann Wolfgang Goethe, Römische Elegien

Grafisch notiert: ◡ ◡ — ◡ ◡ — || — ◡ ◡ — ◡ ◡ —

Variationen von Versmassen im selben Gedicht

Manche Gedichte spielen mit dem Versmass und fügen Variationen ein.

A)
Hat der alte Hexenmeister
Sich doch einmal wegbegeben!
Und nun sollen seine Geister
Auch nach meinem Willen leben!

B)
Seine Wort' und Werke
Merkt' ich und den Brauch,*
Und mit Geistesstärke
Tu' ich Wunder auch.

C)
Walle! Walle
Manche Strecke,
Dass, zum Zwecke,
Wasser fliesse
Und mit reichem, vollem Schwalle **
Zu dem Bade sich ergiesse.

Johann Wolfgang Goethe, Der Zauberlehrling, Anfang

> Es ist möglich, dass innerhalb einer Strophe die Anzahl Hebungen ändert.

A) Das anfängliche Versmass ist ein vierhebiger Trochäus für die ersten vier Verse.
B) Für die folgenden vier Verse wechselt das Versmass in einen dreihebigen Trochäus.
C) Die Zwischenstrophe setzt auf zwei Hebungen. Die Reduktion der Anzahl Hebungen beschleunigt den Vers.

* In manchen Versen ersetzen unbetonte Silben eine Hebung. Das ist möglich, ohne dass das Metrum (wesentlich) gestört ist.

** Ähnliches ist in den letzten beiden Versen zu beobachten. Sie wechseln vordergründig zurück zu vier Hebungen. Allerdings werden die Anfangssilben («Und», «Zu») nicht betont. Sie bilden eine zusätzliche (unbetonte) Auftaktsilbe.

> Es ist möglich, dass sich innerhalb einer Strophe das Versmass ändert, also z. B. ein anfänglicher Jambus in einen Trochäus übergeht.

Häufige Versmasse

Einige Versmasse haben sich in der deutschen Lyrik besonders bewährt. Sie tragen eigene Bezeichnungen, im Gegensatz zu den anderen Versmassen, die man einfach Zwei-, Drei-, Vier-, Fünf- oder Sechsheber nennt.

Blankvers	Fünfhebige Jamben ergeben den Blankvers. Er ist der typische deutsche Dramenvers, kommt aber auch in Gedichten sehr häufig vor. Er endet mit weiblicher oder männlicher Kadenz.	◡— ◡— ◡— ◡— ◡— (◡) Ihr kl**i**ngt des H**i**mmels Bl**äu**e s**ü**sser n**o**ch, Der fl**ü**chtgen St**u**nden gl**ei**chgeschw**u**ngnes J**o**ch. Eduard Mörike, Um Mitternacht, siehe S. 150
Alexandriner (Betonung auf dem «i»)	Der Alexandriner ist ein Sechsheber, meistens jambisch, mit einer festen Zäsur nach der dritten Hebung. Er ist der häufigste Vers der Barocklyrik und der Sonette. Er endet mit weiblicher oder mit männlicher Kadenz.	◡— ◡— ◡— ‖ ◡— ◡— ◡— (◡) Du s**ie**hst, woh**i**n du s**ie**hst, ‖ nur **Ei**telk**ei**t auf **E**rden. Andreas Gryphius, Es ist alles eitel
Hexameter (Betonung auf dem «a»)	Der Hexameter ist ein trochäischer oder daktylischer Sechsheber mit einer oder mit zwei Senkungen zwischen den Hebungen. Er endet mit weiblicher Kadenz.	—◡ —◡ —◡ —◡ —◡◡ —◡ oder: —◡(◡) —◡(◡) —◡(◡) —◡(◡) —◡◡ —◡ Im Hex**a**meter st**ei**gt des Spr**i**ngquells fl**ü**ssige S**äu**le.
Pentameter (Betonung auf dem «a»)	Der Pentameter ist ein daktylischer oder trochäischer Vers mit sechs Hebungen und einer Zäsur. Vor und nach der Zäsur kommt eine Hebung (Spondeus) zu liegen. Er endet mit männlicher Kadenz.	—◡(◡) —◡(◡) — ‖ —◡(◡) —◡(◡) — Im Pent**a**meter dr**au**f ‖ f**ä**llt sie mel**o**disch her**a**b. Friedrich Schiller, Xenien
Volksliedvers	Der Volksliedvers ist ein alternierender Vers mit vier (seltener drei) Hebungen. Es wurde ursprünglich in Kirchen- und Volksliedern verwendet. Er ist jambisch oder trochäisch.	◡— ◡— ◡— ◡— (◡) oder: —◡ —◡ —◡ —◡ Die **E**hre h**a**t mich n**ie** ges**u**cht; die h**ä**tte m**i**ch auch n**ie** gef**u**nden. Gotthold Ephraim Lessing, Ich

Akzentuierende Verse

Neben den «zählenden» (metrischen) Versen gibt es das sogenannte akzentuierende Versbauprinzip: Dabei wird nur die Zahl der Betonungen pro Vers festgelegt. Versfüsse spielen keine Rolle. Die Verse können unterschiedlich lang sein. Je kleiner die Zahl der Betonungen pro Vers, desto härter, schneller, angriffiger klingt der Vers. Man kennt das vom Rap-Stil in der Musik (oft nur zwei Betonungen pro Vers).

Merke: Silbenzählendes ≠ akzentuierendes Versprinzip

Der Knittelvers

Der Knittelvers ist seit dem Mittelalter weit verbreitet, weil man beim Versbau nur auf ein Merkmal achten muss: In jedem Vers muss es gleich viele Betonungen geben.

Merkmale:
- In der Regel vier Betonungen
- Kein Versmass (unregelmässige Abfolge von Hebungen und Senkungen)
- In der Regel ungereimt

H**á**be n**ú**n, **á**ch! Philosoph**í**e,
Jur**í**ster**éi** **ú**nd Medizín,
Únd l**éi**der **áu**ch Theolog**íe**
Durch**áu**s stud**í**ert, mit h**éi**ssem Bem**ü**hn.
Da st**é**h ich n**ú**n, ich **á**rmer T**ó**r!
Und b**í**n so kl**ú**g als w**íe** zuv**ó**r;

Johann Wolfgang Goethe, Faust. Der Tragödie erster Teil

Lesebeispiel:
Im 1. Vers fallen 3 Betonungen auf lediglich 4 Silben, danach folgen allerdings 3 Senkungen.

Stabreimformen

Noch älter als der Knittelvers ist das mittelalterliche Versprinzip. Wie im Knittelvers achtete man in der germanischen Dichtung weder auf die Zahl der Betonungen noch auf die Endreime. Wichtig sind allein die Stabreime. Versprinzip ist also die Ansammlung von Wörtern mit denselben Anfangsbuchstaben.

Merkmale:
- geachtet wird auf die Wortanfänge
- kein einheitliches Versmass
- ungereimt

Der erste Merseburger Zauberspruch

Eiris sazun Idisi, sazun hera duoder.	Einst sassen die Idisen, sie sassen hier und dort.
suma hapt heptidun, suma heri lezidun,	Einige hefteten, einige hemmten das Heer,
suma clubodun umbi cuniowidi:	einige klaubten an den Fesseln:
insprinc haptbandun, inuar uigandun.	Entspringe den Fesseln, entfliehe den Feinden.

Der Reim

Reime sind die auffälligsten Klangelemente von Gedichten. Von einem Reim spricht man, wenn zwei oder mehr Wörter vom letzten betonten Vokal an gleich klingen. Entscheidend ist dabei die Aussprache, nicht das Schriftbild: «Geld» reimt sich also auf «fällt».
Reime tauchen am Versanfang (Anfangsreim), innerhalb des Verses (Binnenreim, Stabreim, Schüttelreim) oder am Ende des Verses (Endreim) auf.

Anfangsreim

Die ersten Wörter zweier aufeinander folgender Verse reimen sich. Ein Anfangsreim kommt selten vor.

«**Hein**rich, der Wagen bricht!» –
«**Nein**, Herr, der Wagen nicht,

Brüder Grimm, Der Froschkönig

Binnenreim

Reime können auch innerhalb eines Verses vorkommen, wenn auch seltener als Endreime.

Eine **starke**, schwarze **Barke**
segelt trauervoll dahin.

Heinrich Heine, Childe Harold

Der Stabreim

Eine spezielle Form des Binnenreims ist der Stabreim. In ihm reimen sich die Anfangssilben aufeinanderfolgender Wörter. Eine Spezialform des Stabreims ist die Alliteration (siehe S. 134).

Schwester stürmischer **Schwer**mut

Georg Trakl, Klage

Schüttelreim

Der Schüttelreim ist gar kein Reim, sondern ein Sprachspiel. In aufeinanderfolgenden Versen oder Wörtern werden die Anfangsbuchstaben einiger Wörter so vertauscht, dass sie eine neue Bedeutung erhalten.

Halte weiter deine Richtung –
Walte heiter, reine Dichtung!

Endreim

Die weitaus häufigste Reimart ist der Endreim.

Reiner Reim	Er ist der «normale» Reim: Die Wörter klingen ab dem letzten betonten Vokal gleich.	… Strahl … Tal
Unreiner Reim	Der Klang ist nur fast gleich oder nur dann gleich, wenn ein Laut unrein gesprochen wird.	Es dringen Blüten aus jedem Zweig Und tausend Stimmen Aus dem Gesträuch. Johann Wolfgang Goethe, Mailied
Reicher Reim	Zwei oder mehr Silben reimen sich.	… Wahrheit … Klarheit
Rührender Reim	Die Wörter klingen genau gleich, bedeuten aber etwas anderes oder werden anders geschrieben.	… Wirt … wird … Häute … heute

Waise

Die Waise ist ein Vers, der mit keinem anderen reimt. Das betont ihn besonders.

Frühling lässt sein blaues Band	a
Wieder flattern durch die Lüfte;	b
Süsse, wohlbekannte Düfte	b
Streifen ahnungsvoll das Land.	a
Veilchen träumen schon,	c
Wollen balde kommen	d
– Horch, von fern ein leiser Harfenton!	c
Frühling, ja du bist's!	e: Waise
Dich hab ich vernommen!	d

Eduard Mörike, Er ist's

Kehrreim (Refrain)

Verse – häufig die ersten oder letzten einer Strophe – werden in anderen Strophen wiederholt (siehe Beispielgedicht, S. 150 Vers 7 und 8 bzw. Vers 15 und 16).

Vom Tage,
Vom heute gewesenen Tage.

Reimschemata

Man unterscheidet verschiedene Reimschemata, abhängig davon, in welchen Versen die Reimwörter aufeinanderfolgen. Das Schema wird mit Kleinbuchstaben notiert.

Paarreim	Je zwei aufeinanderfolgende Verse reimen sich.	a a b b	Mitternacht schlägt eine Uhr im Tal, Mond am Himmel wandert kalt und kahl. Unterwegs im Schnee und Mondenschein Geh mit meinem Schatten ich allein. Hermann Hesse, Wanderer im Schnee
Kreuzreim	Jeweils der erste und der dritte bzw. der zweite und der vierte Vers reimen sich übers Kreuz.	a b a b	Als sie einander acht Jahre kannten (Und man darf sagen, sie kannten sich gut), Kam ihre Liebe plötzlich abhanden, Wie anderen Leuten ein Stock oder Hut. Erich Kästner, Sachliche Romanze
Halber Kreuzreim	Nur der erste und dritte oder der zweite und vierte Vers reimen sich, die beiden anderen nicht.	x a x a	Am Brunnen vor dem Tore Da steht ein Lindenbaum: Ich träumt' in seinem Schatten So manchen süssen Traum. Wilhelm Müller, Der Lindenbaum
Umarmender Reim	Der erste und der vierte Vers reimen sich, die mittleren auch.	a b b a	Dem Bürger fliegt vom spitzen Kopf der Hut. In allen Lüften hallt es wie Geschrei, Dachdecker stürzen ab und gehn entzwei Und an den Küsten – liest man – steigt die Flut. Jakob van Hoddis, Weltende
Haufenreim	Alle aufeinanderfolgenden Reime reimen sich.	a a a a	Das ist das Verhängnis zwischen Empfängnis und Leichenbegängnis nichts als Bedrängnis. Erich Kästner, Das ist das Verhängnis
Schweifreim	Ein Paarreim und ein umarmender Reim werden kombiniert.	a a b c c b	Der Mond ist aufgegangen, Die gold'nen Sternlein prangen Am Himmel hell und klar. Der Wald steht schwarz und schweiget, Und aus den Wiesen steiget Der weisse Nebel wunderbar. Matthias Claudius, Abendlied
Verschränkter Reim	Die Reime greifen zu dritt ineinander.	a b c a b c	Aus den Knospen, die euch deckten, Süsse Rosen, mein Entzücken, Lockte euch der heisse Süd; Doch die Gluten, die euch weckten, Drohen jetzt, euch zu ersticken, Ach, ihr seid schon halb verglüht! Friedrich Hebbel, Die Rosen im Süden

Der Klang

Verse werden durch gleiche oder ähnliche Klänge miteinander verbunden. Der Klang ist das wichtigste Stilmittel des Gedichts. Er entsteht in erster Linie durch die Auswahl und die Anordnung der betonten Vokale. Der stärkste Gleichklang ist der Reim. Es gibt aber eine Reihe weiterer Klangformen.

Alliteration

Folgen gleich klingende Konsonanten aufeinander, spricht man von Alliteration.

Er hat sich ge**w**iegt,
Wo **W**einen **w**ar

Hugo von Hofmannsthal, Vorfrühling

Assonanz (Gleichklang)

Als Assonanz bezeichnet man eine Kombination von Wörtern mit gleich oder ähnlich klingenden Vokalen. Die Konsonanten bleiben unberücksichtigt. Assonanzen vermitteln Harmonie und Ausgeglichenheit.

Assonanzen ergeben sich aus ähnlich klingenden Vokalen:
- schweifen – leise
- Töne – Flöhe

Assonanzen liegen auch vor, wenn bestimmte Vokale in einem Vers, einer Strophe oder im ganzen Gedicht häufig vorkommen.

Das Klangbild entsteht aus den betonten Vokalen eines Verses oder eines Gedichtes. Klangbilder können hell, dunkel, ausgewogen oder unausgeglichen wirken.

Helle Assonanz	Entsteht aus «hellen» Vokalen: ä – e – i – ü – ei – eu
Dunkle Assonanz	Entsteht aus «dunklen» Vokalen: a – o – u – ö – au

Lautmalerei (Onomatopoesie)

Die Lautmalerei versucht, akustische Reize nachzuahmen. Der Hahn schreit beispielsweise «Kikerikii», wobei «Kikerikii» lautmalerisch den realen Laut nachahmt. Im folgenden Beispiel gibt James Krüss das knisternde Geräusch eines Holzfeuers in lautmalerischen Verben wieder:

Hörst du, wie die Flammen flüstern,
Knicken, knacken, krachen, knistern,
Wie das Feuer rauscht und saust,
Brodelt, brutzelt, brennt und braust?

James Krüss, Das Feuer, 1. Strophe

Anapher

Beginnen Verse mit demselben Wort oder denselben Wörtern, spricht man von Anaphern. Dabei ist es nicht nötig, dass die Anapherwörter wie die Reimwörter in einem Schema aufeinanderfolgen.
Anaphern können über das ganze Gedicht, d.h. auch über verschiedene Strophen hinweg eingesetzt werden. Sie haben somit eine wichtige Klammerwirkung.

Im wunderschönen Monat Mai,
Als alle Knospen sprangen,
Da ist in meinem Herzen
Die Liebe aufgegangen.

Im wunderschönen Monat Mai,
Als alle Vögel sangen,
Da hab ich ihr gestanden
Mein Sehnen und Verlangen

Heinrich Heine, Im wunderschönen Monat Mai

In Heinrich Heines Gedicht kommen alle Formen der Anapher vor:
- die Wiederholung ganzer Verszeilen («Im wunderschönen Monat Mai»),
- die Wiederholung einer Wortgruppe («Als alle») am Versanfang und
- die Wiederholung eines einzelnen Wortes («Da») am Versanfang.

Die Wiederholung von einzelnen Wörtern oder Wortgruppen dient der Rhythmisierung des Gedichtes und unterstützt die Aussage. Die Anaphern können auch weiter auseinanderliegende Verszeilen miteinander verknüpfen.

Epipher

Werden am Versende ein Wort oder mehrere Wörter wiederholt, spricht man von Epipher. Die Epipher legt ein besonderes Gewicht auf das wiederholte Wort.

Es schauen die Blumen alle
Zur leuchtenden Sonne hinauf;
Es nehmen die Ströme alle
Zum leuchtenden Meere den Lauf.

Es flattern die Lieder alle
Zu meinem leuchtenden Lieb –
Nehmt mit meine Tränen und Seufzer,
Ihr Lieder, wehmütig und trüb!

Heinrich Heine, Es schauen die Blumen alle

Epiphern können auch weiter auseinanderliegende Verszeilen miteinander verknüpfen.

Parallelismus

Ein Klangelement, das eher im Verborgenen wirkt, ist der Parallelismus. Dabei wird eine grammatische Satzstruktur wiederholt, ohne dass sich Wörter oder Laute wiederholen. Die Wiederholung der Versstruktur verweist auf den parallelen Vers und betont ihn somit. Der Parallelismus wird eingesetzt, um inhaltliche Zusammengehörigkeit oder Gleichförmigkeit auszudrücken.

A Morgens steh ich auf und frage:
B Kommt feins Liebchen heut',
A Abends sink ich hin und klage:
B Ausblieb sie auch heut'.

Heinrich Heine, Morgens steh ich auf

A In dieser Strophe sind der erste und der dritte Vers parallel gebaut:
Adverbial der Zeit | finites Verb | lyrisches Ich | Verbzusatz | und-Anschluss | Doppelpunkt

B Ebenso der zweite und der vierte Vers sind parallel gebaut (besonders auffällig wegen der Inversion, siehe S. 151):
Finites Verb | Subjekt (Liebchen) | «heut'»

Klangelemente am Beispiel

Und bist du erst **mei**n ehlich W**ei**b,
Dann bist du zu ben**ei**den,
Dann lebst du in lauter Z**ei**tvertr**ei**b,
In lauter Pläsier und Freuden.

Heinrich Heine, Und bis du erst mein ehlich Weib

Diese kleine Strophe Heines ist mehrfach durch Klangelemente verklammert:
- mit Alliterationen (Dann – du / bist – beneiden / lebst – lauter)
- mit Assonanzen (5 × -**ei**-, dann auch -au-)
- mit Binnenreimen («bist du» – «bist du» – «lebst du»)
- mit Endreimen («Weib» – «Vertreib» bzw. «beneiden» – «Freuden»)
- mit einer Anapher («Dann»)

Die Klangelemente prägen die Stimmung des Gedichtes.

Die Assoziation

Gedichte sind extrem konzentrierte, verdichtete Texte. Sie bieten in oft wenigen Worten eine Fülle von Bedeutung. Gedichte zeichnen sich neben ihren besonderen Bauprinzipien (siehe Kapitel 4.2.) durch ihre Wortwahl aus. Der Dichter wählt die Wörter so, dass sie bestimmte Stimmungen hervorrufen. Er arbeitet also mit Assoziationen.

Alltagssprache – lyrische Bildhaftigkeit

Schön prangt im Silbertau die junge Rose,
Den ihr der Morgen in den Busen rollte;
Sie blüht, als ob sie nie verblühen wollte,
Sie ahnet nichts vom letzten Blumenlose.

Eduard Mörike, Nur zu!

In der Alltagssprache würde man den von Mörike geschilderten Umstand nüchtern etwa so ausdrücken: Die Tautropfen auf der Rose schimmern zwar schön, aber die Rose selber ahnt nicht, dass sie verblühen wird. Diesen Umstand umschreibt das Gedicht poetisch:

- Die seltenen Wörter «prangen» und «Blumenlos» (= Schicksal der Blumen) wirken feierlich.
- Die Bezeichnung «Silbertau» macht den Tautropfen zu etwas Kostbarem.
- Die Entstehung des Taus auf der Rosenblüte im Morgengrauen drückt der 2. Vers bildlich aus.
- Das Wort «Rose» deutet eine übertragene Bedeutung an: Die Rose am Morgen verkörpert sinnbildlich (sie symbolisiert) eine Frau in jugendlicher Schönheit, die noch nichts vom Altern («verblühen») ahnt.

Spiel mit der Bedeutung

Die lyrische Sprache arbeitet mit Assoziationen, d.h. mit dem Hervorrufen einer Vorstellung. Im obigen Beispiel enthält das Wort «Rose» nicht nur den Begriff «Blume». Die meisten Menschen assoziieren mit «Rose» auch die Vorstellung von romantischer Liebe. Niemand würde behaupten, das Wort «Rose» bedeute «Liebe». «Rose» erweckt hier aber die Assoziation «Liebe». Die Assoziation entscheidet auch darüber, ob ein Wort eine angenehme oder abstossende Wirkung hat; das Wort «Köter» zum Beispiel ist negativ besetzt. Wie wichtig Assoziationen sind, wird klar, wenn man das Wort «Rose» im obigen Gedicht durch einen anderen Blumennamen ersetzt, zum Beispiel «Distel».

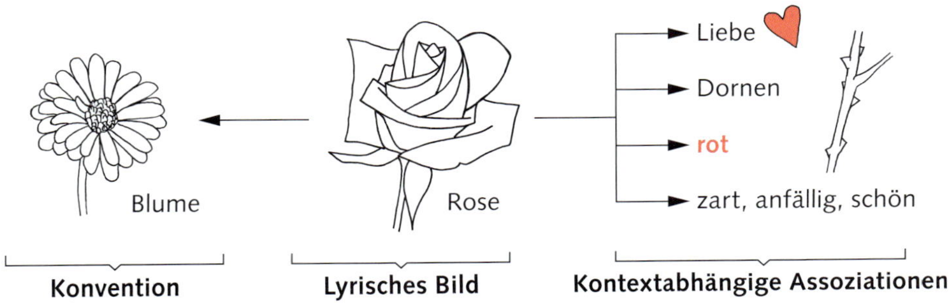

Ruft ein Wort mehr als nur seine eigentliche Bedeutung hervor, spricht man von Assoziation. Assoziation bezeichnet die Wirkungsweise eines lyrischen Bildes.

Die Umschreibung

Eine Form der lyrischen Bildsprache sind Umschreibungen. Der Dichter nennt den Sachverhalt nicht direkt beim Namen, sondern er umschreibt oder beschreibt ihn. Der Zweck von Umschreibungen ist, eine Stimmung hervorzurufen, die durch die blosse Nennung des Sachverhaltes nicht erzeugt wird.

Bedeutung	Lyrisches Bild
Herbst	Die Blätter fallen, fallen wie von weit, Als welkten in den Himmeln ferne Gärten Rainer Maria Rilke, Herbst
Mitternacht	Gelassen stieg die Nacht an Land, Lehnt träumend an der Berge Wand, Ihr Auge sieht die goldne Waage nun Der Zeit in gleichen Schalen stille ruhn Eduard Mörike, Um Mitternacht, siehe S. 140
Liebe	Deine Seele, die die meine liebet Ist verwirkt mit ihr im Teppichtibet. Strahl um Strahl, verliebte Farben, Sterne, die sich himmellang umwarben Else Lasker-Schüler, Ein alter Tibetteppich
Abstraktion	**Veranschaulichung**

Veranschaulichung

Alle Beispiele ähneln sich in einem Umstand: Sie veranschaulichen eine Abstraktion.

- Herbst: «Es wird Herbst» ist ein abstrakter Sachverhalt. Der Vers «Die Blätter fallen, fallen wie von weit / als welkten in den Himmeln ferne Gärten» veranschaulicht Herbst an einer allgemeinen Beobachtung mit einem Vergleich: Blätter fallen, als ob die Himmel welkten.
- Mitternacht: Ähnlich geht Mörike vor. Statt zu sagen: «Es ist Mitternacht», veranschaulicht er mit den ausgeglichenen Waagschalen, was Mitternacht bedeutet, nämlich die Mitte zwischen zwei Tagen. Diese Umschreibung assoziiert also das Ende des vergangenen und den Anfang des neuen Tages.
- Liebe: Else Lasker-Schüler veranschaulicht den abstrakten Sachverhalt «Liebe» mittels sprachlicher Bilder: Die Seelen sind ineinander verwoben wie ein Teppich; sie gleichen Sternen, die sich ewig gegenseitig anglänzen – und zwar in «verliebten Farben».

Kombination lyrischer Bilder

Die Beispiele enthalten weitere lyrische Bilder.

- Beispiel «Herbst» arbeitet mit einem Vergleich (Blätter fallen …, als welkten in den Himmeln ferne Gärten).
- Beispiel «Mitternacht» braucht eine Allegorie (die personifizierte Nacht) und Metaphern (die Nacht lehnt an der Bergwand; die Waagschale).
- Beispiel «Liebe» benutzt ein Symbol (Teppich als Symbol für die miteinander verwobenen Seelen).

Vergleich und Metapher

Während Umschreibungen viele Worte brauchen, um einen – abstrakten – Sachverhalt auszudrücken, fassen sich Vergleiche und Metaphern kurz. Sie verdichten eine Stimmung in einer Redewendung oder sogar in nur einem Wort.

■ Vergleich

Die einfachste Form der bildhaften Sprache ist der Vergleich. Er verbindet unterschiedliche Sinnbereiche, die mit den Vergleichswörtern «wie» oder «als ob» verknüpft sind.

Das Leben ist wie ein Jahrmarkt.

Ein Jahrmarkt ruft die Assoziationen «bunt», «Jubel und Trubel», «mit (zu) vielen Eindrücken verbunden» und andere hervor. Diese überträgt der Vergleich auf das Leben. Beide Sinnbereiche (Leben und Jahrmarkt) haben also mindestens die Assoziationen gemein, die durch den Vergleich hervorgerufen werden.

Die Assoziationen, die ein Vergleich schafft, sind umfassender als eine detaillierte Beschreibung. Auf äusserst knappem Raum ruft der Vergleich eine Vielzahl von Assoziationen hervor.

■ Metapher

Die Metapher ist die wichtigste Form des sprachlichen Bildes. Das griechische Wort bedeutet «Übertragung». Die Metapher überträgt also ein Wort aus seinem ursprünglichen Bedeutungszusammenhang (Bildspender) auf einen neuen Sachverhalt (Bildempfänger). Die Metapher hat also eine «übertragene» Bedeutung.

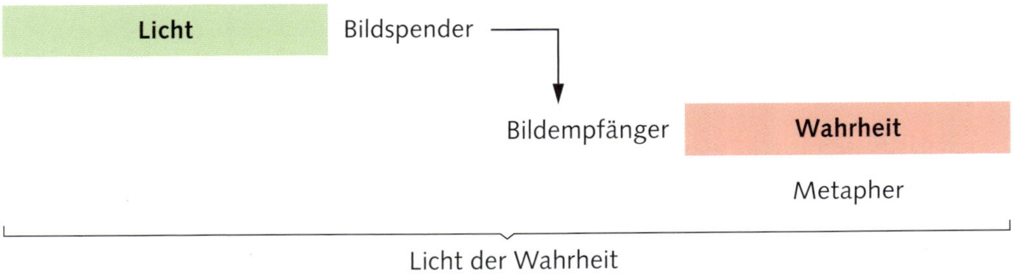

Licht assoziiert «Helligkeit», allenfalls «Erleuchtung». Die Metapher «Licht der Wahrheit» meint also: Die Wahrheit soll hell leuchten oder andere erleuchten.

Kühne Metaphern

Metaphern können brav und konventionell sein. Die Waage, die die Zeit gleichmässig anzeigt und damit Mitternacht meint, ist eine verbreitete Metapher. Andere Metaphern verknüpfen Sachverhalte auf einmalige, auffällige oder unvereinbare Weise miteinander. Solche Metaphern nennt man «kühn» oder «stark»:

- Er hält «den Bären an der Leine und würzt die Lämmer gut».
- «Die Uniform des Tages ist die Geduld» (beide Beispiele: Ingeborg Bachmann)

Eine Metapher wird als stark empfunden, wenn die Verschiedenheit als gross erfahren wird. Sie wird als schwach empfunden, wenn die Verschiedenheit zwischen ihren beiden Teilen als gering erfahren wird.
Je häufiger eine Metapher verwendet wird, desto schwächer wirkt sie.

Oxymoron und Synästhesie

Oxymoron und Synästhesie sind zwei Spezialformen der starken oder kühnen Metapher. Wie bei Metaphern üblich, verknüpfen sie einen Begriff (den Bildspender) mit einem anderen Begriff (Bildempfänger), wobei sie sich zusätzlich jeweils einer Regel unterwerfen.

Oxymoron

Sich absichtlich widersprechende Begriffe nennt man Oxymora (griech. oxys = scharf; moros = dumm; also scharfsinnige Dummheit). Das Oxymoron ist eine rhetorische Figur, die ein Paradox formuliert, etwas, das es gar nicht geben kann:

- Bittere Süsse
- Traurigfroh
- Ein sehr beredtes Schweigen
- Leistungsorientierte Liebe

Oxymora rufen besonders starke, meist mehrdeutige Bilder hervor. Vor allem moderne Gedichte machen häufig Gebrauch von Oxymora, denn sie dienen unter anderem dazu, Verstörung, Beklemmung und Fassungslosigkeit auszudrücken.

Schwarze Milch der Frühe wir trinken sie abends
wir trinken sie mittags und morgens wir trinken sie nachts
wir trinken und trinken
wir schaufeln ein Grab in den Lüften da liegt man
[...]

Paul Celan, Todesfuge, Anfang

Oxymora wirken stark, weil sie bewusst gegensätzliche Begriffe kombinieren und dadurch Staunen auslösen.

Synästhesie

Die Synästhesie (griech. «Zusammenempfinden») vermischt Eindrücke unterschiedlicher Sinne, und zwar in einer paradoxen, unmöglichen Weise:

Golden wehn die Töne nieder

Clemens Brentano, Abendständchen

Töne sind Empfindungen des Hörsinnes, das Wehen empfindet man mit dem Tastsinn, die Farbe Gold wiederum mit dem Sehsinn. Die Töne wehen golden – das ist paradox. Diese Synästhesie verwebt drei verschiedene Sinnesempfindungen miteinander. Jede Sinnesempfindung kontrastiert die beiden anderen und betont sie somit.

Synästhesien wirken stark, weil sie ein bereits im Bildempfänger vorhandenes Merkmal (Sinnesempfindung) durch den Bildspender noch verstärken.

Symbol und Allegorie

Das Symbol und die Allegorie sind miteinander verwandt. Beide drücken einen in der Regel abstrakten Begriff oder Umstand durch eine konkrete Sache aus. Das Symbol verwendet Dinge, die Allegorie verwendet Personen. Die personifizierte Justitia ist also eine Allegorie, die Waage, die sie in der Hand hält, ein Symbol für Gerechtigkeit.

Symbol

Ein Symbol (Sinnbild) ist immer etwas Sichtbares, sinnlich Wahrnehmbares, ein Ding also. Es steht für eine übertragene Bedeutung.

Heute wie damals macht die Liebe sich
auf den Weg zwischen Krippe und Kreuz.

Gisela Baltes

Justitia:
Allegorie auf Gerechtigkeit
Waage:
Symbol für Gerechtigkeit

Die Krippe steht hier nicht für eine Futterkrippe, sondern für die Geburt Jesu, und das Kreuz meint nicht ein Kreuz aus Holz, sondern das Leiden Christi. Krippe und Kreuz sind beide Symbole. Viele Symbole sind in der abendländischen Literatur geläufig und werden in unterschiedlichen Zusammenhängen verwendet.

Rose	Zartheit, Weiblichkeit, Zuneigung
Vogel	Freiheit, Ungebundenheit
Herz	Liebe, Gefühle

Andere Symbole erhalten ihre Bedeutung durch den besonderen Zusammenhang, in dem sie vorkommen.

Zwei Segel erhellend
Die tiefblaue Bucht!
Zwei Segel sich schwellend
Zu ruhiger Flucht!
[…]

Begehrt eins zu hasten,
Das andre geht schnell,
Verlangt eins zu rasten,
Ruht auch sein Gesell.

Conrad Ferdinand Meyer, Zwei Segel

Hier stehen die zwei Segel des Segelbootes für die innige Freundschaft oder Liebe zweier Wesen, die ohne das andere nicht auskommen können. Die Verwendung dieses Symbols ist einzigartig, d. h. es funktioniert nur innerhalb dieses Gedichtes.

Allegorie

Personifizierungen und Vermenschlichungen von (abstrakten) Sachverhalten nennt man Allegorien. Allegorien funktionieren einerseits wie Symbole, wobei Symbole den Bezug durch Dinge, Allegorien durch Personen herstellen. Andererseits gibt es Allegorien, die sich nicht auf einen einzelnen Ausdruck beziehen, sondern auf ein ganzes Begriffsfeld (z. B. Das Leben gleicht einem Zirkus) respektive auf ein ganzes Thema (siehe oben: Die beiden Segelboote allegorisieren die Liebe zweier Verliebter). Beachten Sie die Definitionen im Glossar (siehe S. 193).

Moderne Lyrik

Ab Beginn des 20. Jahrhunderts entwickelte sich die moderne Lyrik. Sie zeichnet sich nicht durch Metrum und Reim aus, sondern zur Hauptsache durch freien Versbau und starke Sprachbilder.

Eigenheiten moderner Lyrik

Freie Rhythmen

Als freie Rhythmen werden Verse ohne einheitliches Metrum, ohne Reim und ohne feste Strophenform bezeichnet.

Merkmale freier Rhythmen:

- Hakenstil
- Verzicht auf Reime
- kein einheitliches Versmass, unterschiedlich lange Verse
- Durchbrechung des grammatischen Satzbaus: «Großer Bär, komm herab, zottige Nacht»

Großer Bär, komm herab, zottige Nacht,
Wolkenpelztier mit den alten Augen,
Sternenaugen,
durch das Dickicht brechen schimmernd
deine Pfoten mit den Krallen,
Sternenkrallen,
wachsam halten wir die Herden,
doch gebannt von dir, und mißtrauen
deinen müden Flanken und den scharfen
halbentblößten Zähnen,
alter Bär.

Ingeborg Bachmann, Anrufung des großen Bären, Anfang

Hakenstil

Bilden die einzelnen Verse für sich keine Sinneinheiten mehr, sondern erschliessen sich erst aus dem Gesamtzusammenhang, spricht man von Hakenstil, denn durch die versübergreifende Satzstruktur verhaken (verketten) sich die einzelnen Zeilen miteinander. Das Beispielgedicht auf S. 150 verfügt nicht über Hakenstil, sehr wohl aber das Gedicht von Ingeborg Bachmann auf dieser Seite.

Auflösung der Strophe

In vielen modernen Gedichten gibt es keine Strophen mehr. Wenn doch, dann sind die Strophen unterschiedlich lang, manchmal bestehen sie aus nur einem Vers.

Starke Bilder

Das Spiel mit Assoziationen, starke Metaphern, ausdrucksvolle Vergleiche, Oxymora und andere auffällige Sprachbilder prägen die moderne Lyrik. Im Beispielgedicht findet man die Metapher «zottige Nacht», die Synästhesie «schimmernd brechen» oder den Neologismus «Wolkenpelztier».

Verdichtung

Ebenfalls ein Merkmal der modernen Dichtung ist die Reduktion der Wörter auf das Minimum. Der Dichter deutet den Sinn oft nur an, grammatische Vollständigkeit wird nicht angestrebt. Ellipsen, Einwortverse, merkwürdige Satzbauten sind Kennzeichen dafür.

Strophenformen

Strophen sind die Gliederungseinheit eines Gedichtes. Gewisse Strophenformen kommen häufig vor. Sie haben klar festgelegte formale Merkmale.

Längst nicht alle Strophen passen in eine gängige Strophenform.

■ Ode

Zu den ältesten festen Strophenformen gehört die Ode. Sie ist seit der Antike bekannt, wird allerdings bis in die deutsche Lyrik der Gegenwart hinein nachgeahmt bzw. nachgestaltet. Die Ode verfügt über ein meist streng befolgtes Metrum, hat vierzeilige Strophen ohne Reim. Streng genommen definiert sich die Ode in der deutschen Lyrik weniger über die Strophenform, sondern stärker durch Thema und Vortragsstil. Die Ode behandelt ein würdiges Thema (z. B. Liebe, Natur, Vaterland) in hohem, pathetischem Stil. Vom Lied unterscheidet sich die Ode durch die gehobene Stillage und ihre kunstvollere sprachliche Gestaltung.

Merkmale:
- Gehobene Sprache (feierlicher, würdevoller Stil)
- Erhabenes Thema
- Strophe zu vier Versen
- Meist reimlos
- Metrisch streng geregelt
- Typisch für das Metrum der Ode: Mischung von Jambus und Anapäst bzw. Trochäus und Daktylus

Heidelberg (Anfang)

Lange lieb ich dich schon, || möchte dich, mir zur Lust,
Mutter nennen und dir || schenken ein kunstlos Lied,
Du, der Vaterlandsstädte
Ländlichschönste, so viel ich sah.

(asklepiadeische Strophe)

Wie der Vogel des Waldes über die Gipfel fliegt,
Schwingt sich über den Strom, wo er vorbei dir glänzt,
Leicht und kräftig die Brücke,
Die von Wagen und Menschen tönt.

Friedrich Hölderlin

Man unterscheidet verschiedene Strophenformen der Ode. Gemeinsam sind allen unterschiedlich lange Verse und die Kombination verschiedener Versfüsse. Hölderlins Ode «Heidelberg» verwendet die sogenannte asklepiadeische Strophe. Typisch für sie ist der Wechsel von Trochäen und Daktylen mit charakteristischer Mittelzäsur. Auffallend ist weiter, dass jeweils der dritte und der vierte Vers sehr viel kürzer sind als die beiden ersten. Schematisch sieht das so aus:

asklepiadeische Ode:
—◡ —◡◡ — || —◡◡ —◡ —
—◡ —◡◡ — || —◡◡ —◡ —
—◡ —◡◡ —◡
—◡ —◡◡ —◡ —

■ Volksliedstrophe

Die Liedstrophe ist eine Sammelbezeichnung. Sie hat verschiedene Ausprägungen. Das Lied war in der Romantik die beliebteste lyrische Gattung.

Merkmale:

- Kurze Verse (drei- oder vierhebig)
- Alternierendes Metrum (siehe Volksliedvers S. 129)
- Reim, in der Regel Kreuzreim
- Strophe mit vier Versen
- Häufig mit Refrain bzw. Kehrreim

Treue

W**ie** dem W**a**nderer in Tr**äu**men,
D**a**ss er st**i**ll im Schl**a**fe w**ei**nt,
Zw**i**schen g**o**ldnen W**o**lkens**äu**men
S**ei**ne H**ei**mat w**o**hl ersch**ei**nt:
(trochäischer Vierheber)

So durch dieses Frühlings Blühen
Über Berg' und Täler tief,
Sah ich oft dein Bild noch ziehen,
Als ob's mich von hinnen rief;

Und mit wunderbaren Wellen
Wie im Traume, halbbewusst,
Gehen ew'ge Liederquellen
Mir verwirrend durch die Brust.

Joseph von Eichendorff

■ Stanze

Die Stanze ist in der italienischen Lyrik eine beliebte Strophe.

Merkmale:

Acht Verse
Meistens jambischer Fünfheber (Blankvers)
Reimschema: a b a b a b c c (endet immer mit Paarreim)

Zueignung

Der M**o**rgen k**a**m; es sch**eu**chten s**ei**ne Tr**i**tte — a
Den l**ei**sen Schl**a**f, der m**i**ch gel**i**nd umf**i**ng, — b
Dass **i**ch erw**a**chte aus m**ei**ner st**i**llen H**ü**tte — a
Den B**e**rg hin**au**f mit fr**i**scher S**ee**le g**i**ng; — b
Ich freute mich bei einem jeden Schritte — a
Der neuen Blume, die voll Tropfen hing; — b
Der junge Tag erhob sich mit Entzücken, — c
Und alles war erquickt, mich zu erquicken. — c

Johann Wolfgang Goethe

Distichon

Das Distichon wird vorwiegend für pointierte Aussagen verwendet. Es ist die Strophenform des Epigramms, einer Gedichtform für knappe, konzentrierte Gedanken.

Merkmale:
- Zweizeiler
- Je ein Hexameter und ein Pentameter (siehe S. 129)

Das Distichon
Im Hexameter steigt des Springquells flüssige Säule.
Im Pentameter drauf || fällt sie melodisch herab.

Friedrich Schiller, 1795

Die Kunst zu lieben
Auch zum Lieben bedarfst du der Kunst? Unglücklicher Manso,
Dass die Natur auch nicht, || gar nichts für dich noch getan!

Friedrich Schiller, 1795

Dichtkunst
Fürchterlich ist diese Kunst! Ich spinn aus dem Leib mir den Faden,
Und dieser Faden zugleich || ist auch mein Weg durch die Luft.

Hugo von Hofmannsthal, 1898

Terzine

Anders als bei den anderen Strophenformen geht bei der Terzine das Reimschema über die einzelne Strophe hinaus (vergleichbar mit den Terzetten im Sonett, siehe S. 148).

Merkmale:
- Dreizeiler
- Reimschema: aba / bcb / cdc / ded oder aba / cbc / dcd / ede usw.
- Fünfhebiger Jambus

Terzinen über Vergänglichkeit (Anfang)

Noch spür ich ihren Atem auf den Wangen:	a
Wie kann das sein, dass diese nahen Tage	b
Fort sind, für immer fort, und ganz vergangen?	a
Dies ist ein Ding, das keiner voll aussinnt,	c
Und viel zu grauenvoll, als dass man klage:	b
Dass alles gleitet und vorüberrinnt.	c
Und dass mein eignes Ich, durch nichts gehemmt,	d
Herüberglitt aus einem kleinen Kind	c
Mir wie ein Hund unheimlich stumm und fremd.	d
[...]	

Hugo von Hofmannsthal

Gedichtformen

Einige Gedichtformen sind sehr bekannt. Sie sind durch ihren Inhalt bestimmt (die Ballade) oder durch ihre Form (das Sonett). Die moderne Poesie hat auch Gedichtformen geschaffen, die gar nicht mit lyrischer Sprache arbeiten, sondern mit figürlicher Darstellung und Lauten.

Viele Gedichtformen sind regional wichtig: So gibt es in Grossbritannien den Limerick oder in Japan das Haiku. Hier werden nur die in der deutschen Literatur häufig gebrauchten Formen vorgestellt.

Wichtig: Längst nicht jedes Gedicht lässt sich einer der vorgestellten Gedichtformen zuordnen.

Ballade

Die Ballade ist ein Erzählgedicht. Inhaltlich orientieren sich Balladen häufig an historischen Ereignissen oder Gestalten.

Merkmale:
- Erzählen einer Geschichte
- Viele Strophen
- Regelmässiges Metrum
- Meistens gereimt

Ein berühmtes Beispiel für eine Ballade ist «Erlkönig» von Johann Wolfgang Goethe.

Epigramm

Epigramme sind pointiert geformte Gedanken. Das Epigramm ist aus Inschriften von Grabmälern oder Kunstgegenständen hervorgegangen. Es ist verwandt mit dem Aphorismus (siehe S. 59).

Merkmale:
- Ein oder zwei Distichen (siehe S. 145)
- Sinnspruch, oft mit Pointe
- reimlos

Venezianische Epigramme

W**a**rum tr**ei**bt sich das V**o**lk so und schr**ei**t? Es w**i**ll sich ern**äh**ren,
K**i**nder **zeu**gen, und **die** || **näh**ren, so **gut** es verm**a**g.
M**e**rke dir, R**ei**sender, d**a**s, und th**ue** zu H**au**se desgl**ei**chen!
W**ei**ter br**i**ngt es kein M**e**nsch, || st**e**ll' er sich, **wie** er auch w**i**ll.

Johann Wolfgang Goethe

Elegie

Die Elegie kennt man seit der Antike. Sie drückt eine wehmütige oder resignierende Stimmung aus.

Merkmale:
- Melancholische Stimmung
- Ursprünglich in Distichen (siehe S. 145)
- Unterschiedlich lange Strophen oder Gedichtlängen
- in der Regel reimlos

8. Römische Elegie

W**e**nn du mir s**a**gst, du h**a**best als **Ki**nd, Gel**ie**bte, den **Me**nschen
N**i**cht gef**a**llen, und d**i**ch || h**a**be die M**u**tter verschm**äh**t,
B**i**s du gr**ö**sser gew**o**rden und still d**i**ch entw**i**ckelt – ich gl**au**b es:
G**e**rne d**e**nk ich m**i**r || d**i**ch als ein bes**o**nderes **Ki**nd.
Fehlet B**i**ldung und F**ar**be doch **au**ch der Bl**ü**te des W**ei**nstocks,
W**e**nn die B**ee**re, ger**ei**ft, || **Me**nschen und G**ö**tter entz**ü**ckt.

Johann Wolfgang Goethe

Hymne

Die Hymne ist ein feierlicher Lobgesang – zur Verherrlichung von Göttern, Helden, Herrschern oder auch Tugenden. Sie drückt grosse Begeisterung oder ekstatische Gefühle aus.

Merkmale:
- Preisgesang mit religiösem, weltanschaulichem oder philosophischem Inhalt
- Ursprüngliches Metrum oft in freien Rhythmen
- Kein Strophenbau
- Ohne Reime

Hymnen an die Nacht (Handschrift)

Von ihm will ich reden
Und liebend verkünden
So lang ich
Unter Menschen noch bin.
Denn ohne ihn
Was wär unser Geschlecht,
Und was sprächen die Menschen,
Wenn sie nicht sprächen von ihm
Ihrem Stifter,
Ihrem Geiste.

Novalis

Eine Spezialform der Hymne sind die sogenannten «Nationalhymnen», die allerdings meistens der Volksliedstrophe folgen.

Sonett

Das Sonett ist eine der häufigsten Gedichtformen in der europäischen Literatur. Charakteristischstes Merkmal ist der festgelegte Strophenbau. Auch Versmass und Reimschema sind festgelegt.

Merkmale:

- 14 Verse
- 2 Quartette und 2 Terzette
- Festgelegtes Reimschema
- Alternierende Verse (im Barock vorwiegend Alexandriner)
- Inhaltlich für widersprüchliche Themen besonders geeignet

Formaler Aufbau Vierzehnzeiliges Gedicht, das aus zwei Quartetten und zwei Terzetten besteht. Das vorherrschende Reimschema für die Quartette ist der umarmende Reim (abba). Für die Terzette gibt es mehrere Varianten: cdc / dcd; cde / cde; ccd / eed.
Das Metrum ist alternierend, üblicherweise jambisch.

Reimschema:

• Quartett (vierzeilig)	**a b b a**, oder: **a b a b**, selten: **a a b b**
• Quartett	(analog 1. Quartett)
• Terzett (dreizeilig)	**c d c**, oder: **c d e**, oder: **c c d**
• Terzett	(analog 1. Terzett)

Inhaltlicher Aufbau Der zweigliedrige Aufbau (2 Quartette und 2 Terzette) dient meistens zur inhaltlichen Strukturierung, zum Beispiel für die Darstellung gegensätzlicher Positionen oder sich widersprechender Aussagen. Dann spricht man vom «dialektischen Aufbau» des Sonetts. Die beiden Terzette können sich zu den Quartetten aber auch als eine den Sachverhalt steigernde Klimax verhalten.

Dämmerung

Im **Hof**, ver**hext** von **milch**igem **Däm**mer**schein**,	a	Quartett
Durch **Herbst**ge**bräun**tes **weich**e **Kran**ke **glei**ten.	b	
Ihr **wäch**sern-**run**der **Blick** sinnt **gold**ner **Zeit**en,	b	
Er**füllt** von **Träum**erei und **Ruh** und **Wein**.	a	
Ihr Siechtum schliesst geisterhaft sich ein.	a	Quartett
Die Sterne weisse Traurigkeit verbreiten.	b	
Im Grau, erfüllt von Täuschung und Geläuten,	b	
Sieh, wie die Schrecklichen sich wirr zerstreun.	a	
Formlose Spottgestalten huschen, kauern	c	Terzett
Und flattern sie auf schwarz-gekreuzten Pfaden.	d	
O! trauervolle Schatten an den Mauern.	c	
Die andern fliehn durch dunkelnde Arkaden;	d	Terzett
Und nächtens stürzen sie aus roten Schauern	c	
Des Sternenwinds, gleich rasenden Mänaden.	d	

Georg Trakl

Lautgedichte

Die Lautpoesie ist eine Form der modernen Lyrik, die auf Wortsinn ganz oder mindestens zu einem erheblichen Teil verzichtet. Stattdessen versucht sie, Geräusche und Laute abzubilden. Die Sprache dient dabei nicht der Beschreibung eines Sachverhalts, eines Gedankens oder einer Stimmung. Der Sinn geht somit nicht aus dem Wort hervor, sondern das Wort bzw. die Lautung erzeugt einen eigenen Sinn.

Merkmale:
- Laute ergänzen den eigentlichen Wortsinn
- Keine Reime, kein Versmass usw.
- Sprachspielerisch
- Häufig lautmalerisch (onomatopoetisch)

Auf dem Land (Anfang)
rininininininininDER
brüllüllüllüllüllüllüllEN
schweineineineineineineineinE
grununununununununZEN
hunununununununDE
bellellellellellellellEN
katatatatatatatatZEN
miauiauiauiauiauiauiauEN

Ernst Jandl

Konkrete Poesie (visuelle Poesie)

Die konkrete Poesie ist eine Weiterentwicklung der Lautpoesie. Sie verwendet die phonetischen, visuellen und akustischen Dimensionen der Sprache. Wörter, Buchstaben oder auch Satzzeichen sind aus dem Zusammenhang des Satzes herausgelöst. Wie in Lautgedichten transportieren die Wörter keinen Sinn, sondern der Sinn ergibt sich aus der Anordnung der Wörter auf dem Blatt.

Merkmale:
- Grafisch dargestellt
- Keine Reime, kein Versmass usw.
- Spiel mit Mehrdeutigkeit, Tausch von Buchstaben usw.
- Aussage nicht allein durch den Sinn der Wörter, sondern durch deren Anordnung

```
ebbeebbeebbeebbeebbe
ebbeebbeebbeebbe     flut
ebbeebbeebbe     flutflut
ebbeebbe     flutflutflut
ebbe     flutflutflutflut
     flutflutflutflutflut
ebbe     flutflutflutflut
ebbeebbe     flutflutflut
ebbeebbeebbe     flutflut
ebbeebbeebbeebbe     flut
```

Timm Ulrichs

Analyse eines Gedichts

Keine andere Gattung verdichtet die Sprache so sehr wie die Lyrik. Und keine andere Gattung hat so viele ästhetische Instrumente entwickelt wie die Lyrik. Es lohnt sich deshalb, diese Instrumente in den Gedichten wiederzuerkennen. Die folgenden Seiten leiten an einem Beispielgedicht durch die formale Analyse von Gedichten.

Beispielgedicht «Um Mitternacht»

Es lohnt sich, auf die lyrischen Mittel zu achten. Die Kenntnis der lyrischen Möglichkeiten erleichtert nicht nur das Verständnis, sondern erhöht auch den Genuss von Gedichten. Am Beispiel eines Gedichtes von Eduard Mörike (1804–1875) lassen sich verschiedene Bausteine der lyrischen Sprache erkennen.

Um Mitternacht (1827)

Gelassen stieg die Nacht ans Land,
Lehnt träumend an der Berge Wand,
Ihr Auge sieht die goldne Waage nun
Der Zeit in gleichen Schalen stille ruhn;
Und kecker rauschen die Quellen hervor,
Sie singen der Mutter, der Nacht, ins Ohr
Vom Tage,
Vom heute gewesenen Tage.

Das uralt alte Schlummerlied,
Sie achtets nicht, sie ist es müd,
Ihr klingt des Himmels Bläue süsser noch,
Der flüchtgen Stunden gleichgeschwungnes Joch[1].
Doch immer behalten die Quellen das Wort,
Es singen die Wasser im Schlafe noch fort
Vom Tage,
Vom heute gewesenen Tage.

Eduard Mörike

[1] Joch = auf der Stirn bzw. dem Nacken aufliegender Teil des Geschirrs (z. B. bei als Zugtieren eingespannten Ochsen oder Pferden)

Die formale Analyse: Übersicht

Die formale Analyse von Gedichten erstreckt sich über die vier Bereiche:

- Struktur
- Metrum
- Klang
- Sprachbilder

Die Struktur des Beispielgedichts

Die Analyse der Struktur betrachtet das Gedicht als Ganzes. Sie hält die auffälligen Merkmale fest.

Titel

Der Titel lautet «Um Mitternacht». Naheliegenderweise schildert das Gedicht eine Beobachtung oder eine Reflexion, die mit Mitternacht und damit mit dem Tageswechsel zu tun hat.

Kommunikationssituation

In diesem Gedicht gibt es weder ein lyrisches Ich noch ein lyrisches Du. Trotzdem existiert eine Art lyrisches Ich, nämlich ein reflektierender Beobachter, der seine Eindrücke und Gedanken wiedergibt.

Länge, Strophen, Gedichtform

Das Gedicht hat zwei Strophen zu je acht Versen. Man darf davon ausgehen, dass jede Strophe ein eigenes Detail oder sogar ein eigenes Thema beleuchtet. Einzelne Gedichtformen sind festgelegt, zum Beispiel das Sonett oder die Ode. Die allermeisten Gedichte allerdings gehören keiner der festgelegten Gedichtformen an, so wie das vorliegende.

Satzbau

Der Satzbau untersucht den Zeilenstil, die Enjambements bzw. den Hakenstil und analysiert dadurch, welche Wörter oder Verse besonders hervorgehoben werden. Das Beispielgedicht hält vorwiegend den Zeilenstil ein. Die Verse reimen sich im Paarreim. Das Metrum ist wechselhaft. Das verleiht dem Gedicht eine Dynamik, die allerdings durch den in sich ruhenden Zeilenstil und den bedächtigen Paarreim zurückgebunden wird. Durch den Zeilenstil wirkt jeder Vers in sich abgeschlossen, unumstösslich, keinen Widerspruch duldend. Die beiden Enjambements in V. 3 und 4 bzw. nach V. 6 und 14 durchbrechen diese Strenge. Eine Besonderheit ist der Kehrreim (V. 7f. und V. 15f.), der in beiden Strophen mit einem Zeilensprung (V. 6 bzw. V. 14) lanciert wird. Kehrreime (Refrains) dienen der Gliederung der Strophen. Sie betonen ihren eigenen Inhalt.

> Vom Tage,
> Vom heute gewesenen Tage.

Stimmung, Auffälligkeiten, Brüche

Das lyrische Subjekt ist ein empfindungsreicher Beobachter einer Landschaft bei Nacht. Es verbindet die landschaftlichen Eindrücke mit einem Gedankengang über den Lauf der Zeit, das Entstehen und das Vergehen und deutet damit Vergänglichkeit an, während die Wasser beständig weiterplätschern. Die Wortwahl ist nicht alltäglich. Schon der Gebrauch der einfachen lyrischen Bilder (Waagschalen als Metapher, die allegorisierte Nacht) wirkt rätselhaft. Auffällig ist der Bruch in V. 13. Wo an derselben Stelle in der ersten Strophe noch ein «Und» die Fortführung andeutet, signalisiert hier ein «Doch» einen klaren Gegensatz.

■ Leitfragen zur Strukturanalyse

- Wer spricht? Zu wem? Weshalb? Allenfalls: wann?
- Wie viele Strophen hat das Gedicht? Wie unterscheiden sich diese Strophen?
- Worum geht es (im Grossen und Ganzen)? Welche Hinweise gibt der Titel?
- Welche Auffälligkeiten im Versbau (Abweichungen vom Zeilenstil; Enjambements, Parenthesen, Ellipsen, Chiasmen, Prolepsen u. a.) kann man feststellen? Welche Wirkung haben sie?

Achten Sie auf inhaltliche Brüche, auf den Wechsel des Versmasses, auf auffällige Wörter, Gegensätze usw. innerhalb einer Strophe oder eines Gedichtes.

Das Metrum im Beispielgedicht

Haupteigenschaft der überwiegenden Mehrzahl aller Gedichte ist das Versmass. Es ist zusammengesetzt aus einem Versfuss und einer bestimmten Anzahl Hebungen.

Metrum = Versfuss + Anzahl Hebungen

Folgende Anleitung hilft, das Metrum eines Gedichtes zu entschlüsseln.

Anleitung zur Bestimmung des Metrums

1. Lesen Sie Vers 1 möglichst ausdruckslos. Tragen Sie die natürlichen Betonungen ein. Das ist immer mindestens eine pro Vers (Satzbetonung) bzw. in der Regel eine pro Substantiv (Wortbetonung).

A Gelassen stieg die N**a**cht ans L**a**nd,

2. Bestimmen Sie die erste Betonung im Vers. Zählen Sie, wie viele unbetonte Silben (Senkungen) vorangehen. Das erlaubt Ihnen, den Versfuss zu ermitteln.

B Gel**a**ssen stieg die Nacht ans Land,

Anmerkung: Falls mehr als zwei Senkungen der ersten Hebung vorangehen, haben Sie die erste Hebung falsch ermittelt.
Die erste betonte Silbe ist «lass». Ihr geht eine Senkung voran. Die Vermutung liegt nahe, dass der Versfuss ein Jambus ◡— ist.

3. Ausgehend von dem so ermittelten Versfuss überprüfen Sie im Vers, ob der Versfuss eingehalten werden kann. Im Beispielvers müssten also gemäss dem jambischen Versfuss folgende Silben betont sein (alternierend unbetont – betont):

C Gel**a**ssen st**ie**g die N**a**cht ans L**a**nd, ◡— ◡— ◡— ◡—

4. Überprüfen Sie die so ermittelten Hebungen mit den unter 1. notierten natürlichen Betonungen. Wenn sie übereinstimmen, sind Sie am Ziel. Das Versmass im Beispielvers ist also ein vierhebiger Jambus.

A Gelassen stieg die N**a**cht ans L**a**nd,
C Gel**a**ssen st**ie**g die N**a**cht ans L**a**nd, ◡— ◡— ◡— ◡—

5. Falls die Hebungen und die natürlichen Betonungen nicht übereinstimmen, sollten Sie überprüfen, ob eine Tonbeugung vorliegt. Das lässt sich durch einen Vergleich mit dem Versmass eines benachbarten Verses feststellen.

Tipp: Bestimmen Sie neben dem ersten Vers mindestens einen weiteren, den Sie zufällig wählen, um sicher zu gehen, dass Sie das Metrum richtig bestimmt haben. Beachten Sie, dass sich innerhalb eines Gedichtes das Metrum ändern kann (siehe S. 128).

Weitere Bestandteile der Analyse des Metrums

Kadenzen

Verse enden entweder mit einer männlichen oder einer weiblichen Kadenz, also mit einer betonten oder einer unbetonten Silbe. V. 1 bis 6 sowie analog 9 bis 14 haben eine männliche Kadenz (sie enden betont und wirken kantig), V. 7 und 8 sowie 15 und 16 eine weibliche (sie enden unbetont und wirken weicher und abgerundeter).

Variationen des Metrums

Der untersuchte Vers steht in Jamben (Versfuss). Das Versmass hingegen ist unbeständig: In den beiden ersten Versen jeder Strophe gibt es vier Hebungen:

Gelassen stieg die Nacht ans Land, ◡— ◡— ◡— ◡— 1
Lehnt träumend an der Berge Wand, ◡— ◡— ◡— ◡— 2

Dann folgen zwei Verse mit fünf Hebungen:

Ihr Auge sieht die goldne Waage nun ◡— ◡— ◡— ◡— ◡— 3
Der Zeit in gleichen Schalen stille ruhn; ◡— ◡— ◡— ◡— ◡— 4

Die Erhöhung der Silbenzahl pro Vers verlangsamt das Tempo, ebenso die Tatsache, dass fast alle betonten Vokale lange Vokale sind. In den folgenden Versen wechselt das Metrum nochmals, und zwar zu 4 Hebungen (teilweise in Anapästen). Beides führt zu einer Beschleunigung des Tempos:

Und kecker rauschen die Quellen hervor, ◡— ◡— ◡◡— ◡◡— 5
sie singen der Mutter, der Nacht, ins Ohr ◡— ◡◡— ◡◡— ◡— 6

Verse mit gleichem Versmass innerhalb einer Strophe bilden Einheiten. Sie grenzen sich mit einer gewissen Wahrscheinlichkeit auch inhaltlich voneinander ab.

Inversion

Die lyrische Sprache arbeitet häufig mit Inversionen (z. B. in V. 14 und 15), d. h., der Dichter stellt den Satz um.

Es singen die Wasser im Schlafe noch fort 14
Vom Tage, 15
Vom heute gewesenen Tage. 16

Der Satz würde in Prosa so lauten: «Die Wasser singen noch im Schlafe vom heutigen Tage.» Manchmal ist die Umstellung nötig, um das Versmass oder den Reim einzuhalten. Die Inversion erlaubt dem Dichter aber auch, wichtige Wörter zu betonen, indem er sie ans Vers- oder ans Satzende stellt.

Prolepse

Der Satz im Kehrreim wird unterbrochen und neu angefangen. Die normale Satzstellung wäre: «Vom heute gewesenen Tage.» Die Prolepse hebt das wieder aufgenommene Wort, hier «Tag», besonders hervor.

Leitfragen zur Analyse des Metrums

- Welche Stimmung erzeugen Metrum, Akzentverschiebungen, Kadenzen und Zäsuren?
- Wie beeinflussen sie das (Lese)-Tempo des Gedichts?

Vergleichen Sie die natürliche Betonung, also den Rhythmus, mit dem Versmass. Halten Sie Abweichungen fest. Überlegen Sie sich auch, was für eine Aussage oder Bedeutung diese Tonbeugungen für das Gedicht haben.

Der Klang im Beispielgedicht

Das Beispielgedicht enthält eine Fülle verschiedener Klangformen. Die auffälligste Klangform ist der Reim. Daneben weisen Gedichte aber auch Assonanzen, Alliterationen oder andere Klangelemente auf.

Reim Das Reimschema des Beispielgedichts ist der Paarreim. Paarreime wirken im Gegensatz zu Kreuzreimen ruhig, abgeschlossen, ordentlich. Es werden in beiden Strophen «reine Reime» verwendet.

1 Gelassen stieg die Nacht ans Land, a
2 Lehnt träumend an der Berge Wand, a
3 Ihr Auge sieht die goldne Waage nun b
4 Der Zeit in gleichen Schalen ruhn; b

Weitere Elemente Vers 10 verfügt über eine Apokope und eine Synkope (siehe S. 190):

10 Sie **achtets** nicht, sie ist es **müd,** statt Sie **achtet es** nicht, sie ist es **müde,**

Die Auslassung von Silben sorgt für die Einhaltung des Metrums und beschwingt zugleich den Vers.

Alliteration Alliterationen sind ein häufig eingesetztes Klangelement. Sie sorgen für einen weichen, ausgewogenen, sanften, manchmal fast kitschigen Ton. Das Beispielgedicht verfügt über keine Alliterationen.

Assonanz Die Untersuchung der Assonanz ergibt eine Aussage über den Tonfall eines Gedichtes. Am Beispiel der 2. Strophe zeigt sich folgendes Bild (V. 9 und 10):

9 Das uralt alte Schlummerlied, u – a – u – i
10 Sie achtets nicht, sie ist es müd, a – i – i – ü

Vorherrschende Vokale sind «a» und «u» in V. 9 bzw. «a» und «i» in V. 10. Während «a» ein dunkler Vokal ist, gelten «i» und «ü» eher als helle Töne. Die Tonlage der Verse beginnt also eher düster und wechselt in eine heiter-helle Tonlage. Inhaltlich korrespondiert das mit dem «uralten Schlummerlied» (dunkle Assonanz) und der süss klingenden Himmelsbläue (helle Assonanz; V. 11).

Die Assonanz von V. 1 ist auffällig. Sie hat viermal «a», im Gegensatz zu V. 9, wo sich «u», «a» und «i» abwechseln. Assonante Verse (Verse, in denen die Vokale meist gleich klingen, wie z. B. in V. 1 und 10) wirken harmonisch und ruhig.

■ Leitfragen zur Klanganalyse

- Welche Stimmung erzeugen die klanglichen Phänomene?
- Auf welche Weise unterstützen sie die inhaltliche Aussage des Gedichtes?

Das Vorhandensein von Klangelementen bestimmt in der Regel den Grad der Kunstfertigkeit eines Gedichtes: Je mehr verschiedene Klangelemente ineinander verwoben sind, desto «lyrischer» wirkt das Gedicht (siehe S. 134).
Es gibt auch Dichter, die bewusst auf Klangelemente verzichten. Das Gedicht wirkt dann sachlich, alltäglich, eher holprig. Es liest sich nicht so einfach. Man stolpert da und dort. In diesem Fall muss man sich die Leitfrage stellen, wieso der Dichter auf Klangelemente verzichtet hat.

Sprachliche Bilder im Beispielgedicht

Ein Hauptmerkmal lyrischer Sprache ist ihre Bildhaftigkeit.

Assoziation

Die Wortwahl «kecker rauschen» weckt die Gedankenverknüpfung «beschwingt», «frech», «geschwind» und damit die Vorstellung von Freude und Übermut.

Umschreibung

Die Aussage der ersten Strophe ist rätselhaft. Das liegt vor allem an der Umschreibung der Mitternacht. Mörike allegorisiert die Nacht und umschreibt den abstrakten Sachverhalt «Mitternacht», indem er die Nacht personifiziert (V. 1 bis 4):

> Gelassen stieg die Nacht ans Land, 1
> Lehnt träumend an der Berge Wand, 2
> Ihr Auge sieht die goldne Waage nun 3
> Der Zeit in gleichen Schalen stille ruhn; 4

Vergleich

Im Beispielgedicht kommt kein Vergleich vor.

Metapher

Eine Metapher ist ein sprachliches Bild, das einen Begriff aus seinem Zusammenhang löst und auf einen anderen Zusammenhang überträgt. Das liegt z. B. in V. 3 f. vor:

> … die goldne Waage nun 3
> Der Zeit in gleichen Schalen stille ruhn; 4

Die ausgeglichenen Waagschalen versinnbildlichen die ausgeglichene Zeit vor und nach Mitternacht.

Eine Spezialform der Metapher ist die Synästhesie. Eine solche liegt z. B. in V. 11 vor:

> Ihr klingt des Himmels Bläue süsser noch, 11

Hier werden drei Sinne kombiniert: Farbe (Sehsinn), Klingen (Hörsinn) und Süsse (Geschmackssinn). Synästhesien wirken stark, weil jeder Sinneseindruck das Begriffsfeld des jeweils anderen erweitert.

Symbol

Ein Symbol steht für ein Gefühl oder einen abstrakten Sachverhalt.

> Der flüchtgen Stunden gleichgeschwungnes Joch. 12

Joch ist ein konventionelles Symbol. Es steht fast immer für Bürde, Eingespanntsein, Belastung und ist negativ besetzt.

Allegorie

Allegorisiert ist die Nacht. Sie «lehnt träumend an der Wand» (V. 2), ihr Auge «sieht die goldne Waage» (V. 3), sie «achtet» nicht auf das Wiegenlied (V. 10) und sie nimmt die Klänge des Himmels wahr (V. 11).
Ebenfalls allegorisierend handeln die Quellen: Sie «singen» (V. 6 und V. 14) und «behalten das letzte Wort» (V. 13).

Leitfragen zur Analyse der sprachlichen Bilder

- Wo weicht die Wortwahl von der normalen Sprechweise ab?
- Welche Assoziationen löst die Wortwahl aus?
- Liegen «kühne» oder «konventionelle» Metaphern vor?
- Liegen starke oder schwache sprachliche Bilder vor?
- Welche Bedeutung haben die sprachlichen Bilder für die Aussage?
- Welche Stimmung erzeugen die sprachlichen Bilder?

Lyrikanalyse: Checkliste

Wie keine andere Gattung der Literatur ist die Lyrik geprägt von ästhetischen Mitteln. Es lohnt sich immer zu fragen: Welche ästhetischen Mittel liegen vor? Warum gerade diese? Wie wirken sie?

Analyse der Struktur

Formale Struktur	• Verse: Anzahl, Länge, Variation • Visuelle Signale: Leerzeilen, Einrücken, Variation der Schrift • Strophen: Anzahl, Länge, Variationen • Bekannte Strophen- bzw. Gedichtform
Strophenform	• Distichon • Volksliedstrophe • Terzine • Quartett, Terzett
Gedichtform	• Ballade • Epigramm, Elegie • Ode, Hymne • Sonett
Strophenbau	• Aufeinander aufbauende Strophen • Inhaltlich sich widersprechende Strophen • Kehrreime
Vers und Satz	• Zeilenstil oder Hakenstil • Enjambements • Freie Rhythmen
Satzbau	• Inversionen • Anakoluthe • Prolepsen
Kommunikation	• Lyrisches Ich • Angesprochenes Du • Titel • Betonung einzelner Wörter bzw. Verse

Analyse des Metrums

Versbauprinzip	• Silbenzählend oder akzentuierend • Metrum oder freie Rhythmen
Versfuss	• Jambus • Trochäus • Anapäst • Daktylus
Metrum	• Anzahl Hebungen • Auftakt • Kadenz (männliche, weibliche) • Zäsur • Akzentverschiebungen • Apokope, Synkope • Freie Verse

Analyse des Klangs

• Alliterationen • Assonanzen • Lautmalerei (Onomatopoesie) • Synkope/Apokope	**Laute**
• Anapher • Epipher • Parallelismus • Kehrreim (Refrain)	**Wiederholungen**
• Anfangsreim, Binnenreim, Endreim • Schüttelreim, Kehrreim, Stabreim	**Reime**
• abba, cdc usw. • Paarreim, Kreuzreim, umarmender Reim, Schweifreim, verschränkter Reim • Waisen • Reiner Reim, unreiner Reim, reicher Reim, rührender Reim	**Reimschema**

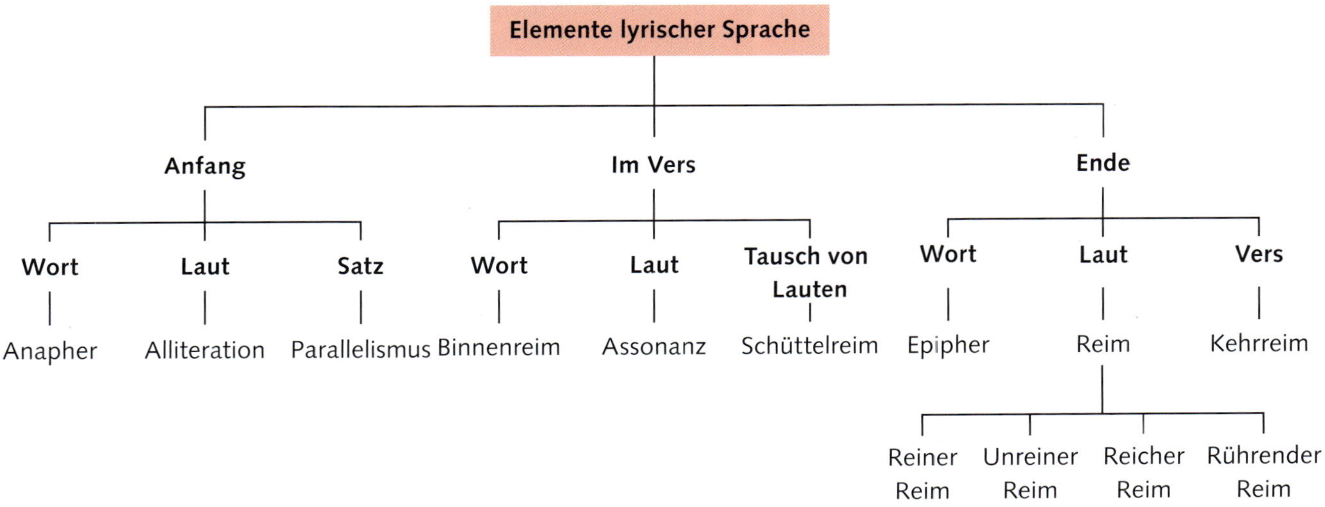

Analyse der sprachlichen Bilder

• Assoziationen • Umschreibungen • Wortspiele	**Wortwahl**
• Vergleich • Metapher • Oxymoron • Synästhesie • Symbol • Allegorie • Personifizierung	**Lyrische Bilder**

Wichtig: Benutzen Sie durchweg das Fachvokabular.

Fragen zur Lyrik

Wer Gedichte analysieren und verstehen will, was ihren Charakter ausmacht, darf nicht in erster Linie nach dem Inhalt fragen, sondern muss ihre ästhetischen Mittel bestimmen und nach deren Wirkung fragen. Lyrikanalyse beschränkt sich also nicht darauf zu fragen:
- Wie viele Strophen hat das Gedicht? In welchem Reimschema reimt es sich?
- Welches Metrum weist es auf?
- Was ist das Thema des Gedichtes? usw.

Um den Reiz von Gedichten zu erfassen, lohnt es sich, literarisch zu fragen. Hier eine Auswahl möglicher Fragen:

Komposition	Entsprechen die Strophen unterschiedlichen Sinneinheiten? Gibt es Gegensätze zwischen den Strophen? Kommen Kehrreime vor? Mit welcher Wirkung? Dominiert der Zeilenstil? Wirkt das Gedicht brav, ausgewogen oder aufmüpfig, angriffig usw.? Handelt es sich um ein Sonett? Wieso eignet sich die Sonett-Form für dieses Gedicht? Hat der Dichter für sein Gedicht freie Rhythmen gewählt? Wieso? Mit welcher Wirkung? Wo gibt es inhaltliche Brüche, einen Wechsel des Versmasses, auffällige Wörter usw.?
Kommunikation	Schildert das lyrische Ich eine Stimmung oder ein Gefühl, oder äussert es einen Gedanken oder vieles davon zugleich? Wird ein Gefühl oder ein höheres Wesen angesprochen (Hymne)? Äussert das lyrische Ich seine melancholischen Gefühle (Elegie)? Handelt es sich um ein Erzählgedicht (Ballade)? Handelt es sich um Gedankenlyrik? Liegt ein Epigramm vor? Handelt es sich um ein Lied? Spielt die Anordnung der Wörter auf dem Papier eine besondere Rolle (konkrete Poesie)? Wer spricht? Zu wem? Wieso? Wann? Warum? Wo steht das lyrische Ich? Fühlen Sie sich angesprochen? Bewirkt das Gedicht etwas in Ihnen?
Klang	Lässt sich das Gedicht singen? Warum (nicht)? Welche Wirkung hat das Versmass: fröhlich, gemessen, ernst, melancholisch usw.? Was bewirken Metrenwechsel innerhalb einer Strophe? Zwischen den Strophen? Was bewirken die Akzentverschiebungen (Tonbeugungen)? Wo kommt es zu Beschleunigungen oder Verlangsamungen? Mit welcher Wirkung? Gibt es Anaphern? Wie werden sie verwendet? Welche Stimmung lösen Alliterationen und Assonanzen aus? Passt die Stimmung zum Inhalt des Gedichtes? Warum allenfalls nicht? Welche Absicht liegt zugrunde?
Wortwahl	Welche Wörter fallen auf? Welche Wörter oder Namen stehen isoliert da? Dominieren Attribute? Oder ist die Sprache eher sachlich, kühl, distanziert? Welche Wörter werden durch Reime, Wiederholungen, Epiphern, Anaphern, Inversionen oder Prolepsen besonders hervorgehoben? Handelt es sich um Schlüsselwörter (wenn nicht: Wieso sind sie trotzdem hervorgehoben)? Welche Stilmittel (siehe S. 178) setzt der Dichter ein? Mit welcher Absicht und welcher Wirkung? Wieso setzt der Dichter Oxymora oder Synästhesien ein? Wie beeinflussen diese Stilmittel Ihre Empfindung?
Bildsprache	Welche Bilder liegen vor? Was assoziieren Sie damit? Entfalten die Bilder eine starke Wirkung? Woran merken Sie das? Neigt das Gedicht eher zu Umschreibungen oder eher zur Symbolik? Dominieren die Sprachbilder? Oder dominiert die wortwörtliche Bedeutung? Mit welcher Wirkung oder Absicht? In welche Richtung lenken die Bilder das Leseverständnis? Kommen Allegorien vor? Wie stark sind diese Allegorien? Empfinden Sie das Gedicht als rätselhaft? Stimmt die Rätselhaftigkeit mit dem Inhalt des Gedichtes überein?

5 Interpretation

Schlüsselbegriffe

- Literarische Fragestellung
- Form und Inhalt
- Intertextualität
- Hermeneutik
- Produktionsästhetik
- Textimmanenz
- Hypothese/These

Der Grundgedanke des Interpretierens

Der Begriff «interpretieren» stammt aus dem Lateinischen und bedeutet «etwas deuten», «erklären».
Die Interpretation hat einen eher schlechten Ruf. Denn oft wird sie missverstanden als die einzig richtige Weise, literarische Werke «auszulegen». Dabei entsteht leicht der Eindruck, literarische Werke würden geschrieben, um Botschaften zu übermitteln. Dies widerspricht jedoch dem Grundgedanken des Interpretierens.

Die Form des literarischen Werkes

Es ist die Art und Weise, ganz bewusst mit der Sprache umzugehen, die den literarischen Charakter ausmacht. Selbst bei Autoren, denen es darum geht, etwas mitzuteilen, dominiert die Form den Inhalt. Bertolt Brecht zum Beispiel wollte mit seinem epischen Theater auf gesellschaftliche Missstände aufmerksam machen. Allerdings setzt er bewusst und absichtlich literarische Mittel ein. Auch in seinem Werk bestimmt die Form den Inhalt.

Keine Trennung von Form und Inhalt

Wer sich an einen Roman erinnert, sieht die innere Bilderfolge, die die Geschichte erzeugt hat. Man erinnert sich an den Inhalt und seine Bedeutung. Die Form ist nach dem Lesen verschwunden. Es gibt sie trotzdem. Sie besteht im Stil, in dem der Autor seine Geschichte erzählt, in der Art und Weise, wie er den inneren Film aufbaut. Was erzählt er zuerst und was als Zweites? Was schildert er ausführlich, was deutet er nur an und was lässt er ganz weg?

Warum erfahren wir in den ersten fünf Kapiteln von «Effi Briest» so wenig über den Protagonisten Innstetten? Warum sagt der Erzähler nicht genauer, wie der Protagonist aussieht? Warum gibt der Erzähler ihm keine direkte Rede, damit man hört, wie er spricht? Warum wird die Hochzeitsreise des Paares nicht geschildert? Wie weit entsteht Liebe oder wie weit versteht Effi das, was sich aufbaut, als Liebe? (Beispiel nach Lange, S. 58).

Das alles sind literarische Fragen. Sie gehen weit über die Frage hinaus, worum es geht.

Interpretieren heisst nicht, nur zu fragen, **worum** es geht.
Interpretieren heisst, auch zu fragen, **wie** das literarische Werk Wirklichkeit erzeugt und vermittelt.

Bewusst interpretieren

Wann immer man einen Text liest, weist man ihm einen Sinn zu, weil man immer versucht zu verstehen und dem Text eine Aussage zu entnehmen. Es ist also nicht die Frage, ob man interpretiert oder nicht, sondern die Frage, wie bewusst man das tut. Die weit verbreitete Zweiteilung von literarischen Texten in Inhalt und Form vermag nicht hinreichend zu zeigen, dass die Gestaltungselemente literarischer Texte nicht «nur» etwas Formales sind, sondern dass gerade sie Inhalte formen. Eine literarische Betrachtungsweise muss daher immer zuerst nach der Form fragen.

Interpretieren = nach den Gestaltungsmitteln literarischer Texte fragen

Die richtigen Fragen

Literarische Texte kann man nicht gleich verstehen wie Sachtexte. Aus Sachtexten entnimmt man Informationen. Ein Sachtext ist bestimmt durch die Wirklichkeit, auf die er sich bezieht: die Zeitungsnachricht durch das Ereignis, von dem sie berichtet; der Reiseführer durch das Land, das er darstellt; das Fachbuch durch die Sache, die es behandelt usw.

Die Besonderheiten des literarischen Werkes

Anders die literarischen Werke. Sie stellen zwar Wirklichkeit wie Personen, Handlungen, Ereignisse, Dinge, Räume dar. Literarische Werke können sogar lebende Personen, historische Begebenheiten oder wirkliche Landschaften ganz verändert darstellen. Doch noch mehr als die Wirklichkeit abzubilden, schaffen literarische Werke eine eigene Wirklichkeit.

Sachtexte	Literatur
Darstellung der Wirklichkeit	Erzeugung einer eigenen – literarischen – Wirklichkeit (die durchaus Bezug zur Realität haben kann)
Aufnehmen von Sachinformationen	**Interpretieren der Fiktion**

Beim Interpretieren muss man berücksichtigen:
Nicht die Darstellung der Wirklichkeit macht das Wesen der Literatur aus, sondern die Komposition und die Glaubwürdigkeit der literarischen Wirklichkeit, die sie selber geschaffen hat.

Literarische Fragestellungen für eine Interpretation

Will man literarische Werke als Kunstwerke verstehen, sollte man nicht nur fragen, was sie aussagen. Wer beispielsweise Mörikes Gedicht «Um Mitternacht» liest (siehe S. 150) und in ihm eine Schilderung der Mitternachtsstunde erkennt und begreift, dass hier Beständigkeit und Wandel gegeneinander ausgespielt werden, hat etwas Wichtiges von diesem Gedicht erfasst. Als Literatur, als lyrischen Text, hat er es deshalb aber noch nicht unbedingt verstanden.

Am Beispielgedicht von Eduard Mörike könnten literarische Fragen lauten:
- Wieso hat das Gedicht zwei Strophen? Wie verhalten sie sich zueinander?
- Was bewirkt der Kehrreim?
- Wie schafft es der Autor, Stimmungen und komplexe Gefühle in nur wenigen Versen zu erzeugen? usw.

Die Aufgabe der Interpretation muss es sein, die literarischen Merkmale des Werkes zu zeigen und zu begreifen, was sie leisten.

Literarische Kommunikation

Die literarische Kommunikation macht es möglich, dass der Text verschieden gedeutet werden kann. Literatur ist eine besondere Form der schriftlichen Kommunikation.

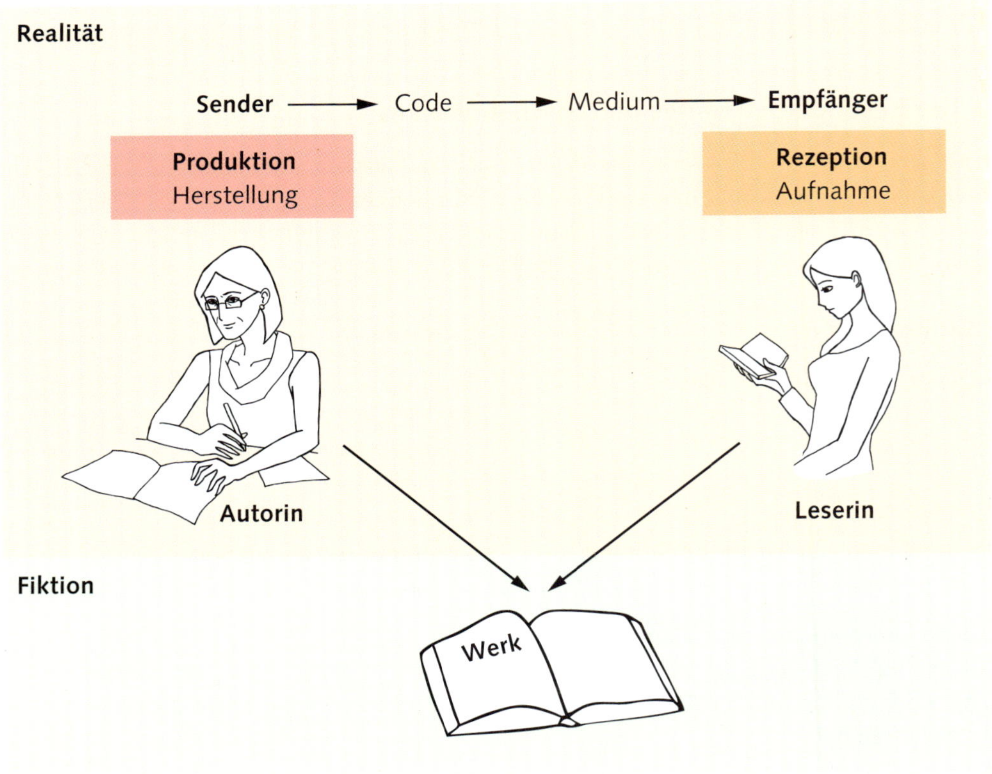

Besonderheiten der literarischen Kommunikation

Dem Sender einer Sachinformation geht es in erster Linie darum, dass das, was er sagen will, so verstanden wird, wie er es meint. In der alltäglichen Kommunikation richtet sich der Sender direkt an einen oder an mehrere Empfänger. Um seine Botschaft zu übermitteln, verpackt er sie in einen Code und transportiert sie mit einem Medium. Ihm geht es darum, dass die Empfänger seine Botschaft richtig verstehen. (Zur Kommunikation siehe «Sprache und Kommunikation». Deutsch am Gymnasium 1, S. 36–51.)

Die literarische Kommunikation unterscheidet sich von der Alltagskommunikation beträchtlich. Denn der Autor wendet sich weder direkt an die Empfänger, noch «verpackt» er seine Botschaft so, dass sie die Empfänger eindeutig entschlüsseln können bzw. müssen. Vielmehr versucht er, einen Sachverhalt anschaulich zu machen. In einem Roman beispielsweise erzählt ein Erzähler eine Geschichte von zwei Menschen, die sich lieben, streiten, hassen und sich neu ineinander verlieben. Ohne ausdrücklich davon zu sprechen, lässt er die Leser verstehen, was Liebe sein kann.

Für die literarische Kommunikation kennzeichnend ist weniger die Übertragung einer «Botschaft» als vielmehr die Art und Weise, wie eine Geschichte erzählt, eine Stimmung geschildert, eine Handlung dargestellt wird.

Ein wesentlicher Unterschied zur alltäglichen Kommunikation ist ausserdem: In der literarischen Kommunikation befinden sich Autor und Leser in der Realität. Der Erzähler und die Handlung des literarischen Werkes sind allerdings Fiktion.

Produktion und Rezeption

Der reale Autor befindet sich als realer Mensch ausserhalb des fiktionalen Textes. Er schreibt den Text und verantwortet seinen Inhalt. Er bietet den Text einem Verleger an, der ihn als Buch veröffentlicht und damit den Lesern zugänglich macht. Die Herstellung eines literarischen Werkes bezeichnet die Literaturwissenschaft als Produktion (lat. producere – erzeugen).

Die Lektüre literarischer Werke bezeichnet die Literaturwissenschaft als Rezeption (lat. recipere – aufnehmen). Der Leser befindet sich wie der Autor ausserhalb des fiktionalen Werkes.

Die Dimensionen der Interpretation

Die Kommunikationssituation literarischer Werke enthält drei Beteiligte: Autor, Leser und Text. Deshalb gibt es auch für die Interpretation literarischer Werke drei unterschiedliche Ansätze.

Produzent: Autor
Der Autor ist der Urheber (Produzent) des literarischen Werkes. Er schreibt immer dann für ein Publikum, wenn er beabsichtigt, das Werk zu veröffentlichen. Sein Interesse ist also, so zu schreiben, dass das Werk dem entspricht, was er sich vorgenommen hat. Das Interesse des Autors ist, dass sein Werk nach der Veröffentlichung eigenständig ist, so dass er es nicht noch nachträglich erklären muss.
Der Autor gibt dem Werk den Inhalt, die Form, die Sprache und damit die wichtigsten Voraussetzungen dafür, dass die Leser sein Werk verstehen können.

Text
Der Autor hat sein Interesse am Text, sonst würde er kein literarisches Werk schreiben. Die Leser haben Interesse am Text, sonst würden sie kein literarisches Werk lesen. Auch der Text selber hat gewissermassen ein Interesse, denn er möchte so verstanden werden, wie er geschrieben steht.
Im Unterschied zu Sachtexten sind literarische Texte fiktional. Das bedeutet kurz gesagt, dass literarische Texte nicht in erster Linie eine Botschaft transportieren wollen, sondern dass die Art und Weise, wie sie das tun, ihr wesentliches Merkmal ist. Das «Textinteresse» verlangt also, dass der Leser fragt, welche ästhetischen Mittel vorliegen und was sie bewirken. Will man nur die Geschichte inhaltlich verstehen, sich von der Spannung mitreissen lassen, interpretiert man den Text noch nicht literarisch.

Rezipient: Leser
Die Leser sind die Empfänger (Rezipienten) des literarischen Werkes. Ihre Interessen sind denen des Autors entgegengesetzt. Die Leser wollen sich unterhalten lassen, etwas lernen usw. Sie wollen vom Text in irgendeiner Weise profitieren.

Zusammenfassung
Interpretieren heisst zu untersuchen,
- wie der **Autor** Wirklichkeit im literarischen Werk darstellt;
- warum er das auf die gewählte Weise macht;
- wie der **Leser** diese Wirklichkeit empfinden muss.

Dabei kann es weder darum gehen, den Autor zu befragen, noch darum, das Leserempfinden zu untersuchen. Alle Antworten auf die Fragen, die die Interpretation stellt, sind allein im **Text** zu finden.

Produktionsästhetik

Ein literarisches Werk bezieht sich auf die Wirklichkeit. Es stellt Personen, Ereignisse, Handlungen dar, spielt in Zeit und Raum. Zwar existiert die Welt innerhalb eines literarischen Werkes unabhängig von der Wirklichkeit. Ein Autor entwirft die Wirklichkeit aber trotzdem nach seiner eigenen Welterfahrung.

Die Rolle des Autors

Was eine Figur in einem Roman zu welcher Zeit an welchem Ort denkt, fühlt, zu welchen anderen Figuren sagt und wie sie handelt, liegt allein in der Hand des Autors. Er wählt die Gattung, wählt unter den Möglichkeiten der Textgestaltung diejenigen aus, die ihm sinnvoll scheinen. Er formuliert die Sätze, wählt die Wörter. Die Produktion eines literarischen Werkes unterliegt also einer Vielzahl von ästhetischen Einzelentscheidungen. Das ist die produktionsästhetische Rolle des Autors für die Entstehung des Werkes.

Die Produktionsästhetik fragt nach den Entstehungsbedingungen literarischer Werke.

Wenn wir nach der Rolle des Autors für die Entstehung des literarischen Werkes fragen, geht es nicht um den Autor als Person und auch nicht darum, wo sich seine Lebenserfahrung im Werk abbildet. Die Frage ist nicht, welcher Autor mit welchem Charakter und unter welchen Umständen ein literarisches Werk geschrieben hat. Es geht nicht um die persönliche Ansicht des Autors. Die Rolle des Autors ist viel mehr folgende: Es ist der Autor, der seinem Werk seinen Charakter gibt. Der Autor verwendet die Sprache, er erfindet den Erzähler, er steuert die Handlung.

Die Produktion eines literarischen Werkes unterliegt einer Vielzahl von ästhetischen Einzelentscheidungen.

Autor und Text

Ein literarisches Werk hat seine Bedeutung aus sich selbst heraus, nämlich durch seine Bauweise, seine Sprache, seinen Stil, die Personen und Handlungen usw. Alle diese literarischen Merkmale befinden sich im Text.
Der Text weist aber diese Merkmale nicht zufällig auf, sondern nur, weil der Autor sie bewusst gewählt hat.

Die Rolle des Autors im literarischen Werk besteht darin, dass er dem Werk seine literarischen Merkmale gibt.

Intertextualität

Kein Text entsteht einzig aus der eigenständigen Fantasie seines Autors. Er spiegelt notwendigerweise die Lesebiografie des Autors wieder.
Ein Text bezieht sich immer auch auf andere Texte, die vor ihm entstanden sind. Texte, die der Autor vor dem Schreiben gelesen hat, können also sein eigenes Werk beeinflussen.
Mit dem Begriff «Intertextualität» bezeichnet die Literaturwissenschaft das Netz von Beziehungen zwischen verschiedenen Texten. Ein solches Netz ergibt sich, wenn ein Text auf einen anderen Text verweist, auf diesen anspielt, ihn als Zitat in sich aufnimmt oder ihn nachahmt.

Explizite und implizite Intertextualität

Dieser Verweiszusammenhang kann explizit (offensichtlich) erfolgen, wenn eine Figur ein namentlich ausgewiesenes Werk aus der Literaturgeschichte liest und sich Gedanken dazu macht. Das ist zum Beispiel der Fall bei Edgar Wibeau, dem Helden von Ulrich Plenzdorfs «Neuen Leiden des jungen W.». Er liest Goethes «Die Leiden des jungen Werthers», kritisiert den Roman und lässt sich schliesslich von ihm faszinieren. Explizite Intertextualität liegt vor, wenn in einem Werk ein anderes genannt wird oder es sogar von ihm handelt.
Häufiger hat man es allerdings mit impliziten (versteckten) Anspielungen zu tun, etwa wenn aus anderen Werken Formulierungen oder Namen übernommen, Handlungsweisen oder Charakterzüge imitiert werden.

Zitat

Wird eine Wendung aus einem fremden Text wörtlich übernommen, spricht man von einem literarischen Zitat. Es kann zu verschiedenen Zwecken eingesetzt werden, zum Beispiel als Ausspruch einer Figur, um deren Belesenheit zu dokumentieren. Nicht selten werden Zitate auch benutzt, um den zitierten Autor zu würdigen.

Parodie

Eine Parodie (griech. parodia – Gegengesang) ist eine Imitation eines bekannten literarischen Werkes. Die Parodie verändert es so, dass eine komische, satirische oder nachdenklich machende Wirkung entsteht.

Original
Kennst du das Land, wo die Zitronen blühn,
Im dunklen Laub die Goldorangen glühn,
Ein sanfter Wind vom blauen Himmel weht,
Die Myrte still und hoch der Lorbeer steht?
Johann Wolfgang Goethe, Mignon, 1. Strophe, 1782

Parodie
Kennst du das Land, wo die Kanonen blühn?
Du kennst es nicht? Du wirst es kennenlernen!
Dort stehn die Prokuristen stolz und kühn
in den Bureaus, als wären es Kasernen.
Erich Kästner, Kennst du das Land, wo die Kanonen blühn?, 1928

Die Ersetzung des Wortes «Zitronen» durch «Kanonen» ruft überraschend Komik hervor. Kästner wählt den Weg der Ironie, um eine Gesellschaft zu karikieren, die auf einer militärischen Ordnung beruht.

Jedes literarische Werk hat gleichsam eine literarische Vergangenheit, weil sein Autor Merkmale, Formen, Strukturen, sprachliche Muster usw. gewählt hat, die auch in anderen Werken vorkommen.

Rezeptionsästhetik

Der Leser spielt für die Interpretation eine entscheidende Rolle, denn der Text erhält erst durch die Lektüre seine Bedeutung.

Die Rolle des Lesers

Als Leser geht man nicht vorurteilsfrei an ein Werk heran. Jedermann ist geprägt von den Bedingungen, unter denen er lebt, von der Stimmung, in der er liest. Was man liest, kann man nur verstehen, wenn man es in die eigenen Welterfahrungen aufnimmt und einordnet. Verstehen ist ein individueller Akt.
Man könnte nun meinen, dass das literarische Werk erst dann einen Sinn und eine Bedeutung erhält, wenn es gelesen wird. Einige Literaturwissenschaftler sind sogar so weit gegangen anzunehmen, dass jeder Leser einem literarischen Werk eine je eigene Bedeutung zuspricht. Das wiederum würde heissen, dass ein literarisches Werk gar keinen Sinn enthält, sondern der Sinn erst beim Lesen vom Lesenden erzeugt würde.
Das stimmt aber nur sehr beschränkt: Der Leser hat zwar fast unbegrenzt viele Möglichkeiten, den Text zu verstehen, trotzdem ist ein Text nicht beliebig auslegbar.

Die Rezeptionsästhetik fragt nach den Wirkungen des literarischen Textes auf den Leser.

Die Leserin spielt für die Interpretation eine entscheidende Rolle.

Die Grenzen der Interpretation

Literarische Werke können unterschiedlich verstanden werden. Nicht jeder Leser achtet gleichermassen auf jedes Detail. Nicht jeder findet dasselbe interessant und spannend. Trotzdem darf ein Leser dem Werk keine beliebige Bedeutung zusprechen. Es gibt Grenzen der Interpretation, und die liegen im Text begründet. Interpretieren heisst, die Bauweise, die Spannungserzeugung, die gewählten Formulierungen, kurz, die ästhetischen Merkmale des Textes zu erkennen. Es geht darum zu verstehen, warum und wie sie auf den Lesenden wirken.

Die ästhetischen Merkmale des Werkes sprechen die Leser unterschiedlich an.

Hermeneutik

Die Hermeneutik (griech. hermeneutike techne – Auslegungskunst) beschäftigt sich mit dem Prozess des Verstehens von Texten.
Der Autor steckt durch die Auswahl der ästhetischen Merkmale, die er seinem Werk gibt, den Rahmen ab, innerhalb dessen jeder Leser das Werk für sich versteht. Auch wenn der Autor und der Leser für den Verstehensprozess relevant sind, ist es doch der Text, der alle Bestandteile enthält, die für sein Verstehen nötig sind.

Der hermeneutische Zirkel

Als Leser geht man nicht vorurteilsfrei an die Lektüre eines Textes heran. Man hat immer bereits Erwartungen, Vorwissen oder auch mangelnde Vorkenntnisse. Jede Lektüre eines Textes ist also von vornherein immer auch ein Hineinlesen in den Text. Mit diesem Problem setzte sich der Literaturwissenschaftler Hans-Georg Gadamer (1900–2002) auseinander. Gadamer zeigte damit gleichzeitig die Grenzen der Interpretationsfreiheit.

> Wer einen Text verstehen will, vollzieht immer ein Entwerfen. Er wirft sich einen Sinn des Ganzen voraus, sobald sich ein erster Sinn im Text zeigt. Ein solcher zeigt sich wiederum nur, weil man den Text schon mit Erwartungen auf einen bestimmten Sinn hin liest. Im Ausarbeiten eines solchen Vorentwurfs, der freilich beständig von dem her revidiert wird, was sich bei weiterem Eindringen in den Sinn ergibt, besteht das Verstehen dessen, was dasteht.
>
> Hans-Georg Gadamer, Wahrheit und Methode. Grundzüge einer philosophischen Hermeneutik, Tübingen, 2. Auflage 1965, S. 251; zitiert nach Waldmann 2007, S. 23

Lesen ist immer mit Vorurteilen behaftet. Deshalb muss sich der Leser
- seiner Vorurteile bewusst werden und
- sie anhand wiederholter Lektüre des Textes überprüfen.

Daraus entsteht der sogenannte hermeneutische Zirkel, ein Kreislauf von Lektüre, Sinnentstehung, Vorentwurf, neuerlichem Überprüfen durch neue Lektüre; man «schraubt» sich gewissermassen in den Text hinein. Das sieht etwas vereinfacht so aus:

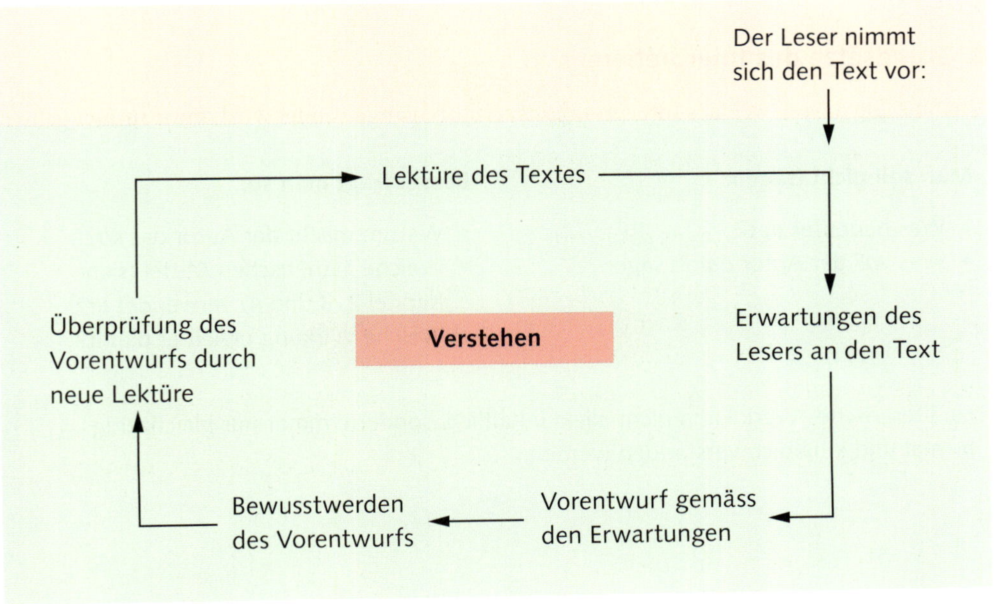

Verstehen ist kein eindimensionaler Vorgang, sondern ein wiederholtes Prüfen des Sinnes, der bei der Lektüre entsteht. Verstehen ist eine aktive Tätigkeit des Lesers.

Interpretationsverfahren: Übersicht

Die Interpretation geht immer von der Lektüre aus. Sie rückt damit zuerst den Leser ins Zentrum. Doch nicht alles, was der Leser bei der Lektüre empfindet, ist bereits Interpretation. Erst durch die Überprüfung der Empfindungen am Text entsteht Interpretation. Diese Überprüfung muss bei literarischen Texten immer eine Prüfung der ästhetischen Mittel sein, die der Autor ausgewählt und eingesetzt hat. Hermeneutisch und damit textgerecht wird die Interpretation dadurch, dass die ersten Vermutungen am Text überprüft und verifiziert werden.

Text und Kontext, Autor und Leser

Die verschiedenen Interpretationsverfahren rücken entweder den Autor, den Text oder den Leser in den Mittelpunkt. Einige neuere Interpretationsverfahren gehen weniger auf das literarische Werk ein als auf die Umstände (Kontext), in denen es geschaffen wurde. Die Grafik ordnet ausgewählte Interpretationsverfahren.

Übersicht

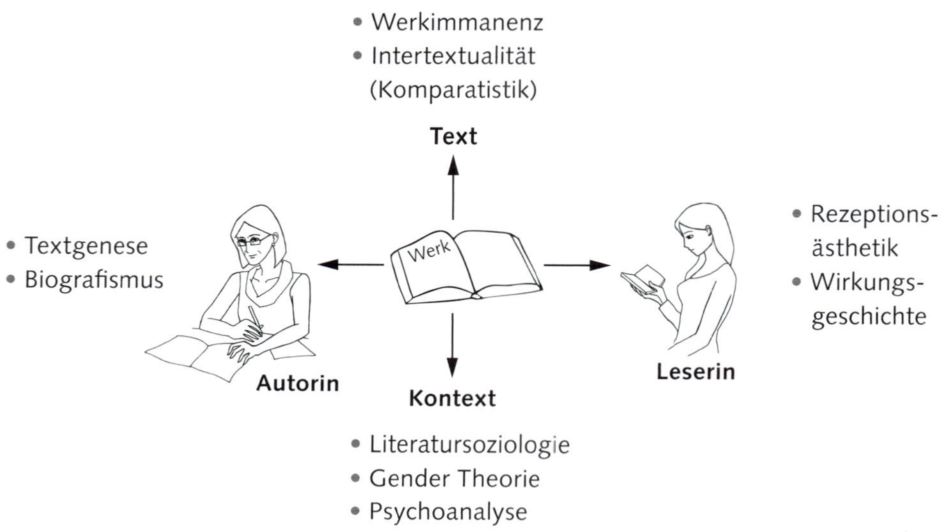

Grundsätze des Interpretierens

Unabhängig davon, welches Interpretationsverfahren angewendet wird, muss immer gelten:

Man soll nicht fragen:	Besser fragt man so:
• Was bedeutet das? • Was will der Autor damit sagen?	• Warum macht der Autor das so? • Welche ästhetischen Mittel (siehe Kapitel 2, 3 und 4) verwendet er? • Welche Wirkung erzielt er damit?

Ein literarisches Werk kann nicht allein inhaltlich, sondern immer nur gleichzeitig formal und inhaltlich verstanden werden.

Autororientierte Interpretationsverfahren

Verfahren, die den Autor in den Mittelpunkt rücken, fragen nach den Entstehungshintergründen und Entstehungsbedingungen von literarischen Werken. Sie berücksichtigen die «Produktion» von Literatur. Deshalb nennt man sie «produktionsorientierte» Verfahren.

Merkmal

Der Fokus der autororientierten Interpretationsverfahren liegt auf der Textentstehung, also auf dem, was vor der Publikation des Werkes passierte.

Textgenese

Dieses Verfahren rekonstruiert die Umstände der Werkentstehung. Es untersucht, unter welchen Umständen, wann, in welchen Schritten, mit welchen Änderungen, allenfalls sogar mit welchem Schreibmittel das Werk entstanden ist. Berücksichtigt werden dazu frühere Versionen, Varianten, Streichungen usw.
Die Ergebnisse gewinnt man, indem man die diversen Entwürfe mit der endgültigen Fassung vergleicht. Insbesondere bei Werken, die vom Autor umgearbeitet worden sind, gibt diese Methode Einblick in das Vorgehen des Autors während der Arbeit am Werk.

Typische Fragestellungen für die Textgenese

- Wie unterscheiden sich verschiedene Fassungen eines Werkes voneinander?
- Kann man aus der Vorgeschichte des untersuchten Werkes erklären, wie es zu dem Titel gekommen ist?
- Warum hat der Autor die Passage x wieder aus dem Manuskript gestrichen?
- Warum hat der Autor die Kapitel gegenüber der Urfassung für die Druckfassung umgestellt?
- Welche Nebentexte (Tagebuch, Briefe an Freunde, Verträge mit dem Verleger, Skizzen, Notizen usw.) gibt es? Was kann man aus ihnen erfahren?

Kritik

Man kann gegen dieses Verfahren einwenden, es missachte den Willen des Autors, der nur die letzte, endgültige Version zur Veröffentlichung bestimmt hat.

Biografisches Verfahren

Dieses Verfahren ist darum bemüht, Lebenszeugnisse des Autors heranzuziehen, um mit deren Hilfe ein plausibles Verständnis des Textes aufzubauen. Der Interpretierende versucht zu erkennen, wie Lebenserfahrungen des Autors sich auf die Themenwahl, die inhaltliche Entfaltung und auf die Darstellungsweise des literarischen Textes ausgewirkt haben könnten. Das biografische Verfahren öffnet den Blick dafür, dass Literatur immer etwas mit der Lebenswirklichkeit des Autors zu tun hat.

Typische Fragestellungen für das biografische Verfahren

- Aus welcher Lebenssituation heraus hat der Autor das Werk geschrieben?
- Welche persönlichen Erfahrungen hat der Autor verarbeitet?
- Welche Parallelen zwischen Autor und Protagonist gibt es?

Kritik

Kritiker des biografischen Verfahrens werfen ihm vor, es verkenne den Kunstcharakter eines dichterischen Werkes und reduziere das Interpretieren auf blosse Quellenforschung. Das biografische Verfahren ignoriere, dass das Werk einen Eigencharakter besitzt, der über das Leben seines Autors hinaus existiert.

Textorientierte Interpretationsverfahren

Textorientierte Interpretationsverfahren berücksichtigen nur das literarische Werk selber, losgelöst vom Autor, von seinen Entstehungsbedingungen und dem aktuellen Leser. Sie entwickeln ihre Fragestellungen aus dem Werk heraus.

Textimmanentes Verfahren

Das wichtigste textorientierte Verfahren ist die sogenannte Textimmanenz. Dieses Verfahren konzentriert sich auf eine möglichst genaue Analyse der Elemente des Textes und ihres inneren Zusammenhangs, ohne dass werkübergreifende Erklärungen wie das Leben des Autors, der geschichtliche Hintergrund oder die Wirkung des Werkes berücksichtigt werden.
Bei der Deutung bleibt der Interpretierende innerhalb (immanent) des Textes. Er versteht den Text aus sich selbst heraus und stützt sich nicht auf Hintergrundwissen. Dieses Verfahren setzt in besonderer Weise auf Textnähe und erfordert eine genaue Lektüre.

Merkmal Der Fokus des textimmanenten Interpretationsverfahrens liegt auf der Untersuchung des Werkaufbaus und der sprachlichen und stilistischen Mittel.

Typisches Vorgehen des textimmanenten Verfahrens
Genaues Lesen ist die Strategie dieses Ansatzes. Es wird genau auf einzelne Wörter, auf den Satzbau und die Reihenfolge geachtet, in der Sätze und Wörter sich während des Lesens entfalten. Dabei zieht man unter anderem in Betracht:

- Wortwahl
- Satzgestaltung
- Form und Struktur
- Erzählereingriffe
- Metaphorik, Symbolik, Vergleich
- Motive, Leitmotive
- Sprechende Namen
- Anteil Dialog/Erzählerrede
- Ironie
- Titel, Kapitelüberschriften, Schlüsselsätze

Kritik Kritiker des werkimmanenten Verfahrens nennen diese Methode unhistorisch und nicht fruchtbringend. Sie mache die Literatur zu einem lebens- und gesellschaftsfernen Studienobjekt. Der Inhalt des Werkes werde gegenüber der Form zu wenig berücksichtigt.

Intertextualität/Komparatistik

Das intertextuelle Verfahren geht davon aus, dass jeder Text nicht für sich allein, sondern in der Tradition anderer Texte steht. Dies kann in einer Art Dialog zwischen den Texten geschehen, zum Beispiel in Stil-Kopien oder Persiflagen.

Merkmal Das intertextuelle Verfahren gewinnt Ergebnisse durch den Vergleich des zu analysierenden Textes mit anderen Texten (Komparatistik). Es schärft den Blick dafür, dass ein wesentlicher Teil der Aussage eines Werkes aus dem Vergleich mit anderen Werken entsteht. Intertextualität entsteht aus der Lesebiografie des Autors. Sie gehört deshalb nicht nur zur Text-, sondern ebenso zur Autordimension der Interpretation (siehe S. 163).

Kritik Viele Autoren kennzeichnen ihre intertextuellen Bezüge nicht durch Zitate oder Namensnennung. Ausserdem besteht die Möglichkeit, dass der Autor intertextuelle Bezüge herstellt, die ihm nicht bewusst sind. Man kritisiert, dass das intertextuelle Interpretationsverfahren zu spekulativ sei.

Leserorientierte Interpretationsverfahren

Verfahren, die den Leser in den Mittelpunkt rücken, fragen nach der Wirkung von literarischen Werken auf ihr Publikum. Sie berücksichtigen die Aufnahme (Rezeption) von literarischen Werken, das, was nach der Publikation geschieht. Man nennt sie «rezeptionsorientierte» (leserorientierte) Verfahren.

Rezeptionsästhetik

Das rezeptionsästhetische Verfahren untersucht das Verhältnis von Werk und Leser. Es geht davon aus, dass ein Werk erst durch den Vorgang des Lesens Bedeutung erlangt. Der Leser ist also ein Teil der Sinnentstehung des Werkes. Da jeder Leser von einer anderen Voraussetzung ausgeht, ändert sich theoretisch der Sinn des Werkes auch bei jedem Leser. Praktisch ist das aber selten der Fall.
Untersucht wird deshalb der Verstehensprozess. Das Verfahren will ergründen, auf welche verschiedenen Arten Sinn entsteht und mit welchen Strategien der Autor im Text das Verstehen lenken kann.

Merkmal

Der Fokus des rezeptionsästhetischen Verfahrens liegt auf der Lesersteuerung durch den Autor.

Typische Fragestellungen

- Mit welcher Figur identifiziert sich der Leser?
- Wie wird die Aufmerksamkeit des Lesers gelenkt?
- Wie gelingt es, den Leser auf eine falsche Fährte zu führen?
- Wie entsteht Spannung?

Kritik

Das rezeptionsästhetische Verfahren hat sich seit den 1970er-Jahren radikal geändert. Damals war man davon ausgegangen, dass der Sinn erst durch die Lektüre entsteht. Kritisiert wurde deshalb, dass daraus private, willkürliche Textdeutungen entstehen. Bis heute hat es sich im oben erklärten Sinne gewandelt.

Rezeptionsgeschichte/Wirkungsgeschichte

Die Rezeptionsgeschichte untersucht die Wirkung eines Werkes. Untersucht werden die Gründe, warum ein Werk gelesen wird. Man zieht Auflagenstärken heran und gibt wieder, was die zeitgenössische Literaturkritik zu dem betreffenden Werk geschrieben hat. Die Rezeptionsgeschichte hilft zu entscheiden, ob ein Werk allenfalls wieder aufgelegt, im Unterricht behandelt oder in Empfehlungslisten aufgenommen werden soll. Die Rezeptionsgeschichte schliesslich gibt darüber Auskunft, wie stark das Werk auch andere Werke beeinflusst hat.

Merkmal

Die Wirkungsgeschichte untersucht, wer das Werk liest und wieso es beim Publikum gut oder nicht gut ankommt.

Typische Fragestellungen

- Wie viele Leser, Auflagen, Übersetzungen, Verfilmungen usw. hat das Werk?
- Was gefällt den Lesern am Werk?
- Mit welchen Mitteln steuert(e) der Buchmarkt den Erfolg des Werkes?
- Welche Bevölkerungsgruppen lesen hauptsächlich das Werk?

Kritik

Das wirkungsgeschichtliche Verfahren hat mit dem Inhalt und der Form eines Werkes und damit mit seinem künstlerischen Wert nur sehr indirekt zu tun. Es wird angemerkt, dass von hohen Verkaufszahlen nicht auf den literarischen Wert geschlossen werden kann. Umgekehrt kommt es oft vor, dass Werke, die zu ihrer Entstehungszeit unbeachtet blieben, heute teilweise grosse Beachtung finden – und umgekehrt.

Kontextorientierte Interpretationsverfahren

Eine Reihe von meist neueren Verfahren der Literaturinterpretation berücksichtigt das Umfeld (den Kontext) des literarischen Werkes. Einige sind ab etwa 1960 zu grosser Popularität gelangt. Alle kontextorientierten Verfahren wenden eine Fragestellung an, die unabhängig vom untersuchten Werk besteht. Dabei betrachtet man das Werk hauptsächlich unter dem vorgegebenen Gesichtspunkt.

Kontextorientierte Verfahren im Überblick (Auswahl)

	Was wird untersucht?	Worauf fokussiert die Untersuchung?	Typische Fragestellungen
Literatursoziologie	Verhältnis von Literatur und Gesellschaft	• Darstellung von Machtverhältnissen, Abhängigkeiten • Soziale und politische Konflikte • Gruppenzugehörigkeit der Figuren (Klasse, Schicht, Partei, Geschlecht usw.)	• Welche Machtstrukturen prägen die Personen des Werkes? • Wird aus der Sicht des einfachen Mannes oder des vermögenden Bürgers erzählt? • Welche Leserschichten (Arbeiter, Bürger, Intellektuelle, Aussenseiter usw.) spricht das Werk an bzw. aus welchen Schichten stammen die Figuren des Werkes?
Geschlechtertheorie (Gender Theorie)	• Beziehungen der Geschlechter untereinander • Bild der Frau im Werk	• Rolle der Frau in der Gesellschaft, wie sie die Literatur spiegelt • Rolle der Frau im Literaturmarkt • Unterschiede zwischen Werken männlicher und weiblicher Autoren	• Entspricht das Verhalten der Frau im Werk einem gesellschaftlichen Muster? • Wie ist es zu erklären, dass die Mehrheit der Schreibenden männlich, die Mehrheit der Lesenden weiblich ist? • Prägt das Lesen von Büchern männlicher Autoren das Selbstwertgefühl von heranwachsenden jungen Frauen negativ?
Psychoanalyse			
a) Autor	Unterbewusstsein des Autors und sein Drang zu schreiben	• Im Werk wird ähnlich wie im Traum das Unterbewusstsein des Autors sichtbar.	• Was hat den Autor motiviert, dieses Werk zu schreiben? • Welche Probleme hat der Autor im Werk verarbeitet? • In welcher Figur erkennt man die Psyche des Autors wieder?
b) Werk	Triebkräfte und Probleme der Figuren	• Mit psychoanalytischen Fragestellungen wird das Verhalten einer Figur erklärt.	• Welche Leidenschaft prägt Figur x? • Wie verhält sich Figur x im Spannungsfeld von Es – Ich – Über-Ich? • Welche Neurosen verantworten das Verhalten von Figur x?

Kritik Allen kontextorientierten Verfahren kann vorgeworfen werden, dass sie das literarische Werk zu einseitig lesen. Ebenso kann eingewendet werden, dass mittels dieser Verfahren Erkenntnisse gewonnen werden, die unter Umständen weder vom Autor beabsichtigt noch vom Werk provoziert sind, sondern überhaupt erst durch die Fragestellung hervorgerufen werden. Damit ist die Gefahr gross, dass die kontextorientierten Verfahren die Grenzen der Interpretation (siehe S. 166) sprengen.

Das Werk und sein historischer Hintergrund

Oft ist Literatur erst verständlich, wenn man die geschichtlichen, gesellschaftlichen, politischen oder ökonomischen Bedingungen seiner Entstehungszeit kennt. Ein literarisches Werk ist immer ein Zeiterzeugnis:

- Erstens lebt der Autor in seiner Zeit. Das bedeutet: Zeitströmungen, Moden, zeitgenössische Vorkommnisse u. Ä. fliessen in sein Werk ein. Das geschieht sehr häufig ohne Absicht des Autors.
- Zweitens reagiert das Werk (zwar nicht immer) auf seine Zeit, indem es zum Beispiel zeitgenössische Diskussionen oder Ereignisse bewusst aufnimmt und verarbeitet.

Geistesgeschichte/Literaturgeschichte

Die Beleuchtung des Entstehungshintergrundes eines Werkes ist ein Zugang, Informationen über das Werk zu sammeln. Denn der Autor bezieht seine Ideen mindestens teilweise aus der Zeit, in der er gelebt und seine Werke geschaffen hat.

- In welchem Jahr wurde das Werk geschrieben? Wo? Unter welchen Umständen?
- Wann und wo ist es erschienen?
- Welche epochenspezifischen Merkmale lassen sich am Werk erkennen?
- Welcher literarischen Bewegung gehörte der Autor an und wie hat sich das auf das Werk ausgewirkt?

Zeitgeschichte

Viele Werke verarbeiten historische Ereignisse. In Erich Maria Remarques «Die Nacht von Lissabon» muss der Protagonist einen gültigen Pass besorgen, um in die USA zu emigrieren, während im Hintergrund der Zweite Weltkrieg tobt. Solche Werke geben Vorkommnisse, Befindlichkeiten oder Ängste ihrer Zeit wieder. Für ihr Verständnis ist es unerlässlich, über den historischen Hintergrund Bescheid zu wissen.

> Mir kam es plötzlich genauso fantastisch wie ihm vor, dass ich aus Europa nach Mexiko verschlagen war. [...]
> Ich lehnte mich gegen die Wand in den schmalen Schatten. Um Rettung genannt zu werden, dafür war die Zuflucht in diesem Land zu fragwürdig und zu ungewiss. Ich hatte Monate der Krankheit gerade hinter mir, die mich erreicht hatte, obwohl mir die mannigfachen Gefahren des Krieges nichts hatten anhaben können.
>
> Anna Seghers, Der Ausflug der toten Mädchen, 1948

In diesem Textausschnitt sind die unterstrichenen Passagen unverständlich, solange man die zeithistorische Gebundenheit (Zweiter Weltkrieg, Exil usw.) nicht in Betracht zieht. Einen ersten Anhaltspunkt dafür gibt in der Regel das Veröffentlichungsdatum. Es ist einsichtig, dass sich ein Werk aus dem Jahr 1948 wahrscheinlicher mit dem Zweiten Weltkrieg auseinandersetzt als zum Beispiel mit dem Ersten.

- In welchem Bezug zur historischen Realität steht das Werk?
- Welches historische Wissen braucht man, um den Text zu verstehen?
- Welche historischen Ereignisse prägen die Protagonisten des Werkes?
- Welche öffentlichen Diskussionen, Ereignisse, Umwälzungen usw. fanden statt in der Zeit, als das Werk geschrieben wurde?

Anmerkung: Historische Romane spielen vor einem in der Regel korrekt wiedergegebenen historischen Hintergrund. Man unterscheidet sie von zeithistorischen Romanen, die vor dem Hintergrund der Zeit spielen, in der sie geschrieben wurden.

Interpretieren: Checkliste

Erster Schritt

Formulieren eines ersten, vorläufigen Textverständnisses in Stichworten
Bereits das erste Lesen eines Textes hinterlässt bestimmte Eindrücke: Man hat eine Vorstellung von den Personen und ihren Beziehungen zueinander und man kann auch meistens ganz allgemein sagen, worum es geht. Diese ersten vagen Vorstellungen steuern das Textverständnis. Daher ist es ratsam, sie sich bewusst zu machen und stichwortartig zu notieren.

Zweiter Schritt

Textanalyse
Das vorläufige Textverständnis soll durch eine genaue Untersuchung gefestigt, angepasst oder verworfen werden. Dabei geht es darum, sich bewusst zu werden, warum der Autor sich für das jeweilige ästhetische Mittel entschieden hat und welche Funktion es für den Text einnimmt. Stellen Sie Fragen an den Text (siehe S. 66, 116, 158).

Dritter Schritt

Hypothesen bilden
Ordnen Sie die Ergebnisse der Textanalyse. Formulieren Sie erste Aussagen mit Vermutungen, sogenannte Hypothesen.

Grundsätze des Interpretierens:
- Was im Text geschrieben steht, gilt: «Der Text hat Recht.»
- Das Naheliegende dem Gesuchten vorziehen.
- Die einzelnen Teile müssen zu einem Gesamtbild zusammenpassen.
- Fragen an den Text stellen und beantworten statt nach der Absicht des Autors fragen.

Vierter Schritt

Falsifizieren, verifizieren, revidieren
Überprüfen Sie Ihre Hypothesen im Sinne des hermeneutischen Zirkels (siehe S. 167):
- Falsifizieren: nach Textbelegen suchen, die der Hypothese widersprechen
- Verifizieren: nach Textbelegen suchen, welche die Hypothese unterstützen
- Revidieren: nach Textbelegen suchen, die fehlerhafte Hypothesen umformulieren

Alle Aussagen müssen am Text belegbar sein: «Der Text hat Recht.»

Führen Sie diese Schritte gewissenhaft durch, erhalten Sie aus Ihren vermuteten Hypothesen belegte Thesen. Eine These ist dann gelungen, wenn
- sie die Beziehungen zwischen Inhalt und Form aufzeigt,
- sie (möglichst) alle Fragen beantwortet, die sich bei einer genauen Lektüre stellen (das heisst konkret: Sie erklärt die ästhetischen Mittel, die der Text aufweist),
- sie die erklärungsbedürftigen Zusammenhänge einsichtig macht,
- die Aussagen so stichhaltig und nachvollziehbar dargelegt sind, dass sie auch von anderen Lesern als überzeugend empfunden werden.

→ Informationen zur Thesenbildung und zu Kriterien guter Thesen im Band «Sprache und Kommunikation». Deutsch am Gymnasium 1, S. 161.

Fünfter Schritt

Zusammenhängende Darstellung
Häufig wird verlangt, die Ergebnisse der Interpretation in schriftlicher Form festzuhalten. Der Interpretationsaufsatz enthält folgende Teile:
- Im Einleitungsteil werden immer genannt: die (selbst gestellte oder vorgegebene) Aufgabe, sodann der Autor, der Titel, die Gattung, allenfalls das Entstehungsjahr des Werkes, um das es geht.
- Im Hauptteil werden die Ergebnisse der Analyse dargestellt, die man anhand von Textstellen (Zitate) belegt (siehe S. 183f.). Dabei versucht man, die einzelnen Befunde in ihren Sinnzusammenhängen zu erklären. Was soll mit der gewählten Perspektive bewirkt werden? Welche Funktionen haben die Sprachbilder? usw.
- Am Schluss werden die Ergebnisse knapp und thesenartig (in Aussagesätzen) zusammengefasst.

6 Slam-Poetry

Schlüsselbegriffe

- Slam-Poetry
- Publikumswirkung
- Klangelemente
- Wiederholung
- Gestaltendes Sprechen
- Bühnenpräsenz

Slam-Poetry

Slam-Poetry sind Texte, die vor Publikum gesprochen werden. Sie leben ebenso von ihrer literarischen Qualität wie von den Vortragskünsten des Autors. Der vortragende «Slammer» baut in seinem Vortrag Spannung auf, geht mit seinem Text mit und versucht, das Publikum zu gewinnen.
Slam-Poetry nimmt Themen für ein breites Publikum auf: Alltags- und Nachtleben, unser Konsumverhalten, das Verhältnis der Geschlechter. Persönliche Missgeschicke und andere Erfahrungen des Alltags geben den Stoff für die Slam-Poetry-Texte, in denen sich das Publikum wiedererkennen kann.

Dichtung auf der Bühne

«Slam» ist ein lautmalerisches Wort für das Zuknallen einer Türe. Das Verb *to slam* heisst im Englischen zuknallen, im Tennis auch aufschlagen (des Balls auf dem Boden). Slam-Poetry ist eine neue Gattung der Literatur, die 1985 in Chicago von Marc Smith erfunden worden ist. Dichterwettkämpfe gab es allerdings auch schon früher. Neu am Slam ist der Umstand, dass jeder, der einen eigenen Text verfasst hat, mitmachen kann. Und neu ist, dass die Texte speziell für den Vortrag hergestellt werden. Dichten und Vortragen gehören in der Slam-Poetry zusammen.

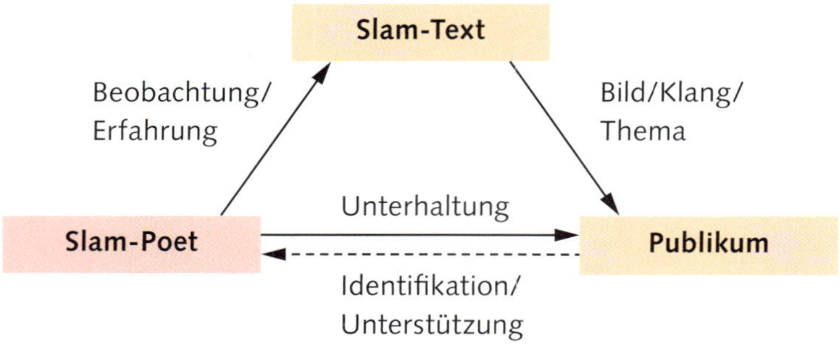

Die «Gattung» Slam-Poetry

Slam-Poetry vereint Elemente aus allen drei herkömmlichen literarischen Gattungen:

Erzählende Prosa durch die Tatsache, dass sie Geschichten erzählt.

Lyrik durch den Umstand, dass ein Slam-Text über überdurchschnittlich viele literarische Stilmittel verfügt.

Dramatik dadurch, dass der Slam-Text auf der Bühne vorgetragen und damit gewissermassen aufgeführt wird.

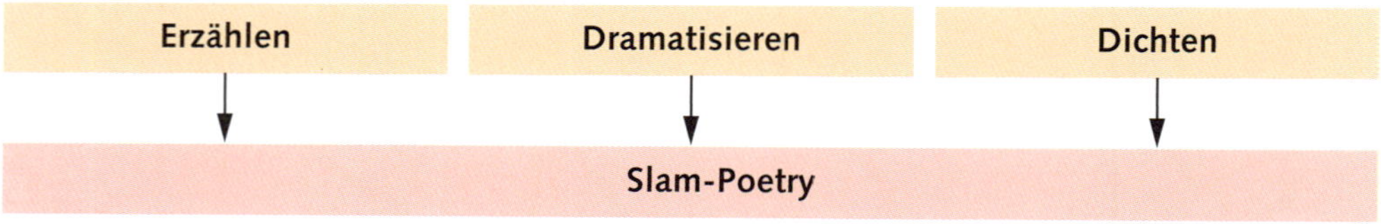

Regeln für den Poetry-Slam

1. Man darf nur Texte vortragen, die man selber verfasst hat.
2. Alle Künstler haben dasselbe Zeitlimit auf der Bühne (in der Regel fünf, manchmal auch sechs oder sieben Minuten).
3. Es dürfen keine Requisiten oder Kostüme auf die Bühne mitgenommen werden.
4. Reine Gesangsstücke sind nicht erlaubt. Die Texte dürfen jedoch auszugsweise im Sprechgesang vorgetragen werden.
5. Das Publikum bewertet die Beiträge der Künstler.

Alltagsthemen

Poetry-Slams leben davon, dass die vorgetragenen Texte das Publikum ansprechen. Das bedingt, dass Slam-Texte alltägliche Themen aufgreifen, die für die Zuhörer ein grosses Identifikationspotenzial haben. Dazu gehören grundsätzlich alle Arten von Texten, denen man täglich begegnet, die man aber selten wahrnimmt: Werbungen, Packungsbeilagen, Aufschriften auf Verpackungen, Hinweistafeln in Warenhäusern usw. Gut geeignet, um Publikumsnähe herzustellen, sind auch Versatzstücke der Alltagskommunikation:

1. Gespräche im Zug oder im Bus
2. Klischees:
   - Was denken Mädchen von Jungs (und umgekehrt)?
   - Was denken Jugendliche von Erwachsenen (und umgekehrt)?
   - Was denken Stimmbürger von der Politik?
   - Welche Personen kaufen bei H&M ein? Bei Ikea? usw.
3. Rollen und Rollenklischees: Wie verhält sich ein frisch gewählter Bundesrat? Was sagt ein Fussballer nach dem Spiel? Wie reagiert die Lehrerin auf die Verschiebung der Prüfung? usw.
4. Zeitungen. Welche Themen dominieren? Interessieren sie die Leser wirklich? Warum (nicht)?

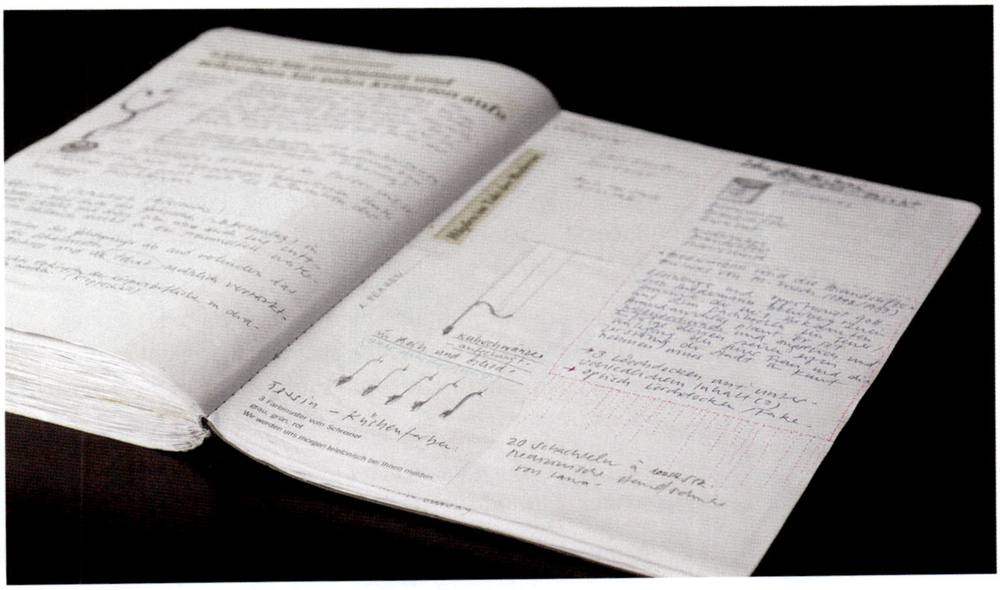

Das Skizzenbuch für Notizen aus dem Alltag ist das unentbehrliche Hilfsmittel des Slam-Poeten.

Stilmittel

Slam-Texte wollen direkt auf ihr Publikum wirken. Das verbindet sie mit der Rhetorik. Dementsprechend viele Stilmittel und rhetorische Figuren werden in Slam-Texten eingesetzt. Das wichtigste Stilmittel sind Wiederholungen.

Die Wiederholung

Slam-Texte werden gesprochen, und zwar oft sehr schnell. Damit das Publikum überhaupt mitkommt, spielen sie mit Wiederholungen. Sie strukturieren damit den Text, sie «hämmern» ihn gewissermassen in die Köpfe der Zuhörer.

Mädchen, Mädchen
die Mädchen wollen Sterne zählen
mit jemandem zusammen
die Mädchen, die Mädchen, die Mädchen
die Mädchen wollen Pferde stehlen
mit jemandem zusammen,
die Mädchen wollen alles andere
vergessen
mit jemandem zusammen
die Mädchen liegen Tag und Nacht wach
wegen jemandem
die Mädchen, die Mädchen, die Mädchen
die Mädchen wollen …

Jürg Halter, Mädchen, Mädchen, Anfang

Jürg Halter (Kutti MC) verwendet im Beispieltext alle Formen der Wiederholung:

- Wortwiederholungen («Mädchen»; «jemandem»)
- Anaphern («die Mädchen»; «mit jemandem»)
- Parallelismen («die Mädchen wollen …»; «die Mädchen liegen …»)
- Refrain («die Mädchen, die Mädchen, die Mädchen»)

Die Wiederholung gibt dem Text nicht nur eine durchsichtige Struktur, die den Zuhörern das Verstehen erleichtert, sie erlaubt auch das Spiel mit unerwarteten Pointen: Nachdem dreimal «mit jemandem» wiederholt worden ist, ist die Abweichung «wegen jemandem» auffällig und wirkt wegen des unerwarteten Einsatzes komisch.

Klangliche Wiederholungsmittel

Alliteration	Aufeinanderfolgende Wörter, die mit demselben Buchstaben anfangen: knutschen, knausern, knebeln – fliegen, flauschig, flegeln
Assonanzen (Vokalreihen)	Vokale oder Diphthonge werden innerhalb des Textes mehrfach wiederholt. Mit Vokalreihen erreicht man leicht einen Rhythmus: «Wir sind verreist in die vereiste weisse Weite …»
Binnenreime	Hier reimen sich die Wörter innerhalb einer Zeile: «Du schnieftest und trieftest ganz nass und krass.»
Endreime	Je mehr Silben sich reimen, umso besser: «Bilder – wilder» wirkt schon stärker als «Wut – Mut», wird aber übertroffen von einem leicht unreinen Reim auf drei Silben wie «Taschentuch – Flaschenzug».
Schüttelreime	Anfangslaute von Wörtern werden miteinander vertauscht: «Es liess sie seine Gunst kalt / Weil sie nur der Kunst galt.»

Vortrag

Slam-Texte folgen anderen Regeln als herkömmliche erzählende Texte oder Gedichte. Dem slammenden Künstler steht nur ein enger Zeitrahmen zur Verfügung, um das Publikum für sich zu gewinnen. Denn in der Regel kennt das Publikum den vortragenden Künstler nicht.

Die Dramaturgie eines Slam-Textes

Die meisten Slam-Texte setzen auf eine Abfolge unterschiedlicher Stimmungen. Die Slam-Szene unterscheidet drei grundlegende Stimmungselemente.

Lower
- stille Passage
- berührt Publikum

Bringer
- aggressive Passage
- verstört Publikum

Cooler
- ruhige Passage
- versöhnt Publikum

Spannung durch Extravaganz

Die Spannung bei erzählenden Slam-Texten lässt sich in etwa gleich erzeugen wie in der erzählenden Prosa. Allerdings gibt es spezifische Spannungsmomente für Slam-Texte. Da diese meistens alltägliche Gegebenheiten thematisieren, kann Spannung nur schwer aus der Sache selber entstehen. Es braucht eine überraschende Herangehensweise.

Typische Situation	Der Slam-Poet tritt mit einer Situation auf, die wir alle kennen, z. B. mit dem Einkauf bei Ikea. Die Publikumserwartung ist nun: Was macht er daraus? Oder: Hat er das Gleiche erlebt wie ich?
Unsinniger Wunsch	Der Slam-Poet will etwas sein bzw. vergleicht sich mit jemanden oder etwas, auf das man selber nie im Leben gekommen wäre. Ein Beispiel dafür ist Lara Stolls Text: «Weshalb ich manchmal gerne ein John Deere Traktor 7810 Powershift mit Gewicht in der Fronthydraulik wäre»
Überraschende Perspektive	Der Slam-Poet nimmt eine überraschende Perspektive ein (z. B. die eines Hamsters) und beleuchtet so den Alltag aus einer ungewöhnlichen Optik.
Widerspruch	Der Slam-Poet widerspricht klar und deutlich einer Erwartung oder einem Klischee, z. B. «Skitage oder Warum ich Schnee hasse».
Pointe	Der Slam-Poet formt aus einer alltäglichen Situation eine spannende Geschichte, indem er das Einmalige, Besondere heraushebt und indem diese eine merkwürdige Wende nimmt.

Auftritt

Slam-Texte müssen zwingend auf der Bühne vor Publikum gesprochen werden. Sie müssen sich vor dem Publikum bewähren.

Gestaltendes Sprechen

Die Stimmen verfügen über ein ganzes Arsenal an Möglichkeiten, um das Publikum mitzureissen. Die Wirkung des Vorgetragenen hängt stark vom Rhythmus ab, der sich bildet aus:

Modulation	• Variationen in Wort und Satzbetonungen • Variationen im Sprechstil (Liebeserklärungen klingen anders als Welthass.)
Tempo	• Wechsel von langsamen und schnellen Passagen • Einsatz von Pausen (Experimentieren Sie mit Pausen an «falscher» Stelle.)
Lautstärke	• Wechsel von lauten und leisen Passagen • Bewusster Einsatz von Flüstern, Rufen, Schreien, Brüllen
Stimmlage	• Heben und Senken der Stimme • Einsatz von Varianten (Singen, liebliches Locken, Mundart usw.) • Figurenrede mit anderer Stimme sprechen

Körpersprache

Neben der Stimme prägen körpersprachliche Ausdruckselemente den Aufritt:

Proxemik	Positionswechsel resp. Standort
Kinesik	Körperbewegung. Die wichtigste ist der ruhige, aufrechte Stand mit Blick ins Publikum.
Gestik	Gebärden unterstreichen das Gesagte.
Mimik	Gesichtsbewegung. Fürs Erste reichen ein Lächeln und der Blick ins Publikum.

Die Kriterien eines gelungenen Auftrittes

An einem Poetry-Slam wertet das Publikum den Text und den Auftritt. Beurteilt werden vielmehr immer etwa die gleichen Kriterien. Allerdings kann die Gewichtung der Kriterien recht unterschiedlich ausfallen.

- Spricht der Slammer laut und raumfüllend?
- Baut die Slammerin Kontakt zum Publikum auf? Spricht sie für das Publikum?
- Moduliert sie ihre Stimme? Spricht sie variantenreich?
- Unternimmt der Slammer wirklich alles, dass der Vortrag nicht monoton klingt?
- Spricht er auch mit seinem Körper? Dem Gesicht? Den Händen?
- Kann er eine Stimmung aufbauen?
- Ist der Auftritt der Slammerin dramaturgisch gut aufgebaut?
- Spricht der Inhalt das Publikum an?
- Hat der Text Höhepunkte, Pointen, Besonderheiten?
- Kann der Text klanglich/rhythmisch überzeugen?
- Liefert der Text eine neue Sicht auf Altbekanntes?

7 Anhang

Schlüsselbegriffe

- Zitat/Verweis
- Schriftliche Interpretation
- Mündliche Prüfung
- Literarische Figuren

Das Lesetagebuch

Das Lektürejournal oder Lesetagebuch begleitet Ihre Lektüre und hält Ihre persönlichen Eindrücke, Überlegungen und Aussagen zum literarischen Werk fest. Das ist besonders hilfreich für die Vorbereitung der Werke der mündlichen Maturitäts- bzw. der Abschlussprüfung.
Führen Sie für die Dauer der individuellen Lektüre ein Arbeitstagebuch. (Es erlaubt Ihnen, den Leseprozess zu protokollieren und zu reflektieren.)

■ Anregungen

Wichtig ist, dass Sie beim Lesen pro Kapitel mindestens einen längeren Eintrag vornehmen. Dabei sollen alle Anregungen mindestens einmal berücksichtigt werden. Die Aufzählung der Möglichkeiten ist nicht erschöpfend, probieren Sie eigene Ideen aus.

1. Eine vollständige Inhaltsangabe eines Kapitels verfassen.
2. Textstellen (Zitate) zu einem Thema/Motiv herausschreiben.
3. Textstellen, die Sie bewegt haben (weil sie besonders lustig, spannend, traurig usw. waren), herausschreiben.
4. Textstellen, die Ihnen sprachlich besonders gefallen/missfallen, herausschreiben.
5. Fragen, die Ihnen beim Lesen bzw. Erarbeiten gekommen sind, notieren.
6. Eine Kapitelüberschrift finden bzw. ersetzen. (Begründen Sie Ihre Wahl.)
7. Ein Soziogramm, das die Verhältnisse der Figuren zueinander zeigt, erstellen.
8. Eine Figur charakterisieren.
9. Die Beziehung zweier Figuren zueinander beschreiben.
10. Ein passendes persönliches Erlebnis oder ein aktuelles Ereignis festhalten.
11. Ein passendes Gedicht, ein Bild, eine Collage hinzufügen oder einen Musiktitel, der zur Situation, Stimmung oder Handlung einer Textstelle passt, anführen.
12. Die Verhaltensweisen der Figuren kommentieren.
13. Zu einer passenden Episode einen Brief, den eine Figur einer andern schreiben könnte, selber verfassen.
14. Zu einer passenden Episode einen inneren Monolog verfassen.
15. Einen Dialog, der im Roman nicht stattgefunden hat, entwickeln.
16. Sich über historische und/oder geografische Hintergründe informieren und dazu Notizen machen.
17. Sich über Leben und Werk des Autors informieren und nach Parallelen, Beweggründen und Motiven für bestimmte Inhalte suchen.
18. Erzähltheoretische Merkmale erläutern (Perspektivenwechsel, Ich-Form, Beschreibung usw.).

Gestaltung

- Handschrift eignet sich besser als der PC. Das Lesetagebuch können Sie wie das zu lesende Buch überallhin mitnehmen.
- Kennzeichnen Sie Ihre Einträge (Anregung und Kapitelüberschrift).
- Zitate sind korrekt kenntlich zu machen (siehe S. 183 f.).

Zitieren

Stellen aus einem Text «zitiert» man, d. h. man gibt sie wortwörtlich wieder. Als Verweis bezeichnet man die genaue Angabe der Fundstelle.

Das Zitat

Zitate müssen korrekt zitiert werden, d. h. die Aussage muss genauso abgeschrieben werden, wie sie im Text steht. Zitate werden immer in «Anführungszeichen» gesetzt.

> «Mein Kind! mein Tamaras! hat dich der Persen Schwerdt
> Hat dich der grimme Brand Armeniens verzehrt!»

Wird im Fliesstext der Titel des Werkes zitiert, steht er ebenfalls in Anführungszeichen:

> Andreas Gryphius' Tragödie «Catharina von Georgien» entstand im Jahr 1647.

Man zitiert nicht nur ganze Sätze oder ganze Abschnitte, sondern auch einzelne Wörter, selbst einzelne Buchstaben.

> Auffällig z. B. am Schriftbild des Barocks sind heute wenig gebräuchliche Buchstabenkombinationen wie «fft» (z. B. «Gifft»), «th» (z. B. «thun»), «aw» (= au) und «ew» (= eu).

- Zitate müssen wortwörtlich abgeschrieben werden.
- Zitate stehen immer in Anführungszeichen.
- Der Werktitel wird im Fliesstext in Anführungszeichen gesetzt.

Der Verweis

Der Verweis gibt die Fundstelle des Zitats an. Der Verweis steht direkt hinter dem Zitat in Klammern. Er enthält zwingend folgende Angaben:

- **Autor** (Andreas Gryphius)
- **Titel** (Catharina von Georgien)
  Anmerkung: Im Verweis steht der Titel nicht in Anführungszeichen.
- **Druckort** (Stuttgart)
- **Druckjahr** (1985)
- **Seitenzahl des Zitats** (S. 25, bei Versen die Verszahl)

Beispiel:

> «Mein Kind! mein Tamaras! hat dich der Persen Schwerdt
> Hat dich der grimme Brand Armeniens verzehrt!
> Andreas Gryphius, Catharina von Georgien, Stuttgart 1985, S. 25

Der Verweis kann fakultativ auch enthalten:

- **Zeilenzahl des Zitats** (Z. 4 f.)
- **Untertitel** (Oder die bewehrete Beständigkeit)
- **Verlagsnamen** (Reclam)
- **Reihe und Reihennummer** (RUB 9751)

Kurzverweis Der Verweis enthält viele Angaben und ist deshalb in der Regel lang. Man kann ihn abkürzen, falls man die vollständigen Angaben am Schluss des Textes in der Rubrik «Literaturverzeichnis», «Bibliografie» oder «Quellen» macht. Dann reicht ein Kurzverweis. Er enthält zwingend:

- **Autor (Nachname)** (Gryphius)
- **Kurztitel** (Catharina)
- **Seitenzahl** (S. 25)

Beispiel:

«Mein Kind! mein Tamaras! hat dich der Persen Schwerdt
Hat dich der grimme Brand Armeniens verzehrt!»

Gryphius, Catharina, S. 25

Quellenverzeichnis:
Andreas Gryphius, Catharina von Georgien. Oder die bewehrete Beständigkeit. Stuttgart (Reclam) 1985.

Verweis bei Dramen

- Üblicherweise gibt man bei Werken die Seite (S. x) und die Zeile (Z. y) an.
- Bei Dramen allerdings nennt man zusätzlich den Akt und die Szene, und zwar den Akt in römischen, die Szene in arabischen Ziffern, z. B. I.5 (1. Akt, 5. Szene) oder III.4 (3. Akt, 4. Szene).
- Steht das Drama in Versen, sind diese in aller Regel durchnummeriert. Es reicht also, auf die Verszahl zu verweisen, z. B. V. 887 für Vers 887. (Manchmal beginnt die Nummerierung in jedem Akt neu; in diesem Fall muss man auch den Akt angeben.)

«Mein Kind! mein Tamaras! hat dich der Persen Schwerdt
Hat dich der grimme Brand Armeniens verzehrt!»

Catharina von Georgien, V. 287 f.

- Verweise zeigen die Fundstelle des Zitats.
- Verweise stehen direkt hinter dem Zitat in Klammern.
- Verweise enthalten mindestens: Autor, Titel, Druckort, Druckjahr, Seitenzahl.
- Bei Gedichten gibt man die Verszahl an.
- Bei Dramen gibt man auch den Akt und die Szene an.
- Bei Dramen, in denen die Verse durchnummeriert sind, gibt man die Verszahl an.

Geläufige Abkürzungszeichen (Siglen)

Die üblichen Kürzel für Verweise sind:

- **S./Z.** (Seite, S. 5/Zeile, Z. 10)
- **V.** (Vers, V. 118 f.)
- **I.5** (römische Ziffer für Akt, arabische für Szene; in Dramen)
- **f.** (und die folgende Seite, Zeile, der folgende Vers)
- **ff.** (und die folgenden Seiten, Zeilen, Verse)
- **ebd.** (ebenda, für aufeinanderfolgende Zitate aus demselben Werk) Anmerkung: Falls Zitate aus demselben Werk aufeinanderfolgen (aber nur in diesem einen Fall), kürzt man den Verweis ab mit «ebd.» (für ebenda), also z. B. «Der ist der höchste Fürst, der sich selber überwindet» (ebd. V. 820).

Die schriftliche Interpretation

In der – schriftlichen – Interpretation erklärt man das eigene Verständnis eines literarischen Werks. Man legt systematisch dar, wie man den Inhalt und die Form des Werks versteht bzw. wie sie auf einen wirken.

■ Aufbau

Die Textsorte Interpretation ähnelt stark der Erörterung. Wie diese gibt sie in der Einleitung die wesentlichen Informationen wieder, die für das Verständnis des Themas nötig sind. Und wie diese geht sie von einer These (oder mehrerer Thesen) aus, die im Hauptteil erklärt werden. Im Unterschied zur Erörterung belegt die Interpretation die Aussagen mit Textzitaten. Der Schluss fasst die Ergebnisse zusammen und bestätigt damit die These.

Umsetzung

Einleitung	Hauptteil	Schluss
Wesentliche Informationen zum Werk nennen (Autor, Titel, Erscheinungsjahr, Gattung, Epoche) und Interpretationsthese(n) als Frage oder Behauptung präsentieren.	In ein bis zwei Sätzen eine kurze Inhaltsangabe des Werks geben, dann die These zur Deutung des Texts erklären, gestützt auf Stellenbelegen sowie inhaltlichen und formalen Auffälligkeiten (Form = Inhalt).	Ein Fazit ziehen, ob sich die These bewahrheitet. Abschliessend den Text bewerten und die Interpretation in einen grösseren Kontext stellen.

Den Hauptteil gliedern Sie linear oder aspektorientiert:

	linear	aspektorientiert
Reihenfolge	dem Text folgend	den Schwerpunkten der Interpretation folgend
Vorteile	• Text systematisch berücksichtigt	• klar strukturiert • vom Wichtigen zum weniger Wichtigen
Nachteile	• unklar strukturiert • Gefahr, nachzuerzählen statt zu deuten	• anspruchsvoll • Gefahr, Textteile zu überlesen

■ Checkliste

Inhalt	Form
☐ wesentliche inhaltliche Aussagen und formale Aspekte erfassen ☐ originelle These(n) vorbringen ☐ mit Textstellen belegen ☐ Einleitung, Hauptteil, Schluss ☐ linear/aspektorientiert gliedern	☐ Fachbegriffe verwenden ☐ Seiten-, Zeilenverweise ☐ Korrekt zitieren und paraphrasieren ☐ Quellenangaben

■ Beispiel einer Interpretation

Gedicht gewordener Frühling
Interpretation von Eduard Mörikes «Er ist's»

Eduard Mörike (1804–1875)
Er ist's (1832)

Frühling läßt sein blaues Band
wieder flattern durch die Lüfte;
süße, wohlbekannte Düfte
streifen ahnungsvoll das Land.
Veilchen träumen schon,
wollen balde kommen.
Horch, von fern ein leiser Harfenton!
Frühling, ja du bist's!
Dich hab ich vernommen!

Quelle: Deutsche Lyrik. Eine Anthologie. Hg. v. H. Brode. Frankfurt a. M. 1990, S. 209.

In Eduard Mörikes (1804–1875) Gedicht «Er ist's» aus dem Jahr 1832 schildert das lyrische Ich die ahnungsvolle Erwartung des Frühlings. Das Gedicht ist charakterisiert durch die perfekte Einheit von Form und Inhalt: Die abstrakte Jahreszeit wird im Text als leibhaftige Person erfahrbar.

Das Gedicht beginnt mit den Vorboten des Frühlings: der blaue Himmel (V. 1), die «Düfte» (V. 3), die knospenden «Veilchen» (V. 5). All diese Vorkommnisse in der Natur deutet das lyrische Ich als Zeichen für die kommende Jahreszeit. Dabei verdichtet sich seine Erwartung des Neuanfangs: Die Naturereignisse werden zu Attributen des Frühlings umgedeutet. Dieser wird zu einer Person, die ihr «blaues Band» im Wind flattern lässt (V. 1) und Harfe spielt (V. 7). Schliesslich macht die Hoffnung auf die Ankunft des Frühlings der Gewissheit seiner Anwesenheit Platz. Wird die Jahreszeit im Titel und im ersten Vers noch in der dritten Person beschrieben («Er ist's» bzw. «Frühling lässt ...»), kann das lyrische Ich den personifizierten Frühling in der letzten Zeile als Du anrufen: «Frühling, ja du bist's!». Die Personifizierung des Frühlings zeichnet sich darüber hinaus bereits im ersten Wort des Gedichts ab. Gegen die grammatische Norm wird der Artikel des Nomens ausgelassen, als wäre «Frühling» ein Name wie Meier oder Peter.

Wie sich das Gedicht also inhaltlich in die beiden Teile der Ahnung und der Ankunft des Frühlings unterscheiden lässt, ist auch formal eine Zweiteilung erkennbar. Zwar weisen die neuen Verse keine sichtbare äussere Gliederung auf, Reim und Metrum lassen jedoch eine strophische Zweiteilung erkennen. Beide Strophen bestehen aus Trochäen. Die vier Verse der ersten Strophe enthalten jeweils vier Hebungen, die der zweiten Strophe (V. 5, 6, 7, 9) nur drei Hebungen. Eine auffällige Ausnahme bildet dabei der siebte Vers mit fünf Hebungen. Die Überlänge signalisiert optisch bzw. akustisch, wie das lyrische Ich seine Betrachtungen unterbricht, wie es innehält und lauscht. Der Reim (abba cdcxd) wechselt ebenso wie das Metrum. Die erste Strophe hat einen umarmenden Reim, die zweite einen Kreuzreim, der in der vorletzten Zeile von einer Waisen unterbrochen wird. Der Vers «Frühling, ja du bist's!» durchbricht die Reimerwartung der Lesenden so brüsk, dass diese die Überraschung und Begeisterung des lyrischen Ichs am eigenen Leib erleben. Die Wirkung dieses Verses wird auch dadurch gesteigert, dass er in einer entfernten Reimbeziehung zum Titel steht: «Er ist's» – «Du bist's!» Auch sonst versucht Mörike die konkrete Naturerfahrung mit künstlichen Mitteln so aufzubereiten, dass sie scheinbar sinnlich wird. Am eindrücklichsten gelingt ihm dies im Verspaar «Süsse, wohlbekannte Düfte / Streifen ahnungsvoll das Land». Hier werden gleich mehrere Sinnesebenen – Geruchs-, Geschmacks- und Tastsinn, dazu, wenn man will, der ‹siebte Sinn› – synästhetisch verwoben.

Die simple Aussage des Lieds lässt wenig Raum für Deutungen, die über den Wortlaut hinausgehen. Entstanden ist es in der Biedermeier-Epoche, in der der Rückzug ins Private eine Alternative zum heftigen Kampf um politische Gleichheit bot. Das Gedicht in diesem Kontext auf die Sehnsucht nach einem politischen Frühling zu beziehen, ist sicher gewagt. Wenn das Werk heute noch zu überzeugen vermag, dann vielmehr durch die virtuose Mischung von Künstlichkeit und Natürlichkeit: Der künstlich personifizierte Frühling erscheint einem am Ende natürlich.

Präsentieren literarischer Werke

Im Unterricht und an der mündlichen Maturprüfung müssen Sie Literatur vorstellen. Wichtig für die Präsentation literarischer Werke sind die inhaltliche Richtigkeit der Aussagen und ein gutes Auftreten. Konkret heisst das, dass

- der Aufbau transparent ist. (Das Publikum muss also von Anfang an wissen, worauf man hinauswill.)
- die Unterlagen selbsterklärend und übersichtlich sind (zum Thesenpapier siehe «Einfach schreiben». Deutsch am Gymnasium 2, S. 63).
- Ihre Aussagen über das literarische Werk richtig sind. (Bitte beachten Sie dazu das Kapitel 5 Interpretieren, v.a. die Checkliste S. 174.)
- Sie frei und flüssig sprechen und wo immer möglich den Fachwortschatz verwenden.
- Sie publikumsorientiert sprechen (zur Publikumsorientierung siehe «Sprache und Kommunikation». Deutsch am Gymnasium 1, S. 65–70).

■ Beurteilungskriterien

Im Folgenden finden Sie gängige Beurteilungskriterien für die Präsentation literarischer Werke:

Umgang mit Text	T	• Konkrete Arbeit am Text • Analyse formaler Aspekte unter korrektem Einsatz des Fachwortschatzes • Qualität, Richtigkeit, Originalität und Begründung der Thesen und Vertiefung am Text • Vielfalt resp. Aspektreichtum der Aussagen • Genaue Argumentation und eigenständige Schlussfolgerungen
Aufbau der Präsentation	A	• Klarer Aufbau/Aufbau erklärt • Übersichtliche/vollständige Unterlagen: a) Textausschnitt[1] b) Thesenpapier • Ergebnissicherung/Zusammenfassung am Ende der Präsentation • Verständlichkeit • Zeitbudget
Sprache	S	• Freies Sprechen (kein Spick!) • Sprachrichtigkeit (mündlich und schriftlich) • Flüssiges Sprechen • Vielfältiger Wortschatz • Korrekter Gebrauch des Fachvokabulars
Publikum	P	• Publikumsführung • Körperhaltung, Körpersprache (inkl. Stimme) • Gestaltendes/phonetisch korrektes Sprechen • Publikumsbezug (inkl. Blick) • Anregend (nicht monoton)

[1] Anmerkung: Wann immer Sie mit Textbeispielen (auf Kopien oder Folien) arbeiten, nummerieren Sie die Zeilen. Nur dann können Sie nämlich so auf die jeweilige Textpassage verweisen, dass das Publikum folgen kann. Üblicherweise werden die Zeilen am linken Rand nummeriert, und zwar wird nur jede fünfte Zeile angegeben, also 5, 10, 15 usw.

Literarische Figuren

■ Wortfiguren spielen mit der Bedeutung der Wörter

Figur	Erklärung	Beispiel	Wirkung
Diminutiv	Verkleinerungsform	• Herrlein (statt Herr) • Menschlein	• verharmlosend • abwertend
Euphemismus	Bezeichnung eines negativ bewerteten Sachverhalts durch einen mildernden Ausdruck	• Freund Hein (für Tod) • Das Zeitliche segnen (anstelle von sterben)	• metaphorisch • verharmlosend
Geminatio	Verdoppelung eines Wortes am Anfang, inmitten oder am Ende des Satzes/Verses	Spieglein, Spieglein an der Wand, wer ist die Schönste im ganzen Land? Schneewittchen	• verstärkend • betonend
Hendiadyoin	«Zwilling»: Verdoppelung des Wortes bzw. des Wortsinns	• von Zeit zu Zeit • verraten und verkauft • rank und schlank • Nummer für Nummer	• eindringlich • besonders betonend
Hyperbel	Übertreibung	Aber Schneewittchen hinter den Bergen ist noch tausendmal schöner als Ihr. Schneewittchen	• verstärkend • betonend
Litotes	Hervorhebung durch die Verneinung des Gegenteils	• Nicht übel • Keineswegs selten • Wir haben nicht wenig gelacht.	• witzig • auflockernd • betonend • hinterfragend
Pleonasmus	• Verdoppelung des Sachverhaltes • Häufig auch Steigerung nicht steigerbarer Begriffe	• Weisser Schimmel • Einzelindividuum • Am optimalsten wäre • Das Bestmöglichste unter den gegebenen Umständen	• veranschaulichend • betonend • Emphase
Rhetorische Frage	Frage, die keine Antwort erfordert	Sie sind ohne Obdach. Sie sind ohne Freunde. Sie brauchen jemand. Wie könnte man da nein sagen? Brecht, Der gute Mensch von Sezuan	• ironisch • provokativ
Synekdoche	Ein Teil steht für das Ganze.	• Klinge (für Schwert) • Ein Dach über dem Kopf (für Haus)	• veranschaulichend • auflockernd
Tautologie	Häufung von bedeutungsähnlichen Ausdrücken; Verdoppelung desselben	• Hegen und pflegen • Immer und ewig • Die Ganzheit des Kosmos umfasst alles.	• hervorbebend • betonend
Vergleich	Bezug auf eine unausgesprochene Gemeinsamkeit (tertium comparationis)	• Fest wie ein Baum • Stark wie ein Löwe	• veranschaulichend • klärend
Zeugma	Bezug des Verbs auf zwei Satzglieder	• Ich heisse Meier und Sie willkommen. • Er sass ganze Nächte und Sessel durch.	• komisch

■ Satzfiguren spielen mit der Anordnung der Wörter (Satz/Vers)

Figur	Erklärung	Beispiel	Wirkung
Anadiplose	Wiederholung der letzten Worte eines Satzes am Anfang des folgenden Satzes oder Verses	Ha! wie will ich dann dich höhnen! / Höhnen? Gott bewahre mich! Schiller Mit dem Schiffe spielen Wind und Wellen,/ Wind und Wellen spielen nicht mit seinem Herzen. Goethe	• eindringlich
Anakoluth	Abweichung vom grammatischen Satzbau	Korf erfindet eine Mittagszeitung, welche, wenn man sie gelesen hat, ist man satt. Christian Morgenstern	• unterbrechend • irritierend • umgangssprachlich
Anapher	Wiederholung eines Wortes oder einer Wortgruppe am Anfang eines Satzes oder Verses	Es ist ein Band von meinem Herzen, / das da lag in grossen Schmerzen, / als ihr in dem Brunnen sasst, / als ihr eine Fretsche was't. Der Froschkönig	• eindringlich • gliedernd
Antithese	Verbindung entgegengesetzter Inhalte	Was itzund prächtig blüht, soll bald zertreten werden Gryphius, Es ist alles eitel	• kontrastierend • vergleichend • hinterfragend
Asyndeton	Aufzählung ohne das Wort «und»	Schläft, wachet, wächst, zehret Matthias Claudius, Der Mensch	• anschaulich • vielfältig
Chiasmus	Überkreuzstellung von Satzgliedern; oft mit Antithese kombiniert	Der Einsatz war gross, 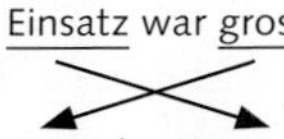 klein war der Gewinn.	• betonend • kontrastierend
Ellipse	Auslassung von Wörtern	• Na und? • Wer? Ich! • Ich kann das, du nicht.	• beschwingt • erregt • umgangssprachlich
Epipher	Wiederholung eines Wortes oder einer Wortgruppe des Satzes	Mir geht es gut. Meinem Vater geht es gut. Dem Rest meiner Familie geht es gut. Allen geht es gut.	• eindringlich
Hyperbaton	Trennung einer zusammengehörigen Wortgruppe	… dass ich des Halmes Frucht noch einmal koste und der Rebe Kraft. Hölderlin, Der Tod des Empedokles	• lyrisch • rhythmisierend • irritierend
Inversion	Umstellung der Satzglieder	Aufsteigt der Strahl und fallend giesst Er voll der Marmorschale Rund C. F. Meyer, Der röm. Brunnen	• ungewöhnlich • poetisch

Figur	Erklärung	Beispiel	Wirkung
Klimax	Steigerung	... auf schauen Kinder, Frauen, ein Greis Brecht, Der Himmel dieses Sommers Wie habe ich ihn nicht gebeten, gefleht, beschworen Lessing, Philotas	• spannend • beschwörend
Parallelismus	Wiederholung der Satzstruktur (nicht die Worte werden wiederholt, sondern die grammatische Struktur)	Ei, Grossmutter, was hast du für grosse Ohren! Dass ich dich besser hören kann. Ei, Grossmutter, was hast du für grosse Augen! Dass ich dich besser sehen kann. Rotkäppchen	• intensivierend • eindringlich
Parenthese	Einschub in einen Satz mit innerem Zusammenhang	Ihre Briefe aus Amerika – ich meine die Briefe von Sabeth – lagen auf dem Tisch Max Frisch, Homo faber	• berichtigend • ergänzend • gründlich
Periphrase	Umschreibung	Jenes höhere Wesen, das wir verehren. (Gott)	• ausweichend oder • besonders genau
Polysyndeton	Aufzählung mit dem Wort «und»	Was hülf' mir Kron und Land und Gold und Ehre Matthias Claudius, Kriegslied	• verstärkend • eindringlich
Prolepse	Unterbrechung des Satzes (mit einem Satzzeichen)	Ein Märchen aus alten Zeiten, das kommt mir nicht aus dem Sinn. Heinrich Heine	• betonend • irritierend • umgangssprachlich

■ Klangfiguren spielen mit den Lauten

Alliteration	Häufung von Wörtern mit demselben Anfangsbuchstaben	• Veni, vidi, vici. • Deutschland, das Land der Dichter und Denker.	• geschmeidig • eingängig • ein wenig kitschig
Apokope	Wegfall des letzten Vokals (letzte Silbe) eines Wortes	Müd statt müde	• beschleunigend • sprunghaft
Emphase	Nachdruck, der durch Betonung, Hebung der Stimme usw. erzielt wird	Willst du das wirklich machen?	• Nachdruck • Drängen (macht auf die Bedeutsamkeit einer Aussage aufmerksam)
Synkope	Wegfall eines Vokals im Wortinnern	Flüchtgen statt flüchtigen	• beschleunigend • sprunghaft

Die Lyrik kennt eine Reihe von weiteren Klangfiguren für Gedichte (siehe S. 134 ff.).

→ Weitere rhetorische Figuren finden Sie in «Sprache und Kommunikation». Deutsch am Gymnasium 1, siehe S. 166–169.

Literarische Figuren an Beispielen

Dem Autor stehen viele literarische Figuren zur Verfügung, die seit der Antike bekannt sind. Sie bestimmen entscheidend den literarischen Charakter eines Werkes mit.

■ Beispiel für den Einsatz von literarischen Figuren

Empfangen und genähret	**Aufzählung**
vom Weibe wunderbar,	**Alliteration**
kömmt er und sieht und höret und nimmt des Trugs nicht wahr; gelüstet und begehret	**Polysyndeton**
und bringt sein Tränlein dar;	**Diminutiv**
verachtet und verehret; hat Freude und Gefahr;	**Stabreim**
glaubt, zweifelt, wähnt und lehret,	**Klimax**
hält nichts und alles wahr; erbauet und zerstöret	**Antithese**
und quält sich immerdar;	**Hyperbel**
schläft, wachet, wächset, zehret;	**Asyndeton**
trägt braun und graues Haar,	**Synekdoche**
und alles dieses währet, wenn's hoch kommt, achtzig Jahr.	**Parenthese**
Dann legt er sich zu seinen Vätern nieder, und er kömmt nimmer wieder.	**Euphemismus**
Matthias Claudius, Der Mensch	

Matthias Claudius spielt mit den verschiedenen Formen der Aufzählung (Aufzählung, Asyndeton, Polysyndeton, Klimax). Er verwendet Klangformen (Stabreim, Alliteration) und verschiedene Wortfiguren (Diminutiv, Euphemismus, Hyperbel). Sein Gedicht «Der Mensch» zählt an Beispielen auf, was den Lebenslauf eines Menschen prägt: Die Aufzählung ersetzt die Erklärung.

■ Strukturierung

Der Einsatz literarischer Figuren dient dem Autor auch dazu, lange Satzkaskaden elegant zu gliedern.

> So sehr ich mich auch bei jedem Besuch bemühte, das graue Schindeldach der Kapelle mit allen seinen Einzelheiten zu erfassen, die Fichten, die darüber herausragen, und die beiden Spitzbogenfenster mit der zierlichen Mittelsäule, an deren Fuss eine dicke Schicht Mauerschutt liegt, immer wieder versagt das Gedächtnis an der Aufgabe, immer wieder bin ich von vielerlei überrascht, vom Duft des Waldes, der einer kühlen Wolke gleich um das Gemäuer hängt, bin von den schrundigen Felswänden überrascht, die hier so nahe herangerückt scheinen, dass man meinen könnte, an ihrem Fuss zu stehen, obwohl es noch ein gutes Stück Weges ist, bis man wirklich in sie eindringt, und nicht zuletzt überrascht mich immer wieder die Aussicht, die sich von hier auftut.
>
> Hermann Broch, Die Verzauberung, Frankfurt am Main [Suhrkamp] 1994, S. 85

Der Beispielsatz aus «Die Verzauberung» ist hypotaktisch gegliedert und sehr lang. Trotzdem ist er leicht verständlich, denn er wird durch literarische Figuren sinnvoll gegliedert. Die nachfolgende Darstellung zeigt dies:

	So sehr ich mich auch bei jedem Besuch bemühte,
Aufzählung	das graue Schindeldach der Kapelle mit allen seinen Einzelheiten zu erfassen, die Fichten, die darüber herausragen, und die beiden Spitzbogenfenster mit der zierlichen Mittelsäule, an deren Fuss eine dicke Schicht Mauerschutt liegt,
Anapher	immer wieder versagt das Gedächtnis an der Aufgabe, immer wieder bin ich von vielerlei überrascht, [...] bin
Epipher	von den schrundigen Felswänden überrascht, [...]
Aufzählung	und nicht zuletzt überrascht mich immer wieder die Aussicht, die sich von hier auftut.
	Hermann Broch, Die Verzauberung, Frankfurt am Main [Suhrkamp] 1994, S. 85

Obwohl der Satz hypotaktisch hoch komplex ist, sind es einfache literarische Mittel wie Aufzählung, Anapher und Epipher, die ihn kunstvoll gliedern und leichter lesbar machen.

Glossar

A

Adaption/adaptiert
1. Übertragung eines literarischen Werkes in eine andere Gattung (z. B. ein Roman in einen Spielfilm)
2. Anpassungen einer Vorlage für die Aufführung auf der Bühne. So sind z. B. die meisten klassischen Dramen zu lang für eine Theateraufführung. Sie müssen also gekürzt, allenfalls ein wenig umgeschrieben werden.

Affekt
Begriff aus der Tragödientheorie. Der Affekt ist die Leidenschaft, die den Helden antreibt. Eine Leidenschaft ist allgemeinmenschlich, d. h. in jedem Menschen mehr oder weniger ausgeprägt vorhanden.

Aktion
Auf der Bühne sichtbare Handlung – im Gegensatz zur inneren Handlung oder zur Handlung, von der auf der Bühne nur gesprochen wird. Begriff aus der Dramentheorie

Allegorie
1. Verbildlichung eines abstrakten Sachverhaltes: Sehnsucht kann z. B. durch einen Wanderer veranschaulicht werden.
2. Vermenschlichung (Personifizierung) von unbelebten Gegenständen oder abstrakten Sachverhalten. Rilkes Gedicht «Der Panther» beginnt so: *Sein Blick ist vom Vorübergehn der Stäbe so müd geworden, dass er nichts mehr hält.* Hier werden sowohl der Blick (der müde wird) als auch die Stäbe (die vorübergehen) vermenschlicht.
3. Übertragung eines ganzen Begriffsfelds auf ein anderes Begriffsfeld. So kann z. B. das Begriffsfeld Schule (Schüler, Lehrer, Klasse, Rektor, Unterricht usw.) auf den Zirkus übertragen werden: *Ich bin eine Zirkusnummer. Ich habe einen Dompteur. Und einen Zirkusdirektor. Wir sind eine große Tiergruppe.* Man spricht in diesem Fall von «Zirkusallegorie».

Alternierende Verse
Verse, in denen sich betonte und unbetonte Silben regelmässig abwechseln (z. B. Alexandriner)

Antagonist
Gegenspieler des Protagonisten

Ästhetik/ästhetische Mittel
Die Ästhetik ist die Wissenschaft der Kunst. Ästhetische Mittel in der Literatur sind also Elemente, die die Literatur «literarisch» machen. Alle Elemente, die in den Kapiteln 2 bis 4 vorgestellt werden, sind ästhetische Mittel.

Autor – Schriftsteller – Dichter
Alle drei Begriffe bezeichnen den Urheber eines literarischen Werkes. Sie betonen aber unterschiedliche Gesichtspunkte.
- Autor (von lat. auctum = wachsen machen, mehren) betont den Schöpfungsakt.
- Schriftsteller ist abgeleitet von «schreiben» und betont den Akt des Niederschreibens.
- Dichter stammt ab vom lateinischen Wort «dictare» und bezieht sich auf die Schaffung eines sprachlichen Kunstwerks. Der Begriff Dichter betont also die Arbeit an der Sprache und wird besonders häufig für Lyriker verwendet.

B

Belletristik
Erzählende Prosa und Gedichte werden häufig als «schöne Literatur» bezeichnet, abgeleitet vom französischen Wort «les belleslettres», die schönen Buchstaben. Im eigentlichen Sinn bezeichnet der Begriff Belletristik Unterhaltungsliteratur, also literarische Werke, die vornehmlich der Unterhaltung dienen. Im Buchhandel nennt man alle Werke der Literatur Belletristik, in Abgrenzung zum Sachbuch.

C

Cliffhanger
Die Handlung wird an einer Stelle unterbrochen oder verlassen, an der der Protagonist dringend handeln müsste. Der Cliffhanger dient also als Spannungselement.

D

Dramatik
Die Dramatik ist die Gattung der darstellenden Literatur.

dramaturgisch
1. Kompositionsprinzip des Dramas: Handlungs- und Spannungsaufbau
2. Für die Aufführung auf der Bühne vorbereitet, also die Arbeit des Dramaturgen betreffend

E

Epik
Epik ist ein Kunstbegriff für die Gattung der erzählenden Literatur.

Epilog
Der Epilog bezeichnet:
1. Den Ausgang des Dramas, genauer gesagt das, was nach der Katastrophe des Helden in der Tragödie bzw. nach der Klärung der Verwirrung in der Komödie noch passiert.
2. Die Nachrede zu einem erzählerischen Werk

Epoche
Einteilungsprinzip der Literaturgeschichte. Eine Epoche hat keine genauen Anfangs- und Enddaten. Man spricht von Epoche, wenn literarische Werke innerhalb einer ungefähren Zeitspanne durch ähnliche Themen und eine übereinstimmende Art zu schreiben (Poetik) verwandt sind.

F

Fiktion
Die Fiktion bezeichnet die im literarischen Werk erschaffene Welt. Diese Welt muss nicht mit der wirklichen Welt übereinstimmen, kann aber durchaus Übereinstimmungen mit der wirklichen Welt haben.

fiktiv – fiktional
«Fiktiv» ist die im literarischen Werk erschaffene Welt. Dinge und Menschen in dieser Welt sind fiktiv, d. h. sie existieren innerhalb der Fiktion.
«Fiktional» sind Dinge und Menschen, die in der Realität nicht existieren. Fiktive Dinge und Menschen, die es in der realen Welt nicht gibt, sind in der Wirklichkeit also fiktional.

Fragment
Als Fragment bezeichnet man ein Werk, das absichtlich oder unabsichtlich unvollständig ist.

G

Groteske
Das Wort «grotesk» kommt aus dem Italienischen «grottesco» und bezeichnet die undeutliche Sicht in der «grotta», in der Höhle.
Der Begriff wird in der Literatur hauptsächlich auf eine gewisse Form der Komödie angewendet.
Ein Erkennungsmerkmal der Groteske ist die Verschmelzung von bekannter Wirklichkeit, schwarzem Humor, Komischem und Lächerlichem.

I

Impliziter Leser
Der implizite Leser ist der vom Autor beim Verfassen des Textes mitgedachte Leser. Er nimmt in der erzählenden Prosa die Rolle des fiktiven Zuhörers ein, in der Lyrik ist er das fiktive Gegenüber, in der Dramatik der fiktive Zuschauer (siehe auch S. 29).

K

Karikatur
Zerrbild einer Person oder eines Sachverhaltes, in dem typische Züge übertrieben und witzig dargestellt werden. Die Karikatur ist ein wichtiges Mittel der Satire.

L

Legende
Eine Legende ist eine Geschichte des Lebens und Wirkens von Heiligen. Im weiteren Sinn bezeichnet der Begriff aber auch zeitlich weit zurückliegende, historisch nicht greifbare bedeutende Ereignisse und vermischt sich somit mit der Sage. Legenden haben in der Regel einen wahren Kern.

Leitmotiv
Als Leitmotive bezeichnet man inhaltliche Elemente (Motive), die innerhalb des Textes immer wieder aufgegriffen werden. Leitmotive sind der rote Faden eines Textes. Sie werden eingesetzt, um verschiedene Handlungsstränge zusammenzuführen oder um gewisse Sachverhalte zu betonen.
Das Leitmotiv verweist auf die zentrale Aussage (Thema) des Werkes.

Literarizität
Charakter der Literatur. Alles, was das literarische Werk im Unterschied zu einem Sachtext auszeichnet.

Lyrik
Die Lyrik ist die Gattung der Gedichte.

M

Metapher
Die Metapher ist ein Sprachbild. Das griechische Wort bedeutet «Übertragung». Die Metapher überträgt also ein Wort aus seinem ursprünglichen Bedeutungszusammenhang auf einen neuen Sachverhalt.
Die Metapher hat eine «übertragene» Bedeutung. Deshalb bezeichnet «Drahtesel» kein Tier, sondern ein Fahrrad.

Motiv
In der Literatur versteht man unter «Motiv» ein inhaltliches Element, das innerhalb eines Werkes wiederholt wird oder das in verschiedenen Werken in je unterschiedlicher Verwendung vorkommt.
Spielt ein Motiv in allen Teilen eines Werkes eine Rolle, spricht man von einem «Leitmotiv».

N

Nebentext
Als Nebentext bezeichnet man Äusserungen zu einem literarischen Werk, z. B. Briefe oder Tagebuchaufzeichnungen des Autors, frühere Versionen des Werkes, die Korrekturen auf den Druckfahnen usw. Begriff aus der Interpretationstheorie

O

Onomatopoesie
Lautmalerei. Wiedergabe des natürlichen Klanges durch Wörter

P

Parabel
Lehrgeschichte. Die erzählte Begebenheit ist allgemeingültig, muss vom Leser selber aber auf seine Situation übertragen werden.

Parabolik
Mögliche Wirkung eines literarischen Werkes. Die Parabolik oder Parabelhaftigkeit ist die gleichnishafte Aussage eines Werkes.

Parodie
Ein Werk, das ein bekanntes Werk satirisch oder kritisch imitiert. Die Parodie hat immer eine komische Wirkung.

Persiflage
Verspottung einer Person durch Übertreibung von deren Umgangsformen, Aussagen und Verhaltensweisen

Personifikation
1. Als Stilfigur = deutsches Wort für Allegorie
2. Im Drama die Verkörperung einer menschlichen Eigenschaft wie Geiz, Eifersucht usw. durch eine Dramenperson (siehe Typus)

Poetik
Die Poetik ist die Wissenschaft der Literatur (nicht zu verwechseln mit Poesie, dem griechischen Wort für Dichtung). Die Poesie ist das Kunstwerk selber, die Poetik die Theorie davon.

Posse
Spezialform der Komik. Possen setzen auf Situationskomik und auf körperbezogene Aktion (sog. Slapstick). Sie sind bekannt u. a. durch den Stummfilm (z. B. Laurel und Hardy).

Produktion
Begriff aus der Interpretationstheorie. Produktion meint die Entstehung eines literarischen Werkes von der ersten Idee über die Entwürfe, Überarbeitungsstufen bis zum fertig gedruckten Werk, also alles, was auf der Autorseite geschieht (siehe auch Rezeption).

Prolog
Begriff aus der Dramentheorie (wird manchmal auch in erzählender Literatur verwendet).
Das griechische Wort Prolog bedeutet «was vorab gesagt wird». Der Prolog ist also die Vorrede zur eigentlichen Handlung.

Prosa
Der Begriff «Prosa» bezeichnet fortlaufenden Text im Gegensatz zum Vers. Erzählende Literatur ist in Prosa geschrieben. Oft wird «Prosa» auch abkürzend für «Erzählende Prosa» verwendet und bezeichnet damit die Gattung «Epik».

Prosodie
1. In der Lyrik: die Verslehre
2. In der Rhetorik: Bezeichnung für die Gliederung der Rede mittels Satz- und Wortbetonungen, Pausen, Akzente usw.

Protagonist
Hauptperson eines literarischen Werkes. Der allenfalls vorhandene Gegenspieler ist der Antagonist.

R

Rezeption
Begriff aus der Interpretationstheorie. Rezeption meint alles, was nach der Veröffentlichung eines Werkes passiert, also das, was auf der Leserseite geschieht (siehe auch Produktion).

S

Satire
Die Satire prangert Zustände und Personen durch Übertreibung, Spott und Ironie an. Sie übt damit indirekt Kritik an den Zuständen und gibt die betroffenen Personen der Lächerlichkeit preis.

Sekundenstil
Ein Kennzeichen der naturalistischen Darstellung. Erzählzeit und erzählte Zeit sind deckungsgleich. Abläufe werden sekundengenau wiedergegeben. Dialoge werden realitätsgetreu wiedergegeben (Dialekt, Satzabbrüche, Stöhnen, Ausrufe, umgangssprachlicher bis derber Wortschatz usw.).

Schwank
Spezialform der Komödie. Im Mittelhochdeutschen bedeutet Schwank «lustiger Einfall». Es handelt sich um ein volkstümliches Stück mit derber Komik und ohne Anspruch. Schwänke nehmen häufig Alltagsbegebenheiten aufs Korn (z. B. den Unterricht).

Stoff
Eine erfundene oder wahre Geschichte, die in verschiedenen literarischen Werken behandelt wird.

Strophe
Als Strophe bezeichnet man eine Sinneinheit im Gedicht. Strophen sind optisch durch Leerzeilen voneinander getrennt. Die meisten Strophen bestehen aus zwei bis acht Versen.

T

Thema
Der Hauptinhalt bzw. die Aussage eines literarischen Werkes. Jedes Werk hat ein Thema. Umfangreichere Werke wie Romane haben meist mehrere Themen.

Tragikömodie
Verbindung von tragischer und komischer Handlung, entweder als Parallelhandlung oder als Kontrasthandlung, wobei die komische Handlung die Tragik der Haupthandlung verstärkt. Begriff aus der Dramentheorie

Travestie
Nachbildung eines bekannten Stoffes auf einer niedrigeren Stilebene. Der komische Effekt beruht auf dem Missverhältnis zwischen bekanntem Inhalt und derber Umsetzung. Die Travestie ist mit der Parodie verwandt.

Trivialliteratur
Trivialliteratur ist kein fest abgegrenzter Begriff. Gewöhnlich bezeichnet man damit erzählende Werke, die die Sprache dem Inhalt unterordnen und einseitig auf die Spannung bauen. Häufigste Merkmale von trivialen Werken sind: schematische Figuren (Typen, keine Charaktere), eine klischeehafte Handlungs- und Sprechweise, sprachliche Stereotype und Allerweltsthemen wie Liebe, Tod, Abenteuer, Krieg usw.

V

Vers
Vom Autor bewusst geformte Wortreihen, deren Anordnung eine Bedeutung hat. Ein Vers zeichnet sich durch eine bewusste Zeilenanordnung und durch Versmass und andere lyrische Elemente (z. B. Reim) aus.

W

Weltliteratur
Der Begriff bezeichnet einen Kanon literarischer Werke, die über ihre jeweilige Sprachregion hinaus bekannt sind. Zur Weltliteratur gehören z. B. Astrid Lindgrens «Pippi Langstrumpf», Herman Melvilles «Moby Dick» oder Fjodor Dostojewskis «Schuld und Sühne».

Literaturverzeichnis

Allkemper, Alo / Eke, Norbert Otto
Literaturwissenschaft. Paderborn (UTB Basics), 2. Auflage 2006.

Andreotti, Mario
Die Struktur der modernen Literatur. Bern (Haupt UTB), 4. Auflage 2009.

Beste, Gisela / Bremerich-Vos, Albert / Kämper-van den Boogaart, Michael (Herausgeber)
Wissensspeicher Deutsch. Berlin (Cornelsen), 2. Auflage 2006.

Gigl, Claus
Abiturwissen Deutsch. Textanalyse und Interpretation. Stuttgart (Klett) 2005.

Greiner, Ulrich
Ulrich Greiners Lyrikverführer. Eine Gebrauchsanweisung zum Lesen von Gedichten. München (C. H. Beck) 2009.

Groothuis, Rainer
Wie kommen die Bücher auf die Erde? Über Verleger und Autoren, Hersteller, Verkäufer und das schöne Buch. Köln (Dumont) 2002.

Hermes, Eberhard
Abiturwissen Erzählende Prosa. Stuttgart (Klett), 7. Auflage 1995.

Jahraus, Oliver
Grundkurs Literaturwissenschaft. Stuttgart (Klett) 2008.

Lange, Thomas
Hört doch endlich mal auf mit dem blöden Literaturunterricht! Würzburg (Königshausen & Neumann) 2008.

Metzler Literatur Lexikon
Herausgegeben von: Schweikle, Irmgard und Günther, Stuttgart (Metzler), 2. Auflage 1990.

Schachenreiter, Christian und Ulrike
Das Literaturbuch. Linz (Veritas), 4. Auflage 2006 (2 Bände).

Waldmann, Günter
Produktiver Umgang mit Literatur im Unterricht. Hohengehren (Schneider, Deutschdidaktik aktuell 1), 6. Auflage 2007.

Wilpert, Gero von
Sachwörterbuch der Literatur. Stuttgart (Kröner), 6. Auflage 1979.

Die wichtigsten Begriffe nach Gattungen

Stichwortverzeichnis